慈悲道場懺法

耘虛 龍夏 畔

발 문

이 참법(懺法)은 비록 부처님의 현몽에 의하여 「자비도량참법(慈悲道場懺法)」이라고 이름하였다. 그리고 양(梁)나라의 무제(武帝)가 닦았으므로 양황보참(梁皇寶懺)이라고도 한다.

양 무제는 어느 날, 죽은 황후(皇后) 치(郗)씨가 현세에서 지은 죄의 과보로 구렁이가 되어 찾아와서 제도해 주기를 간청하므로 이 참법을 닦아 치씨를 제도하여 하늘에 오르게 하였다. 양무제의 이같은 인연설화(因緣說話)에서 볼 수 있듯이, 이 참법을 닦은 사람은 영험을 얻어 죄가 없어지고 복을 얻으며, 망령(亡靈)을 제도하면 길이 괴로움에서 벗어난다.

따라서 이 참법에 의하여 원결(寃結)을 풀면 곧 원수가 없어지며, 이 참법은 병을 낫는 참다운 양약이며, 어두움을 깨뜨리는 밝은 등이며, 뭇 중생을 이롭게 하며, 그 은혜는 시방세계에 가득 차 헤아릴 수가 없다.

또 이 참법의 글은 순박하고 아무런 꾸밈이 없고 자상하며, 독송을 하거나 듣는 이로 하여금 어느덧 그 간절한 법문 속에 이끌려 들게 하여, 그 제목이 가리키고 있듯이 자비를 증장하여 모든 중생으로 하여금 고해(苦海)에서 해탈케 하기 위한 참회에 같이 젖게 한다. 나의 잘못만을 참회하는 것이 아니고, 남의 잘못을 내 허물로 삼아 참회하고, 모든 중생의 모든

죄장(罪障)을 내 허물로 삼아 참회한다. 뿐만 아니라, 나아가서는 시방의 다함없는 모든 중
생의 과거·현재·미래에 이르기까지 온 법계에 번뇌가 있고, 무명이 있고, 탐·진·치 三독
이 있고, 四생 六도로 헤매는 중생이 있는 한, 그들이 짓고 지을 죄와 업장까지를 참회하게
한다.

따라서 모든 인연 공덕을 나를 위하지 않고 남을 위하여 회향하고, 모든 중생을 위하여 회
향하여. 그러므로서 온갖 죄장(罪障)이 소멸되고 원결(怨結)은 풀리며, 정법(正法)을 받들고
수행하고 생활하는데 서로 돕는 길이 열려 내 마음이 밝아지고, 이 사회가 밝아지고, 나라가
밝아지고, 세계가 밝아지고, 온 법계가 밝아진다고 가르친다. 오늘날과 같이 사람의 마음이
메마르고 사회가 혼탁한 때에 그 참법의 법문이야말로 우리에게 생명수와 같은 것이라고 믿
는다.

부디 모든 중생이 인연공덕으로 도탈중생(度脫衆生)하기를 바란다.
나무 석가모니불(南無釋迦牟尼佛)

불기 二五二三년 五월

慈 雲 謹 識

자 비 도 량 참 법 차 례

자비도량참법 전(慈悲道場懺法傳) …… 九

정 단 찬(淨壇讚) …… 一三

삼 보 찬(三寶讚) …… 一五

양황보참 의문(梁皇寶懺儀文) …… 一八

자비도량참법 제一권 …… 二八

一、귀의삼보(歸依三寶) …… 三六

二、단 의(斷疑) …… 五○

三、참 회(懺悔) …… 七一

자비도량참법 제二권 …… 九四

四、발보리심(發菩提心) …… 一○○

五、발 원(發願) …… 一一九

六、 발회향심(發廻向心) …… 一三三

자비도량참법 제三권 …… 一五一

七、 현과보(顯果報) ① …… 一五七

자비도량참법 제四권 …… 二一九

七、 현과보(顯果報) ② …… 二二五

八、 출지옥(出地獄) …… 二四一

자비도량참법 제五권 …… 二七九

九、 해원석결(解寃釋結) ① …… 二八五

자비도량참법 제六권 …… 三三五

九、 해원석결(解寃釋結) ② …… 三四一

자비도량참법 제七권 …………………… 三八九

一○、자　경(自慶) ………………………………………… 三九八

一一、경연삼보(警緣三寶) ………………………………… 四○五

一二、참주사대중(懺主謝大衆) …………………………… 四一三

一三、총발대원(總發大願) ………………………………… 四一八

一四、봉위천도예불(奉爲天道禮佛) ……………………… 四二五

一五、봉위제선예불(奉爲諸仙禮佛) ……………………… 四三四

一六、봉위범왕등예불(奉爲梵王等禮佛) ………………… 四三八

자비도량참법　제八권 ………………………………… 四四九

一七、봉위아수라도일체선신예불(奉爲阿修羅道一切善神禮佛) ………………………………………… 四五六

一八、봉위용왕예불(奉爲龍王禮佛) ……………………… 四六○

一九、봉위마왕예불(奉爲魔王禮佛) ……………………… 四六四

二○、봉위부모예불(奉爲父母禮佛) ……………………… 四六八

二一、봉위과거부모예불(奉爲過去父母禮佛) …………… 四七二

二二、봉위사장예불(奉爲師長禮佛) …… 四七七

二三、위시방비구비구니예불(爲十方比丘比丘尼禮佛) …… 四八二

二四、위시방과거비구비구니예불(爲十方過去比丘比丘尼禮佛) …… 四八七

자비도량참법 제구권 …… 四九八

二五、위아비지옥예불(爲阿鼻地獄禮佛) …… 五〇五

二六、위회하철환등지옥예불(爲灰河鐵丸等地獄禮佛) …… 五一三

二七、위음동탄갱등지옥예불(爲飮銅炭坑等地獄禮佛) …… 五一八

二八、위도병동부등지옥예불(爲刀兵銅釜等地獄禮佛) …… 五二二

二九、위화성도산등지옥예불(爲火城刀山等地獄禮佛) …… 五二六

三〇、위아귀도예불(爲餓鬼道禮佛) …… 五三一

三一、위축생도예불(爲畜生道禮佛) …… 五三五

三二、위육도발원(爲六道發願) …… 五三八

三三、경념무상(警念無常) …… 五四一

三四、위집로운력예불(爲執勞運力禮佛) …… 五四八

三五、발회향(發廻向) …… 五五三

자비도량참법 제一〇권 …………………………… 五七一

三六、 보살회향법(菩薩廻向法) ………………… 五七七

三七、 발 원(發願) …………………………………… 五八六

1、 안근(眼根)의 원을 발함 …………………… 五八七

2、 이근(耳根)의 원을 발함 …………………… 五九一

3、 비근(鼻根)의 원을 발함 …………………… 五九六

4、 설근(舌根)의 원을 발함 …………………… 六〇一

5、 신근(身根)의 원을 발함 …………………… 六〇四

6、 의근(意根)의 원을 발함 …………………… 六〇八

7、 구원(口願)을 발함 ………………………… 六一三

8、 제행법문(諸行法門) ………………………… 六一七

三八、 촉 루(囑累) ………………………………… 六二二

자비도량참법 전(慈悲道場懺法傳)

이 참법은 양무제梁武帝가 황후 치郗씨를 위하여 편집한 것이다.

치씨가 죽은 후, 수삭이 되도록 무제가 항상 생각하고 슬퍼하여 낮에는 일이 손에 잡히지 않고, 밤에는 잠을 이루지 못하였다. 어느 날 침전寢殿에 있노라니, 밖에서 이상한 소리가 들렸다. 내다보니 큰 구렁이가 전상으로 기어 올라오는데, 뻘건 눈과 날름거리는 입으로 무제를 바라보고 있지 아니한가. 무제가 크게 놀랐으나 도망할 수도 없었다. 할 수 없이 벌떡 일어나 구렁이를 보고 말하였다.

『짐의 궁전이 엄숙하여 너같은 뱀이 생길 수 없는 곳인데, 반드시 요망한 물건이 짐을 해하려는 것일지로다.』

뱀이 사람의 말로 임금께 여쭈었다.

『저는 옛날의 치씨올시다. 신첩이 살았을 적에 六궁들을 질투하며 성품이 혹독하여 한 번 성을 내면 불이 일어나는 듯, 활로 쏘는 듯, 물건을 부수고 사람을 해하였더니, 죽은 뒤에 그 죄보로 구렁이가 되었습니다. 입에 넣을 음식도 없고, 몸을 감출 구멍도 없으며, 주리고 곤궁하여 스스로 살아갈 수가 없습니다.

그리고 또, 비늘 밑마다 많은 벌레가 있어 살을 빨아먹으니 아프고 괴롭기가 송곳으로 찌르는 듯합니다. 구렁이는 보통 뱀이 아니므로 변화하여 왔사오니 궁궐이 아무리 깊더라도 장애가 되지 아니하옵니다. 예전에 폐하의 총애하시던 은혜에 감격하여 이 누추한 몸으로 폐하의 어전에 나타나 간청하오니, 무슨 공덕이든 지어서 제도하여 주시옵소서』

무제가 듣고 흐느껴 감개하더니, 이윽고 구렁이를 찾았으나 보이지 아니하였다.

이튿날 무제는 스님들을 궁궐 뜰에 모아 놓고 그 사실을 말하고, 가장 좋은 계책을 물어 그 고통을 구제하려 하였다.

지공誌公스님이 대답하였다.

『모름지기 부처님께 예배하면서 참법懺法을 정성스럽게 행해야 옳을까 합니다.』

무제는 그 말을 옳게 여기고, 여러 불경을 열람하여 명호를 기록하고, 겸하여 생각을 펴서 참회문을 지으니, 모두 十권인데 부처님의 말씀을 찾아서 번거로운 것은 덜어버리고 참법을 만들어 예참하였다.

어느 날, 궁전에 향기가 진동하면서 점점 주위가 아름다워지는데

그 연유를 알지 못하더니, 무제가 우러러 보니 한 천인이 있었다.

그는 용모가 단정하였다. 무제에게 말하기를,

『저는 구렁이의 후신이옵니다. 폐하의 공덕을 입사와 이미 도리

천에 왕생하였사오며, 이제 본신을 나타내어 영험을 보이나이다.』

그리고 은근하게 사례하고는 마침내 보이지 않았다.

양나라 때부터 오늘까지 천여 년 동안 이 참회본을 얻어 지성으

로 예참하면, 원하는 것은 모두 감응이 있었다. 혹시 그런 사실이

감추어지고 없어질까 두려워 대강 기록하여 여러 사람들께 알리는

바이다.

정 단 찬(淨壇讚)

버들가지 청정한 물
三천세계에 두루 뿌려
八공덕수 공空한 성품, 인간 천상 이익하니

아귀들은 고통 벗어나
죄와 허물 소멸하고
불길 변해 연꽃 피네.
나무 청량지보살마하살淸凉地菩薩摩訶薩(세번)

광명진언(光明眞言)

옴 아모가 바이로차나 마하 무드라 마니 파드마 즈바라 프라바를

타야 훔(二十一편)

아미타불 종자진언(阿彌陀佛種子眞言)

옴 바즈라 다르마 흐릭ᇂ(一백八편)

관자재보살 본심미묘 육자대명왕 다라니(觀自在菩薩本心微妙六字
大明王陀羅尼)

옴 마니 반메 훔(一백八편)

삼 보 찬(三寶讚)

부처님 찬탄 그지없어

무량겁에 공을 이루시니

우뚝하신 자금紫金빛 장육 금신이여,

설산雪山에서 도를 이루시니

미간의 백옥호白玉毫 찬란하신 빛

육도六途의 어둠을 비추시나니

용화회상龍華會上에서 서로 만나

참된 법문 연설하오리.

나무 불타야 佛陀耶

가르치신 법보 한량이 없어

부처님의 금구金口로 말씀하신 것

용궁해장龍宮海藏에 하늘 향 흩으며

깨달은 이 경전을 외우나니

훌륭한 책, 좋은 종이에 금으로 쓴 글자.

가을 기러기 항렬을 지으듯,

옛날의 삼장법사가 가져온 것

만고萬古에 길이길이 드날리도다.

나무 달마야達摩耶

양황보참 의문(梁皇寶懺儀文)

찬(讚)

계향·정향등을

사루어 천상에 뻗치고

저희들 지극한 정성으로

황금 향로에 사루오니

잠깐 동안에 향기가

시방 세계에 가득하오며

옛날에도 야수다라께서

스님네들 부사의 하여라.

몸에는 세 가지 가사 입고

잔을 타고 바다를 건너오셨네.

원하는 대로 여러 중생에게 나아가나니

인간·천상의 공덕주功德主 되며

하염 없는 계율 굳게 지니어

내 지금 머리 조아려 서원하오니

육환장으로 인도하소서.

나무 승가야僧伽耶

난을 면하고 재앙이 소멸하였나이다.

나무 향운개보살마하살香雲盖菩薩摩訶薩(세번)

삼가 듣사온즉, 양무제는 처음 시작하면서 미륵보살 이름을 썼으면, 지공스님은 연화장蓮華藏세계의 글을 모으고, 모든 경에서 부처님들의 명호를 기록하며, 스님네를 청하여 참법을 선양하였나이다. 참회하는 법문은 양나라 황제의 꿈을 감응케 하였고, 상서로운 기운은 양무제 때에 드날리었나이다. 그때부터 찬란한 황금광명이 어둡지 않고, 치성한 불길이 향기로왔으며, 향연이 대궐에 진동하고 꽃술이 왕궁에 화려하니, 푸른 구름 속에는 하늘사람이 단정한 몸을 나타내고, 백옥의 섬돌 앞에는 치씨가 구렁이의 괴로움을 벗었나이다. 이렇게 재앙이 소멸하여 길상한 일이 생기고, 이리하여 죄업罪業이 없어지고 복이 이르렀나이다. 참으로 병을 구원한 좋은 약이며, 어두움을 깨뜨리는 밝은 등불이옵니다. 은혜는 온 세상에 젖었고 공덕은 모든 중생에게 입히었으니, 참법의 공덕을 무어라 찬탄하리요. 이제 참법의 글을 처음 열어 보현보살께 아뢰옵고, 마음으로 향화를 생각하여 시방의 부처님께 공양하오며, 청정한 참법의 단壇을 장엄하려고 먼저 비밀한 글월을 외우오니, 바라건대 선한 결과로 가피하시어 죄업의 업인業因이 소멸케 하여지이다. 넓으신 자비에 호소하오니 크게 영험을 드러내 주시옵소서.

나무 보현왕보살마하살普賢王菩薩摩訶薩(세번)

한 보살이

결가부좌하고 계시니

이름은 보현이요,
몸은 백옥빛이며
五十가지 광명과
五十가지 빛깔은
후광後光이 되어 빛나고
몸의 털구멍마다
금색 광명이 흘러나오고
그 광명 위에는
한량없는 화신化身부처님께서
화신보살로
권속을 삼고
천천히 거닐며

자비도량참법 의문 22

보배꽃을 피우면서
수행자의 앞에 이르시네.
타고 있는 코끼리가 입을 벌리니
어금니 위의
여러 못에는 옥녀玉女들이
풍류를 잡히매
그 소리 미묘하여
대승의 실다운 도리를 찬탄하네.
수행자가 보고는
환희하여 예배하고
깊고 깊은 경전을
다시 읽고 외우며

시방의 무량한 부처님께

두루 예배하고

다보불탑多寶佛塔과 석가모니불께

예배하고, 아울러

보현보살과 모든 큰 보살에게도

예배하고 서원을 발하나니

저희가 전생의 복덕으로

보현보살 뵈올 수 있다면

원컨대 보살이시여, 기꺼이

저희에게 색신色身 나타내소서.

나무 보현보살普賢菩薩(十편)

일체공경(一切恭敬)

지심귀명례 시방법계 상주불十方法界常住佛

지심귀명례 시방법계 상주법十方法界常住法

지심귀명례 시방법계 상주승十方法界常住僧

저희들은 각각 호궤(胡跪: 오른쪽 무릎을 땅에 대고 꿇어 앉는 것. 禮法)하옵고 향과 꽃으로 시방 법계

의 三보전에 법답게 공양하나이다.

바라옵나니 꽃과 향기 시방에 퍼져

아름답고 미묘한 광명대 되고

하늘 세계의 풍류와 보배로운 향과

하늘 나라의 음식과 보배로운 의복과

부사의하고 오묘한 법의 티끌(法塵∴六塵의 하나。意根의 대상인 모든 법) 속에서

티끌마다 나오는 모든 티끌과

티끌마다 나오는 모든 법들이

감돌며 장애없이 번갈아 장엄하니

시방 세계 三보전에 두루 이르고

시방 세계 三보님 계신 곳마다

그 곳에서 이내몸 공양 받들며

그런 몸이 법계에 가득 찼으되

복잡도 아니하고 걸림도 없어

오는 세상 끝나도록 불사를 지어

온 법계의 중생들께 두루 풍기고

향기맑은 중생들은 보리심 내어

무생법인(無生法忍 : 모든 것이 불생불멸임을 아는 것)의 부처님 지혜 얻어지이다.

─ 이같이 생각하면서 꽃을 흩으며 향을 사루어 받든다

이 향기와 꽃구름이

시방 세계에 두루 퍼져

여러 부처님과 가르침과

모든 보살들과

그지없는 성문들과

천인들께 공양하오니,

광명대光明臺를 이루어서

무량한 세계 지나가면서

한량없는 부처님 세계에

갖가지로 불사를 지으며

중생들께 널리 풍겨

모두들 보리심을 내어지이다.

나무 보단화보살마하살 寶檀花菩薩摩訶薩 (세번)

상호가 매우 기특하시고

광명은 시방을 비추시니

내가 일찍이 공양하였삽고

이제 또 친근하옵니다.

부처님께서는 하늘들 가운데 왕이시니

가릉빈가의 음성으로

중생을 어여삐 여기시는 이

저희들 지금 예배합니다.

자비도량참법(慈悲道場懺法) 제一권

입참문(入懺文)

듣사오니 화신이 시방국토에 두루 응하시고, 설법하는 목소리는 삼계의 인간·천상에 들리나니, 모든 것에 걸림없는 사람들이 모두 한 길道과 한 문門으로부터 생사의 고해를 벗어나고, 一승(一乘: 중생을 태워 깨달음에 나아가도록 하는 부처님의 가르침)의 원교(圓敎: 원만하고 궁극적인 부처님의 가르침)와 돈교(頓敎: 점차적으로 깨치지 않고 단박에 깨닫게 하는 가르침)가 모두 한 모양과 한결같은 맛으로 열반을 증득하게 하나이다. 근거를 따름은 달이 일천 강에 비치는 것 같고, 물건에 응함은 봄이 온 누리에 돌아오는 듯하여, 법계에 두루 반연하고, 도량마다 골고루 앉으시도

다. 도안道眼으로 증명하사 범부의 괴로움을 보살피소서.

오늘, 참회하고자 하는 저희들이 자비도량참법을 건설하옵는데, 이제 제一권의 단壇에 들어가는 연기緣起를 당하여 저희들은 일심으로 정성을 다하여 三업을 깨끗이 하고, 과목을 따라 범음梵音을 연설하며, 향을 사르고 꽃을 흩어 十방의 三보 앞에 공양하고 부처님의 명호를 칭양하며, 五체를 엎드려 귀의하옵고 발로참회하여 업장을 소멸하려 하나이다.

생각하옵건대, 저희들이 끝없는 옛적부터 오늘에 이르도록 본성품을 모르고 一승의 이치를 등졌사오매 눈을 가리우는 병으로 공화空華가 어지럽고, 무명의 물거품이 일어나서 환멸의 바다가 출렁거리나이다. 참된 삼매를 어기고 무명이 어지러이 일어나 마음에는 三독이 치성하여 천만 가지 업을 지었는지라, 八만 가지 번뇌의 문이 열리었고, 번뇌는 백천 가지 업장을 지었으며, 탐욕의 경계를 따름은 고삐 없는 미친 코끼리 같고, 허망한 인연을 좇는 것은 등불에 모여드는 나비와 같아서, 죄는 태산같이 쌓였고 업은 창해처럼 깊었으며, 이미 선근이 없사와 나쁜 과보에서 도망할 길이 없나이다.

이제 간곡한 생각으로 마음을 고치고, 밖으로는 좋은 인연을 의지하고 안으로는 부끄러운 뜻을 품어, 이 청정한 대중을 모으고 참회의 법문을 외우오니, 一천 부처님의 광명을 입사와 여러 생의 죄업을 씻어지이다. 저희 소원이 이러하오니 부처님께서 어여삐 여기시와 크신 자비를 드리워 가피하여지이다.

천상이나 인간에서 부처님이 제일이니

시방 세계 어디서나 견줄 이 없네.

이 세간에 있는 것들 하나하나 다 보아도

부처님과 같은 이 하늘 아래 다시 없네.

자비도량참법을 받자와 행하오며 지극한 마음으로 三세 부처님께 귀의하나이다.

지심귀명례 과거 비바시불過去毗婆尸佛

지심귀명례 시기불尸棄佛

지심귀명례 비사부불毗舍浮佛

지심귀명례 구류손불拘留孫佛

지심귀명례 구나함모니불拘那含牟尼佛

지심귀명례 가섭불迦葉佛

지심귀명례 본사 석가모니불本師釋迦牟尼佛

지심귀명례 당래 미륵존불當來彌勒尊佛

높고, 또 깊은 미묘한 법문

백천 만 겁에 만나기 어려운데

지금 듣고 받아 가지니

부처님 참뜻 알아지이다.

자비도량이란 네 글자는 현몽을 인하여 세운 것이다. 미륵보살께서는 인자하심이 이 세상에서 가장 높고 자비하심은 후세까지 이른다. 그러므로 일에 의지하여 이름을 지은 것이니 어찌 감히 어기리

오. 이 염원을 받자와 三보를 수호하여 마군魔軍은 숨게 되고 자기만을 주장하는 증상만을 꺾어버리며, 선근을 심지 못한 이는 선근을 심게 하고, 선근을 이미 심은 이는 더욱 증장케 하며, 얻을 것이 있다고 잘못된 소견을 가지는 이는 모두 버리려는 마음을 내게 하며, 소승법을 좋아하는 이는 대승법을 의심치 않게 하고, 대승법을 좋아하는 이는 환희심을 낼지니라.

또, 이 자비심은 여러 선한 법 중의 왕이어서 일체 중생이 귀의할 곳이니, 해가 낮에 비치듯, 달이 밤에 비치듯, 사람의 눈이 되고, 사람의 길잡이가 되고, 사람의 부모가 되고, 사람의 형제가 되어, 도량에 함께 나아가는 선지식이자 자비하신 어버이어서 혈육보다도 소중하나니, 세세생생에 서로 의지하여 죽더라도 떠나지 아니하려고 평등한 마음으로 위와 같이 이름하느니라.

오늘, 이 도량에서 산 대중과 죽은 대중이 함께 이 참법을 세우고 큰 마음을 발함에는 열두 가지 큰 인연이 있나니, 무엇이 열둘인가. 一은 원컨대 六도를 교화하되 마음에 제한이 없음이요, 二는 자비하신 은혜를 갚되 공덕이 무한함이요, 三은 이 선근의 힘으로 모든 중생들이 부처님의 계율을 받되 범할 마음을 일으키지 않음이요, 四는 이 선근의 힘으로 모든 중생들이 어른을 대하여 경홀한 마음을 일으키지 않음이요, 五는 이 선근의 힘으로 모든 중생들이 태어난 곳에서 성내는 마음을 일으키지 않음이요, 六은 이 선근의 힘으로 모든 중생들이 다른 이의 몸매에 질투하는 마음을 내지 않음이요, 七은 이 선근의 힘으로 모든 중생들이 안의 법과 밖의 법에 대하여 간탐하는 마음을 내지 않음이요, 八은 이 선근의 힘으로 모든 중생들이 복을 닦되, 자기를 위하지 않고 보호함이 없는 중생

을 위함이요, 九는 이 선근의 힘으로 모든 중생들이 자기를 위해

네 가지 섭수하는 법(③四攝法 :: 중생을 교화하기 위한 네 가지 행위 ① 보시 ② 부드러운 말 ③ 남을 이롭게 하는 것 ④ 남과 같은 입장에 서서 남의 일을 돕는 것)을 행하

지 않음이요, 十은 이 선근의 힘으로 모든 중생들이 고독한 이와

붙들려 갇힌 이와 병난 이를 보거든 구제하려는 마음을 내어 안락

을 얻게 함이요, 十一은 이 선근의 힘으로 모든 중생으로 하여금

굴복시킬 이는 굴복시키고 거두어 줄 이는 거두어 주게 함이요, 十

二는 이 선근의 힘으로 모든 중생들이 태어난 곳에서 항상 생각하

여 보리심을 내고, 그 보리심이 서로 계속하여 끊이지 않게 함이

니, 원컨대 이 산 대중과 죽은 대중이 범부와 성현을 막론하고 다

같이 보호함을 입고 섭수함을 받으며, 저희들의 참회함이 청정하고

소원을 성취하여 부처님의 마음과 같고 부처님의 서원과 같아서 六

도 四생이 모두 따라와서 보리심을 만족하여지이다.

一、 귀의삼보(歸依三寶)

오늘, 이 도량의 동업대중이 사람마다 각오할 뜻을 일으키되 세상이 무상하니 이 몸이 오래가지 못할 것을 생각하라. 젊다고 하나 반드시 노쇠하나니, 용모만을 믿고 스스로 더러운 행동을 하지 말지니라. 만물이 모두 무상하여 필경에 죽어가는 것이니 천상천하에 누가 능히 머물러 있으리요. 젊은 얼굴이 살결이 아름답고 숨결이 향기로우나 이 몸을 보존할 것이 아니며, 사람은 마침내 마멸하여 없어지는 것이어서 생로병사가 이르러 올 것을 기약하지 않나니, 누가 나를 위하여 물리칠 것인가. 재앙이 갑자기 이르는 것이매 벗어날 수 없느니라. 귀한 이나 천한 이를 가리지 않고 한번 죽으면 몸이 퉁퉁 붓고 썩어서 냄새를 맡을 수 없나니, 속절없이 아낀들 무슨 이익이 있으랴. 만일 훌륭한 업을 행하지 않으면 벗어날 길이 없느니라. 저희들이 스스로 생각컨대 몸은 아침 이슬과 같고, 생명은 저녁 햇빛과 같으며, 가난한 집에 태어나서 공덕은 지은 것이 없도다. 대인大人의 신성한 지혜가 없고, 성인의 통철한 식견이 없으며, 충성되고 인자한 말이 없고, 진퇴하는데 절조있는 행이 없나니, 이 뜻을 세웠으나 여러 어른을 괴롭힐 뿐이요, 여러 대중을 억울하게 하여 부끄러운 생각이 그지없도다. 참법의 이 자리는 기약이 있나니, 따라 생각한들 무엇하리요. 이제 이 하나하나 다른 원을 각각 노력하여 진실한 마음으로 조석으로 공양을 받들고 부지런히 정진하는 것이 좋은 일이니, 바라건대 대중은 마음을 가다듬어 인욕하는 정성으로 법문에 깊이 들어갈지니라.

오늘, 이 도량의 동업대중이여, 각각 진중한 생각으로 용맹한 마

음, 방일하지 않는 마음, 평안히 머무르는 마음, 큰 마음, 훌륭한 마

음, 자비한 마음, 착한 일 좋아하는 마음, 환희하는 마음, 은혜 갚

을 마음, 모든 중생 제도할 마음, 모든 중생 수호할 마음, 모든 중

생 구제할 마음, 보살과 같은 마음, 여래와 같은 마음을 일으키며,

지극한 정성으로 五체투지하고, 부모 사장과, 상중하좌上中下座와

선지식·악지식과, 천인과 신선과, 호세 사천왕과, 착한 일을 주장

하고 악한 일을 벌주는 이와, 주문을 호지하는 이와, 五방의 용왕

과, 용신八부와, 十방의 무궁무진한 중생들과, 수륙공계水陸空界의

모든 유정들을 위하여 예경할지니라.

지심귀명례 시방 진허공계 일체제불十方盡虛空界一切諸佛

지심귀명례 시방 진허공계 일체존법十方盡虛空界一切尊法

지심귀명례 시방 진허공계 일체현성十方盡虛空界一切賢聖

오늘, 이 도량의 동업대중이여, 무슨 뜻으로 三보에 귀의하는가. 부처님과 보살들은 한량없이 큰 자비가 있어 세상을 제도하고, 한량없이 큰 인자함이 있어 세상을 위로하시며, 모든 중생을 외아들처럼 생각하고, 대자 대비하심은 쉬지 아니하여 착한 일을 항상 지어 모든 중생을 이익케 하며, 중생들의 三독의 불을 소멸하고, 아뇩다라삼먁삼보리를 얻도록 교화하시며, 중생이 부처가 되지 못하면 정각을 취하지 아니한다고 하시었나니, 그러므로 마땅히 귀의해야 하느니라.

또, 부처님은 중생을 어여삐 여기심이 부모보다도 더 하시느니라。 경에 말씀하기를 「부모가 자식을 생각함은 한 세상에 그치거니와, 부처님이 중생을 생각하심은 자비가 그지없느니라。 또 부모는 자식이 배은망덕함을 보면, 성을 내어서 자비가 박약하지마는, 부처님과 보살의 자비는 그렇지 아니하여 이런 중생을 보면 자비심이 더욱 커지며, 내지 무간지옥에 들어가고 큰 불구렁에 들어가더라도 중생들을 대신하여 무량한 고통을 받는다」고 하셨느니라。 그러므로 부처님과 보살들이 중생을 생각하심이 부모보다 더한 것이어늘, 중생들의 무명이 지혜를 가리우고 번뇌가 마음을 덮어서 부처님과 보살들에게 귀의할 줄을 알지 못하며, 법을 말하여 교화하더라도 믿지 아니하고 더러운 말로 비방하며, 마음을 내어 부처님 은혜를 생각하지 아니하며, 믿지 않는 연고로 지옥이나 아귀나 축생의 나쁜 갈래에 들어가서 세 갈래로 두루 다니면서 무량한 고통을 받으며,

죄가 끝나고 인간에 태어나더라도 이목구비가 온전하지 못하며, 선정이 없고 지혜가 없나니, 이런 것들이 다 신심이 없는 탓이니라.

오늘, 이 도량의 동업대중이여, 믿지 않는 모든 죄의 으뜸이니, 수행하는 사람들로 하여금 길이길이 부처님을 보지 못하게 하느니라. 오늘, 서로가 강개慷慨한 마음을 내어 나쁜 뜻과 정情을 꺾어버리고, 증상增上하는 마음을 내고 부끄러운 뜻을 일으켜 머리 조아려 애원하여 지나간 죄를 참회할지어다. 죄업이 다하여 안팎이 깨끗해진 연후에 생각을 일으켜 믿는 문에 들어가야 하거니와, 만일 이런 마음과 이런 뜻을 일으키지 않으면, 간격이 막혀 장애를 통하지 못할 것이니 이 길을 한번 잃으면 다시는 돌아오지 못하리니, 어지 사람마다 五체투지하기를 산이 무너지듯이 하며, 일심으로 믿어 다시 의심이 없게 하지 아니하리요. 우리들이 오늘날 부처님과 보살들의 자비하신 힘으로 깨우침을 입고, 부끄러운 마음을 내어 이미 지은 죄는 소멸하기를 바라고, 아직 짓지 아니한 죄는 다시 짓지 않기로 서원하지 아니 하겠는가.

오늘부터 보리를 증득할 때까지 견고한 신심을 일으키고 다시 물러가지 않으며, 이 몸을 버린 후에 지옥에 태어나거나, 아귀에 태어나거나, 축생으로 태어나거나, 인간으로 태어나거나, 천상에 태어나 三계에서 남자가 되기도 하고 여자가 되기도 하고, 남자도 아니고 여자도 아닌 몸을 받기도 하며, 크게도 나고 적게도 나며, 올라가기도 하고 내려가기도 하면서 모든 고통을 받는 일이 견디기 어렵도다. 서원코 그 고통을 위하여 오늘의 신심을 어기지 않을 것이며, 차라리 천 겁, 만 겁 동안 갖가지 고통을 받더라도 서원코 그 고통을 위하여 오늘의 신심을 어기지 아니 하오리니, 원컨대 부처님과 보살들이 한 가지로 구호하시며 한 가지로 섭수하시어, 저희들로 하여금 신심이 견고하여 부처님 마음과 같고, 부처님의 서원과 같아서 마군과 외도들이 능히 파괴하지 못하게 하소서. 지극한 정성으로 다같이 간절하게 五체투지하나이다.

지심귀명례 시방 진허공계 일체제불
지심귀명례 시방 진허공계 일체존법
지심귀명례 시방 진허공계 일체현성

오늘, 이 도량의 동업대중이여, 마음을 가다듬고 들으라. 인간과 천상이 모두 환술 같으며 세계가 헛된 것이니, 환술이 참된 것이 아니므로 진실한 과보가 없고, 헛된 것은 뿌리가 없으므로 변천이 끝없느니라. 진실한 과보가 없으므로 오랫동안 생사에 헤매고, 변천이 끝없으므로 고해에 항상 유전하나니, 이런 중생들을 성현은 가엾이 여기시느니라. 그러므로 비화경에 말씀하기를 『보살이 성불하는 데는 각각 본래의 서원이 있다. 석가모니 부처님께서 장수하지 않으시고 목숨이 짧은 것은 「이 중생의 변화가 잠깐이며, 고해에 항상 헤매면서 벗어나지 못함을 가엾이 여겨 그를 나타내기 위함」이며, 이 국토에 계시면서 여러 나쁜 일을 구제하시기 위해 가르침에도 억세고 애쓰는 말씀이 있기에 괴로움을 버리지 아니 하시고 중생을 제도하시면서 선한 방편으로 구제하는 마음이 간절하시기 때문이다』하였다.

그러므로 삼매경에 말씀하시되 「모든 부처님의 마음은 대자비심이니, 자비심으로 고통받는 중생을 반연하실 적에 만일 중생의 괴로움 받는 것을 보면 화살이 염통에 박히는 듯, 눈동자를 찌르는 듯하며, 보고는 슬피 우시면서 마음이 편안치 아니 하시어 그 괴로움을 구해주어 안락케 하려 하시며, 또 부처님의 평등한 지혜로는 교화하심도 평등하느니라. 석가모니 부처님을 용맹하다고 칭찬하심은 능히 괴로움을 참으시고 중생을 제도하시는 연고니라. 그러므로 알라. 본사 석가 부처님의 은혜가 막중하시어 괴로움 받는 중생에게 여러 가지 말씀으로 모두 다 이익케 하시느니라」하였다.

우리들이 오늘까지 제도하심을 입지 못하여 앞으로는 한결같은 음성을 듣지 못했고, 뒤로 열반하심을 보지 못한 것은 업장이 두터워서 우리의 생각이 부처님의 자비와 어기는 연고니라. 오늘날 서로 연모하는 마음을 일으킬지니, 여래를 연모하는 연고로 선한 마음이 농후하여 괴로운 가운데서도 부처님의 은혜를 생각하고서 흐

느끼고 서러워하며, 참괴하고 슬퍼하여 다같이 간절하게 五체
투지하고, 지극한 마음으로 국왕과 대신과 토지와 인민과 부모와
사장師長과 시주 단월과 선지식과 악지식과 하늘과 신선과, 총명하
고 정직한 천지허공의 호세 사천왕과, 착한 일을 주장하고 악한 일
을 벌주는 이와, 주문을 수호하는 이와, 五방용왕과 용신 八부와,
시방의 무궁무진한 중생들을 위하여 예경할지니라.

지심귀명례 시방 진허공계 일체제불
지심귀명례 시방 진허공계 일체존법
지심귀명례 시방 진허공계 일체현성

─ 서로 호궤 합장하고 마음으로 생각하면서 입으로 이렇게 말한다 ─

부처님 대성존大聖尊께서

모든 법을 다 깨달으시고
천상·인간의 큰 스승 되오시니
그러므로 귀의합니다.

모든 법이 항상 머물러
청정한 모든 경전이
몸과 마음의 병을 없애주시니
그러므로 귀의합니다.

대지大地의 모든 보살과
집착하지 않는 네 가지 스님들
모든 괴로움 구제하시니

자비도량참법 제一권　*48*

그러므로 귀의합니다.

삼보께서 세간을 구호하실세

내 지금 머리 조아려 경례하노니

여섯 갈래 모든 중생들

이제 모두 귀의합니다.

모든 유정을 자비로 덮어

모두 다 안락케 하시니

중생을 애민하시는 이에게

우리 함께 귀의합니다.

五체투지 하고서 각자 생각하고 사뢰옵나이다. 우러러 바라오니 시방의 三보께서는 자비의 힘과 본원의 힘과 신통의 힘과 불가사의한 힘과 끝없이 자재한 힘과 중생을 제도하는 힘과 중생을 감싸 보호하는 힘과 중생을 위로하는 힘으로써 중생들로 하여금 깨닫게 하시나니. 저희들이 오늘날 三보에 귀의함을 아시리이다. 이 공덕의 힘으로써 중생들로 하여금 각각 소원을 이루게 하여, 천상이나 신선 중에 있는 이는 번뇌가 끝나게 하고, 아수라에 있는 이는 교만한 버릇을 버리게 하고, 인간에 있는 이는 괴로움이 없게 하고, 지옥·아귀·축생에 있는 이는 그 갈래를 여의게 하여지이다.

또, 오늘날 三보의 이름을 들은 이나 듣지 못한 이를, 부처님의 신통으로 모든 중생들이 해탈을 얻어서 끝까지 무상보리를 성취케 하여 여러 보살들과 한 가지로 정각에 오르게 하여지이다.

二, 단 의(斷疑)

오늘, 이 도량의 동업대중이여, 일심으로 자세히 들으라. 인과의 관계로 감응하여 나게 되는 것은 필연한 도리이어서 어긋남이 없건만, 중생들의 업행業行이 순일하지 않고 악을 번갈아 쓰느니라. 업행이 순일하지 않으므로 과보에 정미롭고 거칠은 것이 있어서, 귀하고 천하고 선하고 악한 일이 한결같지 않으며, 만 가지 차별이 있느니라. 차별이 있으므로 본래의 행을 알지 못하고, 알지 못하므로 의혹이 어지러이 일어나, 정진하고 계행을 지키는 이는 마땅히 오래 살아야 할 것인데 도리어 단명하고, 도살하는 사람은 단명해야 할 터인데 도리어 장수하며, 청렴한 선비는 부귀해야 할 것인데 오히려 빈곤하고, 도둑질하는 사람은 곤궁해야 할 것인데 도리어 잘 산다 하느니라. 이러한 의혹은 어느 사람인들 그런 생각이 없으랴마는 과거의 업으로 받는 과보인 줄을 알지 못하도다. 반야경에 말하기를 「이 경을 읽으면서도 남의 경천히 여김을 받는 이는 이 사람이 과거에 지은 죄업으로 나쁜 갈래에 떨어질 것이로되, 지금 사람의 경천함을 받는 연고로 전세의 죄업이 소멸한다」 하였거늘, 중생들이 경의 말씀을 믿지 않고 이런 의심을 하는 것이니, 다 무명의 망념으로 뒤바뀐 생각을 내는 것이니라. 또 三계의 안에는 모두 고통이요, 三계의 밖이라야 낙인 줄을 믿지 않으므로 세간에 물든 일들을 낙이라 하나니, 만일 세간이 낙이라면 무슨 연고로 다시 고통을 받는가. 음식을 과도히 먹어도 병이 생기고, 숨이 차고 배가 아픈 것과, 내지 의복에서도 근심과 걱정이 생기나

니, 겨울에 베옷을 입게 되면 고마운 줄을 모르고 원망이 앞서며,

여름에 솜옷을 보기만 하여도 괴로운 생각이 깊어지나니, 세상이

낙이라면 어째서 걱정이 생기겠는가. 그러므로 음식과 의복도 참으

로 낙이 아니니라.

또, 권속이 낙이라 한다면, 마땅히 항상 즐거워서 그지없이 노래

하고 웃어야 할 것이어늘, 어찌하여 잠깐 동안에 무상하여 문득 죽

어가는가. 지금까지 있다가 없어지고, 저때까지 있던 것이 이제 없

어지면, 땅을 치며 하늘을 우러러 울부짖고 창자가 끊어지는 듯하

고, 또 날 때는 어디서 오고 죽어서는 어디로 가는 것인지 모르면

서 슬픈 생각으로 보낼 적에, 광막한 산속까지 가서는 손을 잡고

이별하나니, 한 번 가면 만겁萬劫에도 돌아오지 않느니라. 이런 것

들은 괴롭기 한량없건마는 중생이 아득하여 이것을 낙이라 생각하

고 세간에서 벗어나는 것은 괴로움이라 여기느니라.

혹 나물밥을 먹어 음식을 조절하며, 가벼운 옷을 버리고 누더기 입는 것을 보고는 억지로 고통을 사는 것이라 하고, 이러한 것이 해탈하는 것인 줄을 알지 못하며, 혹 보시하고 계행을 가지며 인욕하고 꾸준히 노력하며 예배하고 경을 읽는 사람들이 부지런히 애쓰는 것을 보고는 모두 괴로운 일이라 말하고, 이러한 것이 출세간의 마음인 줄을 알지 못하도다. 그러다가 병들어 죽는 것을 보고는 문득 의심을 내어 종일토록 몸과 마음을 괴롭히며 잠깐도 쉬지 못하나니, 사람의 기력으로야 어떻게 이를 감당하며, 만일 부지런히 노력하지 않고서야 어찌 피곤하게 될 것이며, 부질없이 목숨만 버리나니 무슨 이익이 있으리요.

혹은 자기의 소견을 고집하여 이치가 그런 것이라 하면서도, 결

과를 보고 원인을 찾을 줄을 알지 못하고 의혹만 내나니, 만일 선
지식을 만나면 의혹을 제할 수 있고, 악지식을 만나면 어리석음만
더할 뿐이니라. 의혹하는 탓으로 三악도에 떨어지나니, 악도에 있
으면서 후회한들 무엇하리요.

오늘, 이 도량의 동업대중이여, 무릇 이러한 의혹은 인연이 한량
없거니와, 이 의혹하는 습기는 三계 밖으로 벗어난다 해도 모두가
버릴 수가 없거늘, 하물며 이 몸으로야 어떻게 버릴 수 있으리요.
이생에서 끊지 못하면 내생에는 더욱 증장할 것이니라. 대중들은
더불어 이 먼길을 걸어가는 것이니, 마땅히 부처님 말씀대로 수행
할 것이요, 아직도 의혹하면서 고달픔을 사양하지 말아라. 여러 부
처님들이 생사에서 벗어나 피안에 이르신 것은 쌓은 선한 공으로
말미암아 무애하게 자재 해탈한 것이어늘, 우리들은 오늘까지 생사

를 떠나지 못하였으니, 진실로 슬픈 일이다. 어찌하여 이 나쁜 세

상에 다시 있기를 탐내겠는가. 오늘날 다행히 四대가 쇠하지 아니

하고 五복이 강건하여, 다니며 일함이 마음과 같이 자재함에도 노

력하지 아니하면 다시 어느 때를 기다려야 하는가. 지나간 일생에

이미 도리를 보지 못하였나니, 금생까지 그냥 보낸다면 다시 증득

함이 없으리니 오는 세상에서 어떻게 제도하리요. 가슴에 손을 얹

고 생각하면 진실로 슬픈 일이로다.

대중스님들, 오늘을 당하여 마땅히 과정을 엄하게 세우고 노력할

지언정 거듭 말하는 것을 잠깐 쉴 것이니, 성인의 길이 멀고멀어

하루에 끝낼 수 없다고 하지 말라. 이렇게 하루 하루 미루면 어느

때에 할 일을 마치겠는가. 지금 경을 읽거나 참선을 하여 부지런히

고행하다가 몸이 조금 아프면, 문득 말하기를 『경 읽고 참선하다가

이렇게 되었다』하지만, 만일 이런 수행을 하지 않았더라면 벌써
죽었을지도 모를 것이며, 이런 수행을 하는 연고로 오늘까지 이른
것을 알아야 하느니라. 또 四대는 더하기도 덜하기도 하는 것인즉
병나는 것은 떳떳한 일이며, 내지 늙고 죽는 것은 피할 수 없는 일
이니, 사람은 세상에 나면 필경은 없어지는 것이니라. 도를 얻으려
거든 부처님의 말씀을 의지할 것이니, 부처님 말씀을 어기고 도를
얻는 것은 있을 수 없는 일이니라.

모든 중생이 부처님의 말씀을 어긴 탓으로 三도에 헤매면서 여러
가지 고통을 받는 것이니, 만일 부처님의 말씀과 같이 하여 잠깐도
쉬지 말고 모든 법을 부지런히 닦되 머리에 불타는 것을 끄듯 할
것이니, 一생이 끝나도록 아무 것도 얻음이 없게 하지 말라.

지금 모든 사람이 다 같이 간절하게 五체투지하기를 태산이 무너

지듯 하면서 중생된 후부터 오늘에 이르기까지의 다생부모多生父母

와 친척과 화상과 아사리와 단상의 증사 스님과 상중하좌와 시주

단월과 선지식·악지식과 하늘과 신선과 호세 四천왕과 착한 일을

주장하고 악한 일을 벌주는 이와 주문을 수호하는 이와 五방 용왕

과 용신 八부와 시방의 무궁무진한 중생들을 위하여 세간의 대자대

비하신 부처님께 귀의할지니라.

지심귀명례 미륵불彌勒佛

지심귀명례 비바시불毗婆尸佛

지심귀명례 시기불尸棄佛

지심귀명례 비사부불毗舍浮佛

지심귀명례 구류손불拘留孫佛

지심귀명례 구나함모니불拘那含牟尼佛

지심귀명례 가섭불迦葉佛

지심귀명례 석가모니불釋迦牟尼佛

지심귀명례 무변신보살無邊身菩薩

지심귀명례 관세음보살觀世音菩薩

또 거듭, 시방의 다함없는 모든 三보께 귀의하나이다. 바라옵건대 자비하신 힘으로 함께 거두어주시며, 신통력으로 두호하시고 건져주소서. 오늘로부터 보리에 이르도록 四무량심과 六바라밀이 항상 앞에 나타나며, 四무애지와 六신통이 뜻대로 자재하여서 보살도를 행하여 부처의 지혜에 들어가며 시방의 중생을 함께 교화하여 다같이 정각에 오르게 하여지이다.

오늘날, 이 도량의 동업대중이여, 다시 지극한 정성으로 마음을 잘 거두고 서로 더불어 귀의하고 믿는 문에 들어가며, 마땅히 생각을 가다듬어 나아가기로 기약하고 내법內法과 외법外法에 대하여 다시 망설이지 말 것이며, 만일 본래의 업이 분명하지 못하여 스스로 지을 수 없더라도 다른 이의 복 짓는 일을 보거든 마땅히 권장할 것이며, 환희(탄지彈指)하고 합장하여 덕에 나아갈 것을 분명히 할 지언정, 부질없이 마음을 일으켜 장애함을 지어서 저 수행하는 사람으로 하여금 물러가게 하지 말지니, 만일 물러가지 않는다면 그의 나아감이 여전할 것이니라. 그에게 이미 감손함이 없으니 나만 스스로 해로울 것이매, 부질없이 시비만 일으켜 내 몸에 무슨 이익을 기약하리요. 만일 선한 일을 장애하는 이가 없으면 도리어 합장하여 유력한 대인大人이 되려니와, 만일 장애를 짓는다면 오는 세상

자비도량참법 제一권 60

에 어떻게 부처님의 도를 통달할 것인가. 이치를 따라 생각하면 손해가 막심하고 다른 이의 선근을 방해하면 죄가 진실로 클 것이니라.

호구경護口經에 말하였다. 『어떤 아귀가 있는데 형상이 흉악하여 보는 이로 하여금 소름이 끼치게 하여 두려워하지 않는 이가 없으며, 몸에서는 맹렬한 불길이 나와서 마치 불더미 같으며, 입에서는 구더기가 한량없이 나와서 고름과 피로 몸을 장엄하였으며, 구린냄새가 멀리 퍼져서 가까이 갈 수 없으며, 혹은 입으로 불꽃을 토하고 골절마다 불이 일어나서 소리를 높여 부르짖어 통곡하면서 사방으로 돌아다니었다.

이때 만족滿足아라한이 아귀에게 물었다.

「너는 전세에 무슨 죄를 지었기에 지금 이런 고통을 받느냐.」

아귀가 답하였다.

「나는 전세에 사문이었는데 재산에 연연하여 탐을 내고 버리지
못하였으며, 위의를 돌보지 않고 추악한 말을 함부로 하였으며, 계
행을 지니고 정진하는 이를 보기만 하면 꾸짖고 욕설하며 눈을 흘
겨 비웃고, 스스로는 호강한 양 언제까지나 죽지 않으리라 여겨 한
량없이 나쁜 짓을 한 탓입니다. 지금 생각하고 뉘우친들 무슨 소용
이 있으리요. 차라리 잘드는 칼로 혀를 끊고 싶으며, 이 겁에서 저
겁에 이르도록 모든 고통을 달게 받을지언정 한 마디라도 다른 이
의 착한 일을 비방하지 않으려 합니다. 존자께서 남섬부주에 가시
거든 나의 이 꼴을 여러 비구와 불제자에게 말하소서. 그리하여 구
업을 잘 수호하고 망령된 말을 하지 말며, 계행을 지니거나 지니지
아니하더라도 그 덕만을 선포하라고 하십시요. 내가 받은 아귀의
몸은 수천 겁을 지내도록 밤낮으로 끝없는 고초를 받다가 이 과보

가 다하면 다시 지옥에 들어갈 것입니다.」

그 때, 아귀가 이 말을 마치고, 부르짖어 통곡하며 땅에 엎드려

넘어지니 마치 태산이 무너지는 듯 하였다.

오늘날, 이 도량의 동업대중이여, 경에 말씀한 것이 매우 두렵도

다. 한 가지 구업으로도 여러 겁 동안 과보를 받거늘, 하물며 그외

의 여러 가지 선하지 않은 근본이겠는가. 이 몸을 버리고 고통을

받는 것은 모두 스스로 지은 업의 과보이니, 만일 인을 짓지 아니

하였으면 어찌 과보를 얻을 것이며, 인囚을 지으면 과보는 없어지

지 아니하나니, 죄나 복이 멀지 아니한지라 이 몸으로 받는 것이

니, 마치 그림자나 메아리 같아서 여읠 수 없느니라. 무명으로 말

미암아 난 몸이니 역시 그로 인하여 죽을 것이니라. 과거·현재·

미래에 방일한 사람은 해탈을 얻지 못할 것이나, 능히 수호하는 이

는 무궁한 복을 받을 것이니라.

오늘 대중들은 각각 참괴한 생각으로 몸과 마음을 씻어버리고 예전의 허물을 참회하여 옛일을 고치고 새일을 짓지 아니하면 부처님들이 칭찬하리라.

우리는 오늘부터 남의 선한 일을 보면 성취하거나 성취하지 못하거나 오래하거나 오래하지 못하거나를 막론하고 기뻐할지니라. 가령 일 념이나, 잠깐이나, 일 시나, 일 각이나, 일 월이나, 반년이나 일년만 하더라도, 벌써 선을 짓지 않는 이보다는 훌륭하느니라. 그러므로 법화경에 말하기를 「만일 어떤 사람이 탑 속에 들어가서 산란한 마음으로라도 한번 나무불南無佛하고 외우기만 해도 모두 불도를 이루느니라」하였거늘, 하물며 어떤 이가 이러한 큰 마음을 세우고 복과 선을 부지런히 닦는 것을 보고 따라 기뻐하지 않아서야

자비도량참법 제一권 64

되겠는가. 그러면 성현들이 슬프게 생각하시느니라.

저희들이 생각컨대, 무시이래로 나고 죽으면서 오늘에 이르도록 이미 한량없는 나쁜 마음으로 남의 선한 일을 방해하였을 것입니다. 왜냐하면, 만일 그런 일이 없었으면 어찌하여 오늘날까지 모든 선한 일을 망서리기만 하고, 선정禪定을 익히지 아니하고 지혜를 닦지 아니하며, 잠깐동안 예배하고는 큰 고생을 하였다 하고, 잠깐 동안 경을 읽고는 문득 게으른 생각을 내며, 종일토록 분주히 악업을 일으켜 이 몸으로 하여금 해탈을 얻지 못하게 하리요. 마치 누에가 고치를 짓듯이 자승자박하고, 나비가 불에 들어가듯이 밤새도록 타게 되나니, 이런 업장이 무량무변하여 보리심을 장애하고, 보리의 원願을 장애하고, 보리행을 장애하는 것이 모두 악한 마음으로 남의 선한 행을 비방한 탓입니다.

이제서야 비로소 깨닫고 부끄러운 마음을 내어 머리를 조아리고
어여삐 여기심을 원하여 이런 죄를 참회하나니, 바라옵건대 여러
부처님과 보살께옵서는 자비하신 마음으로 신력神力을 가피하시어
저희들로 하여금 참회하려는 죄업이 멸하게 하시며, 뉘우치는 허물
이 청정케 하시며, 지은 죄와 한량없는 업이 이번의 참회로써 깨끗
이 없어지게 하시옵소서.

지금 모든 사람이 다 같이 간절하게 五체투지하여 세간의 대자대
비하신 부처님께 귀의하옵니다.

지심귀명례 선덕불善德佛

지심귀명례 석가모니불釋迦牟尼佛

지심귀명례 미륵불彌勒佛

지심귀명례 무우덕불 無憂德佛

지심귀명례 전단덕불 栴檀德佛

지심귀명례 보시불 寶施佛

지심귀명례 무량명불 無量明佛

지심귀명례 화덕불 華德佛

지심귀명례 상덕불 相德佛

지심귀명례 삼승행불 三乘行佛

지심귀명례 광중덕불 廣衆德佛

지심귀명례 명덕불 明德佛

지심귀명례 사자유희보살 師子遊戲菩薩

지심귀명례 사자분신보살 師子奮迅菩薩

지심귀명례 무변신보살 無邊身菩薩

지심귀명례 관세음보살觀世音菩薩

또 거듭, 시방의 다함없는 모든 三보께 귀의하나이다. 서로 호궤합장하옵고 마음으로 생각하고 입으로 사뢰옵니다. 저희들이 시작이 없는 생사로부터 오늘에 이르도록 도를 얻지 못하고 이 업보의 몸을 받았사오매 네 가지 일(四事 : 수행승이 일상생활에 필요한 네 가지 도구로 음식과 의복과 침구와 약품)에서 한 가지도 버리지 못하고, 탐욕과 질투하는 三독이 치성하여 모든 악업을 일으켰사옵니다. 남이 보시하고 계 지키는 것을 보고도 스스로 행하지 못하고 따라서 기뻐하지도 못하며, 남이 인욕하고 정진함을 보고는 스스로 행하지도 못하고 따라서 기뻐하지도 못하며, 남이 좌선하고 지혜를 닦는 것을 보고는 스스로 행하지도 못하고 따라서 기뻐하지도 못하였사오매, 이러한 죄가 무량무변한 것을 오늘날 참

자비도량참법 제一권 68

회하여 없애기를 원하나이다.

또, 비롯함이 없는 옛부터 오늘에 이르도록 남이 선한 일을 하여 공덕 닦는 것을 보고도 능히 따라서 기뻐하지 못하고, 행주좌와 行住 坐臥의 네 가지 위의 威儀에 부끄러운 마음은 없고, 교만하고 게을러서 무상함을 생각치 못하며, 이 몸을 버리고는 지옥에 들어갈 줄을 알지 못하오며, 다른 이의 몸에 갖가지 악해를 가해 三보를 건립하고 공양을 이바지함을 장애하였으며, 다른 이가 닦는 모든 공덕을 장애하였사오니, 이러한 죄업이 무량무변함을 오늘날 참회하여 없애기를 원하나이다.

또, 무시이래로 오늘에 이르도록 三보가 귀의할 곳임을 믿지 아니하고, 남의 출가함을 장애하고, 남의 지계함을 장애하고, 남의 보시함을 장애하고, 남의 인욕함을 장애하고, 남의 정진함을 장애하고, 남의 좌선함을 장애하고, 남의 독경함을 장애하고, 남의 경베끼는 일을 장애하고, 남의 재 올리는 일을 장애하고, 남의 불상조성함을 장애하고, 남의 공양 베푸는 일을 장애하고, 남의 고행하는 일을 장애하고, 남의 도 닦는 일을 장애하였사오며, 내지 다른이의 조그만 선도 모두 장애하였나이다.

출가하는 것이 멀리 여의는 법인 줄을 믿지 아니하고, 인욕이 안락한 행인 줄을 믿지 아니하고, 평등한 것이 보리의 길임을 알지못하고, 망상을 여의는 것이 출세하는 마음인 줄을 알지 못하여 나는 곳마다 장애가 많았사오니, 이런 죄장罪障이 무량무변하온 것을여러 부처님과 모든 보살님께서 다 아시며 다 보시나이다. 부처님과 보살님이 아시고 보시는 바와 같이, 죄장이 많은 것을 오늘 부끄럽게 생각하고 발로참회하옵나니, 모든 죄의 원인과 괴로운 과보를 소멸하기를 원하나이다.

오늘부터 도량에 앉을 때까지 보살도를 행하여 싫은 생각이 없으며, 재보시財布施와 법보시를 다함이 없이 행함에, 지혜와 방편으로 짓는 일이 헛되지 아니하여 보고 듣는 모든 일이 다 해탈하게 하여지이다. 서로서로 지극한 마음으로 五체투지하옵나니, 바라옵건대 시방의 여러 부처님과 보살님과 여러 현성께서 자비하신 마음으로 가피하사 여섯 갈래의 모든 중생들이 지금 참회하는 인연으로 모든 고통을 끊어버리고 뒤바뀐 인연을 떠나서 나쁜 소견을 일으키지 말며, 四악취의 업을 버리고 지혜가 생겨서 보살도 행하기를 쉬지 아니하고 수행과 소원이 원만하여 빨리 十지地에 오르고 금강심에 들어가 등정각等正覺을 이루게 하여지이다.

三, 참 회(懺悔)

오늘, 이 도량의 동업대중이여, 경에 말씀하기를 「범부는 속박이라 하고, 성인은 해탈이라 한다」고 하였으니, 속박은 三업으로 일으킨 악이요, 해탈은 三업이 무애한 선善이니라. 모든 성인들은 여기에 안심하고, 지혜와 방편의 무량한 법문으로 중생의 선악의 업을 분명히 알고는 한 몸으로 무량한 몸이 되고, 한 형상으로써 갖가지로 변화하기도 하며, 한 겁을 줄여서 하루를 만들기도 하고, 하루를 늘려서 한 겁을 만들기도 하며, 수명을 정지하여 영원히 멸하지 않게도 하고, 무상을 나타내어 열반을 보이기도 하나니, 신통과 지혜로 출몰이 자재하고, 날아다니기를 성품에 맞게 하여 공중에서 앉거나 눕기도 하며, 물 위에서 거닐기를 땅과 같이 하여 험난하지 아니하나니, 끝까지 공적한 데에 깃들어 있고 만법을 통달하여 공과 유를 함께 밝히며, 변재辯才를 성취하고 지혜가 걸림이 없느니라.

이러한 법들은 악업으로부터 나는 것이 아니며, 탐심·진심·질투심으로부터 나는 것이 아니며, 어리석은 사견邪見으로부터 나는 것이 아니며, 게으르고 해태함으로부터 나는 것이 아니며, 교만하고 방자함으로부터 나는 것이 아니니라. 오직 삼가고 조심하여 악업을 짓지 아니하고, 부지런히 선업을 행함으로부터 나는 것이니라. 어디서나 모든 선업을 닦고 부처님 말씀을 순종하는 사람으로서 빈궁한 이를 보았는가. 누추한 이를 보았는가. 여러 가지 고질로 폐인이 된 이와 비천한 데 태어나 여러 사람의 업신여김을 받는 이와 무슨 말을 하거나 남의 신용을 얻지 못하는 이를 보았는가.

이제 이 몸으로 증거하리니, 한 사람이라도 부처님 말씀을 순종하여 여러 가지 공덕을 닦으면서 제몸을 위하지 않는 이로서 나쁜 과보를 받는 이가 있다면, 차라리 내 몸이 아비지옥에 들어가 가지가지 고통을 받을지언정 이런 사람이 나쁜 과보를 받게 되는 것은 있을 수 없는 일이니라.

오늘, 이 도량의 동업대중이여, 만일 범부를 버리고 성인의 자리에 들어가려거든, 부처님의 가르침대로 행을 닦되 조그만 괴로움 때문에 해태한 생각을 내지 말고, 스스로 노력하여 죄업을 참회할지라. 경에 말씀하기를 「죄는 인연으로 좇아 나고 인연으로 좇아 멸한다」 하였느니라. 이미 범부를 면치 못하였으니 가는 데마다 아득함이 많으리라. 스스로 참회하지 않고야 어떻게 벗어나리요. 오늘날 서로서로 용맹심을 일으켜 발로참회할지니, 참회하는 힘은 불가사의하니라. 어떻게 아는가. 아사세왕이 대역죄를 지었다가 크게 뉘우치고 참회하여 무거운 죄의 고통을 가볍게 받았느니라. 또, 이 참법은 수행하는 모든 사람으로 하여금 안락을 얻게 하나니, 만일 스스로 수행하되 지성으로 노력하여 머리를 조아리며 참회하고 귀의하여 끝까지 다하면 부처님을 감동시키지 못함이 없으리라.

악업의 과보는 소리에 메아리 같아 어긋나지 않나니, 마땅히 두려운 줄을 알고 끝까지 참회하되 각각 지극한 마음으로 다같이 간절하게 五체투지하고 마음으로 생각하고 입으로 말하되 「부처님께 애원하옵나니 어여삐 여기시옵소서」 할지니라.

우리의 고액苦厄을 구해 주시고

대자대비로 감싸 주시며
깨끗한 광명을 놓아
어리석고 캄캄함을 없애 주소서.

나와 여러 사람들
지옥의 괴로움을 받으옵나니
우리들에게 먼저 오시어
안락을 얻게 하소서.

저희들 머리를 조아려
구원해 주시는 이에게 예배하오며
세간의 자비하신 부처님께

다 함께 귀의하나이다.

지심귀명례 미륵불彌勒佛

지심귀명례 석가모니불釋迦牟尼佛

지심귀명례 금강불괴불金剛不壞佛

지심귀명례 보광불寶光佛

지심귀명례 용존왕불龍尊王佛

지심귀명례 정진군불精進軍佛

지심귀명례 정진희불精進喜佛

지심귀명례 보화불寶火佛

지심귀명례 보월광불寶月光佛

지심귀명례 현무우불現無愚佛

지심귀명례 보월불 寶月佛

지심귀명례 무구불 無垢佛

지심귀명례 이구불 離垢佛

지심귀명례 사자번보살 師子幡菩薩

지심귀명례 사자작보살 師子作菩薩

지심귀명례 무변신보살 無邊身菩薩

지심귀명례 관세음보살 觀世音菩薩

또 거듭, 다함없는 모든 三보께 귀의하옵나니, 바라옵건대 꼭 오시어서 저희 三독의 고통을 가엾이 여기사 안락을 얻게 하시며, 대열반을 베풀어 주시며, 자비하신 물로 더러운 때를 씻어 주시어 보리에 이르게 하여 끝까지 청정케 하옵소서. 六도 四생 중에 이런

죄업이 있는 이도 다 같이 청정함을 얻어 아뇩다라삼먁삼보리를 성

취하여 구경에 해탈케 하여지이다.

서로서로 지극한 마음으로 다 같이 간절하게 五체투지하고 마음

속으로 생각하며 입으로 말하나이다. 저희들이 무시이래로 오늘에

이르도록 무명에 덮이고 애욕에 얽매이고 성내는 데 속박되어 어리

석은 그물에 걸려서 三계에 두루 다니고 六도를 헤매면서 고해에

빠져서 스스로 벗어나지 못하였사오며, 지나간 죄업과 과거의 인연

을 알지 못하여 자기의 깨끗한 생활도 파하고 다른 이의 깨끗한 생

활도 파하며, 자기의 범행도 파하고 다른 이의 범행도 파하며, 자

기의 계행도 파하고 다른 이의 계행도 파한, 이러한 죄업이 무량무

변한 것을 오늘 참괴하여 참회하오니 소멸하여 주옵소서. 저희들이

거듭 애민하심을 구하며 참회하나이다.

또, 무시이래로 오늘에 이르도록 몸과 입과 뜻으로 열 가지 나쁜 업을 지었사오니, 몸으로는 살생·투도·음행이며, 입으로는 망어·기어·양설·악구며, 뜻으로는 탐심·진심·우치로써 스스로 十악을 행하고, 다른 이로 하여금 十악을 행케 하였으며, 十악을 찬탄하고 十악을 행하는 이를 찬탄하였나이다. 이렇게 一념동안에 四十가지 악업을 지었사오매 이러한 죄가 무량무변한 것을 오늘 참회하오니, 소멸하여 주옵소서. 저희들이 거듭 지성으로 五체투지하나이다.

또, 무시이래로 오늘에 이르도록 六근을 의지하여 六식識을 행하면서 六진塵을 취하옵는데, 눈은 빛을 애착하고, 귀는 소리를 애착하고, 코는 향기를 애착하고, 혀는 맛을 애착하고, 몸은 보드라운 것을 애착하고, 뜻은 법진(法塵:六塵의 一。 意根의 대상인 여러 가지 법。 집착을 일으키는 현상)을 애착하여 여러 가지 업을 지었으며, 내지 八만 四천에 달하는 번뇌의 문을 열었사오며,

이러한 죄악이 무량무변한 것을 오늘 참회하오니, 바라옵건대 소멸

하여 주옵소서. 저희들이 거듭 지성으로 五체투지하나이다.

또, 무시이래로 오늘에 이르도록 몸과 입과 뜻으로 불평등한 일

을 하면서 내 몸이 있는 줄만 알고 다른 이의 몸이 있는 줄은 알지

못하며, 나의 고통이 있는 줄만 알고 다른 이의 고통이 있는 줄은

알지 못하며, 나의 안락을 구할 줄만 알고 다른 이도 안락을 구하

는 줄은 알지 못하며, 내가 해탈을 구하는 줄만 알고 다른 이가 해

탈을 구하는 줄은 알지 못하며, 나의 집과 권속이 있는 줄만 알고

다른 이에게 집과 권속이 있는 줄은 알지 못하며, 한낱 자기 몸의

가렵고 아픈 것은 참기 어려워 하면서도 다른 이가 매를 맞아 고통

이 심한데도 심하지 않을까 걱정을 하며, 자기 몸의 조그만 고통은

매우 두려워 하면서도 악업을 짓고, 지옥에 들어가서 여러 가지고

통을 골고루 받을 것은 무서운 줄을 생각하지 아니하며, 내지 아귀

와 축생과 아수라와 인간과 하늘의 세계에 여러 가지 고통이 있는

것을 두려워하지 아니하였나이다. 이와 같이 불평등한 연고로 나다

남이다 하는 마음을 일으켜 원수와 친한 이란 생각을 내었사오매,

원수가 六도에 두루하였나이다. 이러한 죄가 무량무변한 것을 오늘

날 발로참회하오며 소멸하여 주시기를 발원하오며, 저희들은 지극

한 정성을 다하여 거듭 五체투지하나이다.

또, 무시이래로 오늘에 이르도록 마음이 뒤바뀌고 생각이 뒤바뀌

고 소견이 뒤바뀌어 선지식을 여의고 악지식을 친근하며, 八정도를

등지고 八사도邪道를 행하며, 법이 아닌 것을 법이라 말하고, 법을

법이 아니라 말하며, 불선을 선이라 말하고 선을 불선이라 말하면

서 교만한 짐대를 세우고 우치한 돛대를 달고서 무명의 이름을 따

라 생사의 바다에 들어갔나이다. 이런 죄악이 무량무변한 것을, 오늘날 참회하고 소멸하기를 원하오며, 저희들은 거듭 뼈가 닳도록 五체투지하나이다.

또, 무시이래로 오늘에 이르도록 三불선근(不善根：탐심과 진심과 치심의 셋.)으로 四전도를 일으키고 五역죄를 지으며, 十악업을 행하여 三독이 치성하고 八고를 키우며, 八한寒·八열熱의 지옥에 갈 원인을 지었고, 八만四천 격자지옥(鬲子地獄：이 지옥은 호리병 모양으로 몸은 크고 입이 작아 지옥의 고통을 받는 중생이 서로 밖으로 빠져나오려 하나 나올 수 없게 되어 있다.)의 일을 지었으며, 모든 축생의 인과 모든 아귀의 인과 인간·천상에서 생노병사할 인을 지었으므로 六도의 무량한 괴로움을 받게 되었으니, 견딜 수도 없고 보고 들을 수도 없나이다. 이러한 죄악이 무량무변한 것을 오늘날 참회하고 소멸하기를 바라오며, 저희들은 뼈가 닳도록 五체투지하옵고 간절히 뉘우치나이다.

또, 무시이래로 오늘에 이르도록 三독의 뿌리로 三유(三有∷색계∙욕계∙무색계의 셋)중

에서 二十五유(二十五有∷중생이 윤회하는 생사의 세계를 二十五종으로 나누고 있는데 욕계에 十四, 색계에 七, 무색계에 四이 있다.)로 돌아다니면서 간

곳마다 죄악을 짓고 업풍業風을 따르면서도 스스로 깨닫지 못하나이

다. 다른 이가 계행을 지니고 정과 혜를 닦고 공덕을 짓고 신통을

수행하는 것을 장애하였사오니, 이러한 죄로 보리심을 장애하고 보

리원菩提願을 장애하고 보리행을 장애한 것을 오늘날 참회하여 소멸

하기를 원하면서 저희들이 거듭 다시 뼈아프게 五체투지하나이다.

또, 무시이래로 오늘에 이르도록 탐욕과 진심으로 六식을 일으키

고 六진을 따르면서 많은 죄를 일으켰사온데, 혹은 중생에게 일으

키고, 혹은 비非중생에게 일으키고, 혹은 무루無漏의 사람에게 일으

키고, 혹은 무루의 법에 대해 일으켰사오니, 이렇게 탐욕과 진심으

로 일으킨 죄악을 오늘날 참회하여 소멸하기를 원하나이다.

또, 어리석은 마음으로 전도된 행을 일으키되 삿된 스승을 믿고

삿된 말을 받아서 단멸(斷滅: 이승이나 자기는 한번 죽으면 끝나 없어지고 다시 생하지 않는다는 주장. 인과와 윤회를 믿지 않는 소견.)에 집착하고,

항상(常·常見: 단멸에 상대되는 말, 즉 세계와 자아는 영원히 불멸한다고 믿어 집착하는 소견.)한 데 집착하며, 나를 집착하고, 소

견에 집착하여 어리석음을 따라서 행하면서 무량한 죄를 지었사오

며, 이러한 인연으로 보리심을 장애하고 보리원을 장애하고 보리행

을 장애한 허물을 오늘날 참회하여 멸제하기를 원하와 저희들이 다

시 지성으로 五체투지하나이다.

또, 무시이래로 오늘에 이르도록 몸으로 짓는 세 가지 악업과 입

으로 짓는 네 가지 악업과 뜻으로 짓는 세 가지 악업으로써 비롯함

이 없는 무명과 주지번뇌住地煩惱와 항사恒沙의 상번뇌上煩惱와 지止

의 상번뇌上煩惱와 관觀의 상번뇌上煩惱와 사주번뇌四住煩惱와 三독과

四취取와 五개蓋와 六애愛와 七루漏와 八구垢와 九결結과 十사使 등

의 이러한 모든 번뇌장煩惱障들이 무량무변하여 보리심을 장애하고 보리원을 장애하고 보리행을 장애한 것을, 오늘날 참회하여 멸제하기를 원하면서 저희들이 거듭 지성으로 五체투지하나이다.

또, 무시이래로 오늘에 이르도록 자비심을 닦지 못하고, 희사심喜捨心을 닦지 못하고, 보시 바라밀을 닦지 못하고, 지계 바라밀을 닦지 못하고, 인욕忍辱 바라밀을 닦지 못하고, 정진 바라밀을 닦지 못하고, 선禪 바라밀을 닦지 못하고, 지혜 바라밀을 닦지 못하며, 또 모든 조도법助道法(갖도록 돕는 수행방법)을 닦지 못하였으므로, 방편이 없고 지혜가 없어서 보리심을 장애하고 보리원을 장애하고 보리행을 장애한 것을 오늘 참회하면서 멸제하기를 원하와 저희들이 거듭 간절하게 五체투지하나이다.

또, 무시이래로 오늘에 이르기까지 三계에 윤회하고 六도에 두루 돌아다니면서 四생의 몸을 받되, 남자도 되고 여자도 되고 비남비녀非男非女도 되어 모든 곳에 두루하여 한량없는 죄를 지을 적에, 혹 큰 중생이 되어 서로 잡아 먹고, 혹 작은 중생이 되어 서로 잡아 먹으며, 이렇게 살생한 죄가 무량무변하여 보리심을 장애하고 보리원을 장애하고 보리행을 장애한 것들을 오늘날 참회하여 멸제하기 위하여 저희들이 거듭 지성으로 五체투지하나이다.

의식이 있은 후부터 오늘에 이르도록 여섯 갈래六道로 다니면서 四생의 몸을 받되, 그 중간에서 지은 죄악이 무궁무진하옵니다. 이러한 죄를 시방의 부처님과 대보살들이 모두 아시고 모두 보았을 것이오며, 이렇게 부처님과 보살들이 알고 보시는 많은 죄를 오늘날 지극한 정성으로 머리 조아려 애원하면서 참회하옵나니, 이미 지은 죄는 영원히 소멸되고, 아직 짓지 아니한 죄는 다시 짓지 아니하오리니, 바라옵건대 시방의 부처님께서 대자대비하신 마음으로 저희들의 참회를 받아주시며, 대자대비한 마음으로 저희들의 보리를 장애하는 모든 죄업을 씻어 주시어 도량에 이르러 끝까지 청정케 하여지이다.

또 원컨대, 시방의 모든 부처님의 부사의한 힘과 본래 서원하신 힘과 중생을 제도하시는 힘과 중생을 감싸 주시는 힘으로 가피하시어 저희들로 하여금 오늘부터 보리심을 발하게 하시며, 오늘부터 시작하여 도량에 앉을 때까지 끝내 성취하여 다시는 퇴전치 말게 하시며, 저희들의 서원이 모든 보살의 행하는 서원과 같게 하여지이다.

원하옵건대, 시방의 모든 부처님과 대보살께서 자비하신 마음으로 가피하시고 섭수하시어 저희들로 하여금 소원이 여의하여 보리

원을 만족케 하시며, 모든 중생들도 각각 구족하게 보리의 원을 원

만히 성취케 하여지이다.

찬(讚)

三보께 귀의하옵고

의심을 끊었으며

뜻과 사정 꺾어버리고

현문玄門에 들어가오니

인과가 분명히 있사오며

참회한 깊은 공덕

여러 부처님 은혜 망극하옵니다.

나무 환희지보살마하살歡喜地菩薩摩訶薩(세번)

출 참(出懺)

천상과 인간의 정변지正偏知이시니

광명이 일월보다 밝고 공덕은 허공보다 넓으시네.

가지도 않고 오지도 않으사 은은히 화장세계에 항상 계시며

나지도 않고 멸하지도 않으사 거룩하게 열반성에 앉으시었네.

중생을 응하여 몸을 나타내시고

근기를 따라 나아가시니

치는대로 종소리 나고

소리나는 대로 메아리 울리듯,

그지없는 자비를 베푸사

이 불사를 살피옵소서.

이제까지 참회하는 저희들

자비도량참법을 수행하여

제一권이 끝나니

공덕이 화해和諧하여 안으로 원만하고

도량을 차리며 상설像設을 베푸오니

등불이 찬란하고 향기 진동하옵니다.

꽃은 五색이요 과실은 신기하며

범패를 높이 불러 부처님 찬탄하여

염불하고 예배하며 독경하고 주문 외워

지은바 공덕을 三처에 회향하니

자비하신 三보와

호법하는 제천과

상중하단上中下壇의 신중神衆과

멀리 있고 가까이 있는 영령들

이 정성 살피고 환희한 마음 내어

천상·인간에 은혜 머물고

이승과 저승을 교화하여

이 도량에 가득히

공덕을 내어지이다.

생각컨대 지금 참회하는 저희들이 일생의 죄업을 영원히 소멸하고 모든 업연이 청정하게 되고, 일심으로 깨달아 진여의 이치로 향하고, 한 생각에 회광반조回光返照하여 一승의 도리에 나아가며, 괴로움을 돌려서 낙을 이루고, 치성한 번뇌를 씻어 청량하게 하며,

자비도량참법 제一권 92

돌아가신 부모는 결정코 극락세계에 왕생하고, 온 집안의 권속들이 백 년을 향수하오며, 원수와 친한 이가 골고루 은혜를 입고, 범부와 성인이 다 같이 보소寶所에 이르게 하여지이다. 지금 글대로 참회하오나 오히려 미세한 죄업이 다하지 못할까 두려워 다시 여러 사람들과 함께 참회를 구하나이다.

찬(讚)

양황참梁皇懺 一권의 공덕으로 저희들과 망령들의 업장이 소멸되고 보살의 환희지歡喜地를 증득하며, 참문을 외우는 곳에 죄의 꽃이 없어지며, 원결을 풀고 복이 더하여 도리천에 왕생하였다가 용화회상에서 다시 만나 미륵 부처님의 수기를 받아지이다.

나무 용화회 보살마하살龍華會菩薩摩訶薩(세번)

거 찬(擧讚)

양황참 제一권 모두 마치고

四은恩 三유有로 회향하오니

참회를 구하는 저희들은 수복이 증장하고

망령들은 정토에 왕생하여지이다.

환희지보살은 어여삐 여기사 거두어 주소서.

나무 등운로보살마하살登雲路菩薩摩訶薩(세번)

자비도량참법(慈悲道場懺法) 제二권

찬(讚)

꽃을 받들어 문수·보현 보살님께 드리오니

모란과 작약 아름답도다.

여러 가지 꽃을 황금 전각에 헌납하오니

피고 지는 금련화,

청의동자靑衣童子가 가지고

미륵보살님께 드리네.

나무 보공양보살마하살普供養菩薩摩訶薩(세번)

인공人空과 법공法空을 얻으려거든

듣사오니,

복엄(福嚴 : 보시 등의 복업(福)으로 몸을 장엄하는 것)과 혜엄(慧嚴 : 지혜로 장엄하는 것)을 증득하며

진제眞諦와 속제俗諦의 이치를 밝혔으니

생사의 허망한 인연 마치었으리.

천룡 八부가 따라다니고

여러 영혼들 도와주도다.

가슴에는 卍자요

발바닥에는 꽃무늬,

부처님 공덕 헤아릴 수 없어

찬양하려 해도 끝이 없나니
본래의 서원 어기지 말고
중생을 두루 이롭도록
백 가지 보배로운 연화대蓮華臺를 펴시고
이 두 때의 불사를 살피옵소서.
지금 참회하는 저희들은
자비도량참법을 건설하옵고
이제 둘째 권의 연기를 당하와
저희들의
三업을 맑히고 六근을 깨끗이 하여
도루바兜樓婆 향을 사르고
분다리芬陀利 꽃을 흩으며

시방의 성인을 봉청奉請하옵고

모든 부처님 명호 일컬어 찬탄하며

감로의 샘물을 뿌리며

죄업을 씻으려 하나이다.

생각컨대 저희들은

오랜 겁부터

금생에 이르도록

二장障에 얽히어 생사가 계속되고

二공(二空:나와 법 / 이 공한 것)을 깨닫지 못하여 증애憎愛를 일으키며

두 가지 삿된 소견으로

고락의 길에서 헤매나이다.

무명 한번 일어남에 음살도망婬殺盜妄이 새록새록 옮아가고

번뇌 날로 더하여 신·구·의 三업으로 겹겹의 죄를 지었나이다.

오르고 내리는 과보가 두레박 같고

업과業果가 분명하여 악차취(惡叉聚 : 도토리 모양의 나무열매. 나무에서 떨어지면 서로 모여 무리진다.) 같나니

지성으로 참법을 닦지 않고야

허물을 어떻게 면하오리까.

그리하여 정성을 다하고

참괴한 마음으로

현재의 복을 도우며

죄업을 면하는 인연을 삼나이다.

저희 소원 이러하오매

부처님 어여삐 여기시옵소서.

크신 자비를 앙모하오니

가피를 드리우소서.

부처님 상호 보름달 같으시고

천 개의 해가 빛을 내는 듯

광명이 시방 세계에 비치시니

자비희사慈悲喜捨가 모두 구족하옵니다.

입 참(入懺)

자비도량참법을 수행하오며

三세 부처님께 귀의하나이다.

지심귀명례 과거 비바시불過去毘婆尸佛

지심귀명례 시기불尸棄佛

자비도량참법 제二권 *100*

지심귀명례 비사부불毘舍浮佛

지심귀명례 구류손불拘留孫佛

지심귀명례 구나함모니불拘那含牟尼佛

지심귀명례 가섭불迦葉佛

지심귀명례 본사 석가모니불本師釋迦牟尼佛

지심귀명례 당래 미륵존불當來彌勒尊佛

四、 발보리심(發菩提心)

오늘, 이 도량의 동업대중이여, 서로서로 마음의 때를 씻어버리
고 十악의 중죄를 깨끗이 하였으매, 쌓인 악업이 없어지고 겉과 속
이 모두 정결하여졌으니, 다음은 보살의 행을 배워 바른 도를 수행

하면 공덕과 지혜가 그로부터 생기리라. 그러므로 부처님 말씀에

「발심이 도량이니 일을 마련할 수 있는 연고라」 하였으니, 바라건

대 대중들이여, 각각 뜻을 가다듬어 세월을 허송하면서 번뇌가 다

하기를 기다리다가 후회하지 말지니라.

우리들이 오늘날 좋은 때 만났으니 밤낮으로 정신차려 번뇌가 마

음 가리우게 하지 말고, 힘써 정진하여 보리심 낼지니라. 보리심은

곧 불심佛心이니 공덕과 지혜가 그지없느니라. 잠깐도 그렇거든 하

물며 오랫동안이리요. 가령 여러 겁 동안 무량한 복을 닦고, 내지

금생에 다른 선을 구족하게 행했더라도 보리심 발한 공덕의 만분의

하나도 미치지 못하여 산수算數와 비유로도 다하지 못하느니라.

또, 어떤 사람이 복덕만 짓고 보리심을 발하지 아니하였으면, 마

치 밭을 갈고도 종자를 심지 않은 것 같나니, 이미 싹이 없는데 어

디서 열매를 구하리요. 그런 뜻으로 모름지기 보리심을 발해야 하나니, 인연으로 증명하면 위로 부처님 은혜를 갚고, 아래로 모든 중생을 제도할 것이니라. 그러므로 부처님이 여러 천자天子를 찬탄하기를 「착하고 착하도다. 그대의 말과 같아서 모든 중생을 이익하려면 보리심을 발할 것이니, 이것이 여래에 대한 으뜸가는 공양이니라」 하였느니라.

보리심은 한번만 발할 것이 아니고 자주자주 발하여 보리심이 끊이지 않게 해야 하느니라. 그러므로 경에 말하기를 「항하의 모래알과 같이 무수한 부처님께 선한 원을 크게 발한다」 하였으니, 보리심을 발하는 수효가 무량한 줄을 알 것이니라.

또, 보리심은 선지식을 만날 적마다 발하는 것이며, 부처님이 출세하실 때만 기다릴 것이 아니니라. 마치 문수보살이 처음 보리에

향할 적에 여자로 인하여 처음 지혜를 발함과 같이, 오직 범연하게

마음만 표하는 것이 아니고, 진실로 대승을 앙모하고 불법을 탐구

하며 경전을 의지할 것이니, 세상 일로 비유하면 원수와 친한 이가

차별이 없고, 六도가 한 모양이니, 이러한 선을 인하여 함께 해탈

을 얻는 것이니라. 만일 한 가지로 믿고 안다면 부질없는 말이 아

닌 줄을 알 것이니라.

오늘, 이 도량의 동업대중이여, 보리심을 발하는 데는 반드시 생

각을 일으키되 먼저 친한 이부터 반연할 것이며, 생각을 둘 때에는

자기의 부모와 사장師長과 권속을 생각하고, 또 지옥·아귀·축생을

생각하고, 또 천인과 신선과 선신들을 생각하고, 또 인간세계의 모

든 사람들을 생각하되, 고통 받는 이가 있으면 「어떻게 구원할꼬」

할 것이며, 보고는 생각을 일으켜 이러한 마음을 발해야 하나니,

오직 큰 마음이 있고서야 저들의 괴로움을 구제하리라. 만일 한 생각이 생기면, 또 두 생각을 짓고, 두 생각을 짓고는 세 생각을 지으며, 세 생각이 이루어졌으면 한 방 가득하게 생각하고, 한 방 가득하였으면 한 유순에 가득하고, 한 유순에 가득하고는 남섬부주에 가득하고, 남섬부주에 가득하고는 다른 三천하天下까지 가득하며, 이와 같이 점점 넓어져서 시방세계에 가득할 것이며, 동방세계의 중생을 보고는 아버지라 생각하고, 서방세계의 중생을 보고는 어머니라 생각하고, 남방의 중생을 보고는 형이라 생각하고, 북방의 중생을 보고는 동생이라 생각하고, 하방의 중생은 누이라 생각하고, 상방의 중생을 보고는 스승이라 생각하며, 그 외의 네 간방間方의 중생은 사문이요 바라문이라 생각할지니라. 그리고는 생각하기를, 만일 고통을 받거든 나라는 생각을 하고, 그 사람에게 가서 몸을 주무르며 안마하여 그의 괴로움을 구제할 것이며, 그가 괴로움에서 벗어나면 그에게 설법하되, 부처님을 찬탄하고 법을 찬탄하고 보살들을 찬탄할 것이며, 찬탄하고는 환희한 마음을 내며, 그가 낙을 받는 것을 보거든 내가 받는 것과 같이 생각할 것이니라.

오늘, 이 도량의 동업대중이여, 보리심을 발하였거든 이와 같이 괴로움을 버리지 말고 중생을 제도할지니, 우리들이 다 같이 간절한 마음으로 五체투지하고 마음으로 생각하며 입으로 말하며, 「저희들이 오늘부터 도량에 이를 때까지 그 중간에 나는 곳마다 항상 선지식을 만나서 보리심을 발하고, 三악도에 나거나 八난(八難:부처님을 볼 수도 없고 법을 들을 지도 못하는 경계에 여덟 가지가 있다.)에 있더라도 항상 보리심을 발할 것을 생각하여 보리심이 끊이지 않으리라」라고 서원을 지을 것이니라. 오늘 이 도량의 동업대중은 항상 용맹한 마음과 은근한 마음을 일으켜 보리심을 발하여 다같이 간절하게 五체투지하고 세간의 대자대비하신 부처님께 귀의할지니라.

지심귀명례 미륵불彌勒佛

지심귀명례 석가모니불釋迦牟尼佛

지심귀명례 용시불勇施佛

지심귀명례 청정불淸淨佛

지심귀명례 청정시불淸淨施佛

지심귀명례 사류나불娑留那佛

지심귀명례 수천불水天佛

지심귀명례 견덕불堅德佛

지심귀명례 전단공덕불栴檀功德佛

지심귀명례 무량국광불無量掬光佛

지심귀명례 광덕불光德佛

지심귀명례 무우덕불無憂德佛

지심귀명례 나라연불那羅延佛

지심귀명례 공덕화불功德華佛

지심귀명례 견용정진보살堅勇精進菩薩

지심귀명례 금강혜보살金剛慧菩薩

지심귀명례 무변신보살無邊身菩薩

지심귀명례 관세음보살觀世音菩薩

또, 거듭 시방의 한없는 모든 三보께 귀의하옵나이다. 저희들이 지금 시방의 일체 三보전에 보리심을 발하옵나니, 오늘부터 도량에 이르도록 보살의 도를 행하여 퇴전하지 않겠사오며, 항상 중생을 제도하려는 마음을 짓고, 항상 중생을 안립하려는 마음을 짓고, 항상 중생을 보호하려는 마음을 짓되, 중생이 부처를 이루지 못하면 서원코 먼저 정각을 취하지 않겠나이다. 원컨대 시방의 모든 부처님과 여러 대보살과 모든 성현께서는 저희를 위하여 증명하사 저희들로 하여금 모든 행원行願이 다 성취케 하여지이다.

오늘, 이 도량의 동업대중이여, 설사 여러 겁 동안 여러 가지 선업을 짓더라도 인천의 과보는 업을지언정 출세간出世間의 참된 과보는 얻지 못하고, 목숨을 마치고 복이 다하면 도로 나쁜 갈래에 떨어져서 몸이 다하도록 고통을 면치 못할 것이며, 큰 서원을 세우며 광대한 마음을 발하지 않으면 온갖 복으로 장엄하여도 모든 고뇌를 여의지 못할 것이니라.

오늘날 서로서로 한결같은 마음과 한결같은 뜻으로 부처님을 생각하고 견고한 마음을 일으켜 보리심을 발하면 발심한 공덕을 헤아릴 수 없을 것이며, 부처님과 보살들도 다 말할 수 없을 것이며, 이러한 선근은 헤아릴 수 없나니, 어찌 지극한 정성으로 힘을 다하지 아니하리요.

대집경에 말하기를 「백 년 동안 캄캄했던 방이라도 한 등불로 밝힐 수 있나니, 그러므로 잠깐 동안의 발심發心을 가벼이 여겨 노력을 게을리하지 말라」 하였다. 우리 서로 호궤 합장하고 일심으로 시방의 모든 三보를 반연하고 마음으로 생각하고 입으로 말하되, 「저희가 지금 시방의 모든 부처님과 시방의 모든 법보와 시방의 모든 보살과 시방의 모든 성현 앞에 곧은 마음과 바른 생각으로 은근히 발심하되, 방일하지 않는 마음과 편안히 머무르는 마음과 선을

좋아하는 마음과 모든 중생을 제도하려는 마음과 모든 중생을 보호

하려는 마음과 부처님과 평등한 마음을 일으키고 보리심을 발하나

이다」 할지니라.

저희들이 오늘부터 도량에 앉을 때까지 인천人天에 마음을 집착

하지 않으며, 성문의 마음을 일으키지 않으며, 벽지불의 마음도 일

으키지 않고, 오직 대승의 마음과 부처님의 지혜를 구하는 마음과

아뇩다라삼먁삼보리를 성취하려는 마음을 발하오리니, 원하옵건대

시방의 한없는 모든 부처님과 모든 대보살과 일체 성인께서는 본원

력으로 저희를 위하여 증명하시며, 자비력으로 가피하여 섭수하사,

저희들로 하여금 오늘 발심하고는 세세생생에 견고하여 물러나지

않게 하소서. 만일 三악도에 떨어지거나 八난에 떨어져 三계 중에

서 갖가지 몸으로 갖가지 고통을 받으며 견디기 어렵고 참기 어렵

더라도 괴로움을 받지 않을 수 없을 것이매, 오늘 세운 큰 마음을 잃지 않겠사오며, 차라리 무간지옥에 들어가고 불구덩에 들어가서 갖가지 고통을 받더라도 고통을 받는다고 해서 오늘 세운 마음을 잃지 않겠사오니, 이 마음과 이 서원을 부처님의 마음과 같고 부처님의 서원과 같게 하옵소서.

또, 거듭 지성으로 三보께 정례하옵나니, 저희들이 오늘부터 성불할 때까지 모든 법을 버리지 아니하고, 모든 법이 공한 줄을 알아서 시방의 모든 중생을 제도하겠나이다. 서로서로 지극한 정성으로 다같이 간절하게 五체투지하고 마음으로 생각하며 입으로 말하나이다. 저희들은 내 몸을 위하여 위없는 보리를 구하지 아니하고 일체 중생을 제도하기 위하여 위없는 보리를 얻겠나이다. 오늘부터 성불할 때까지 서원코 무량무변한 모든 중생을 책임지고 대자대비

자비도량참법 제二권 112

심을 일으키게 하겠사오며, 미래의 중생에게 三악도의 중죄와 六취

趣의 액난이 있거든 그 미래가 다하기까지 저희들이 모든 고통을

피하지 않고 몸으로 구호하여 안락한 곳을 얻게 하겠사오니, 시방

의 한없는 많은 모든 부처님은 굽어 살피시옵소서。

지심귀명례 미륵불彌勒佛

지심귀명례 석가모니불釋迦牟尼佛

지심귀명례 연화광유희신통불蓮華光遊戱神通佛

지심귀명례 재공덕불財功德佛

지심귀명례 덕념불德念佛

지심귀명례 선명칭공덕불善名稱功德佛

지심귀명례 홍염제당왕불紅燄帝幢王佛

지심귀명례 선유보공덕불善遊步功德佛

지심귀명례 보화유보불寶華遊步佛

지심귀명례 보연화선주사라수왕불寶蓮華善住娑羅樹王佛

지심귀명례 투전승불鬪戰勝佛

지심귀명례 선유보불善遊步佛

지심귀명례 주잡장엄공덕불周匝莊嚴功德佛

지심귀명례 기음개보살棄陰蓋菩薩

지심귀명례 적근보살寂根菩薩

지심귀명례 무변신보살無邊身菩薩

지심귀명례 관세음보살觀世音菩薩

바라옵건대, 대자비의 힘으로 저희를 위하여 증명하시되 저희들로 하여금 오늘부터 보리심을 발하고 보살도를 행하여 나는 곳마다 구족하게 성취하며, 가는 곳마다 모든 것을 해탈케 하소서. 거듭 지성으로 五체투지하옵고 시방의 모든 三보에게 정례하나이다. 저희들이 자신을 위하여 위없는 깨달음을 구하지 아니하고, 시방의 일체 중생을 제도하기 위하여 위없는 깨달음을 얻으려 하나이다. 오늘부터 성불할 때까지 어떤 중생이 어리석고 캄캄하여 정법을 알지 못하고, 여러 가지 다른 소견을 일으키는 이가 있거나, 또 어떤 중생이 비록 도를 닦으나 법상(法相 : 모든 사물의 있는 그대로의 모습, 또는 모든 법의 본성)을 알지 못하는 이가 있으면, 이런 중생에게는 무한한 미래가 다하도록 저희들이 부처님 힘과 법보의 힘과 성현의 힘과 갖가지 방편으로써 이 중생들을 지도하여 부처님의 지혜에 들어가서 일체종지 一切種智를 성취케 하겠나이다. 서로서로 지극한 정성으로 다같이 간절하게 五체투지하고 시방의 무한한 모든 부처님께 귀의하나이다.

지심귀명례 미륵불彌勒佛

지심귀명례 석가모니불釋迦牟尼佛

지심귀명례 보광불普光佛

지심귀명례 보명불普明佛

지심귀명례 보정불普淨佛

지심귀명례 다마라발전단향불多摩羅跋栴檀香佛

지심귀명례 전단광불栴檀光佛

지심귀명례 마니당불摩尼幢佛

지심귀명례 환희장마니보적불歡喜藏摩尼寶積佛

지심귀명례 일체세간낙견상대정진불一切世間樂見上大精進佛

자비도량참법 제二권 **116**

지심귀명례 마니당등광불摩尼幢燈光佛

지심귀명례 혜거조불慧炬照佛

지심귀명례 해덕광명불海德光明佛

지심귀명례 금강뇌강보산금광불金剛牢強普散金光佛

지심귀명례 대강정진용맹불大強精進勇猛佛

지심귀명례 대비광불大悲光佛

지심귀명례 자력왕불慈力王佛

지심귀명례 자장불慈藏佛

지심귀명례 혜상보살慧上菩薩

지심귀명례 상불리세보살常不離世菩薩

지심귀명례 무변신보살無邊身菩薩

지심귀명례 관세음보살觀世音菩薩

바라옵건대, 여러 부처님과 대보살께서 대자대비하신 힘과 큰 지혜의 힘과 부사의한 힘과 한없이 자재한 힘과 四마를 항복받는 힘과 五개蓋를 끊는 힘과 번뇌를 멸하는 힘과 한량없이 업진(業塵∶악업은 몸을 더럽히므로 업진이라 함)을 청정케 하는 힘과 한량없이 관지(觀智∶선정<禪定>에서 나온 지혜)를 개발하는 힘과 한량없이 무루혜(無漏慧∶번뇌로 더럽혀지지 않는 진실한 지혜)를 개발하는 힘과 무량무변한 신통력과 한량없이 중생을 제도하는 힘과 한량없이 중생을 보호하는 힘과 한량없이 중생을 편안케 하는 힘과 한량없이 고뇌를 끊어버리는 힘과 한량없이 지옥을 해탈하는 힘과 한량없이 아귀를 제도하는 힘과 한량없이 축생을 구제하는 힘과 한량없이 아수라를 교화하는 힘과 한량없이 인간을 섭수하는 힘과 한량없이 천상과 신선의 번뇌를 없애는 힘과 十지地를 구족하게 장엄하는 힘과 정토를 구족하게 장엄하는 힘과 도량을 구족하게 장엄하는 힘과 깨달음의 공덕을 구족

하게 장엄하는 힘과 깨달음의 지혜를 구족하게 장엄하는 힘과 법신

을 구족하게 장엄하는 힘과 위없는 깨달음을 구족하게 장엄하는 힘

과 대열반을 구족하게 장엄하는 힘과 무량무진한 공덕력과 무량무

진한 지혜력으로 가피하소서. 원컨대 시방의 무한한 모든 부처님과

모든 대보살이시여, 이렇게 무량무변하게 자재하고 부사의한 힘으

로써 본래의 소원을 어기지 마시고 모두 베풀어 주시어, 시방 세계

의 모든 四생·六도의 중생과 오늘 함께 발심하는 이로 하여금 모

든 공덕력을 구족히 성취케 하시며, 깨달음을 얻으려는 원력을 구

족히 성취케 하시며, 깨달음에 이르기 위한 실천의 힘을 구족하게

성취케 하여지이다.

오늘날 시방에 숨어 있거나, 드러나거나, 원수거나, 친한 이나,

원수도 아니고 친하지도 않은 이나, 四생·六도의 인연 있는 이와

인연 없는 이의 모든 중생들을 미래제가 다하도록 이 참법으로써 영원히 청정하게 하며, 나는 곳마다 소원을 성취케 하여 한결같이 견고하여 마음의 퇴전하지 않게 하며, 여래와 함께 정각을 이루게 하오며, 내지 후세의 모든 중생으로서 소원이 다른 이까지도 다 이 대원해大願海에 들어와서 공덕과 지혜를 구족히 성취케 하며, 여러 보살과 함께 十지행을 원만히 성취하고 부처님의 지혜를 구족하여 위없는 깨달음을 장엄하고 구경에 가서는 해탈케 하여지이다.

五, 발 원(發願)

오늘, 이 도량의 동업대중이여, 모두 다 대보리심을 발하고 환희 용약하오며, 다시 또 큰 서원을 발하기 위하여 다같이 간절하게 五

체투지하옵고 세간世間의 대자대비하신 부처님께 귀의할지어다.

지심귀명례 미륵불彌勒佛

지심귀명례 석가모니불釋迦牟尼佛

지심귀명례 전단굴장엄승불梅檀窟莊嚴勝佛

지심귀명례 현선수불賢善首佛

지심귀명례 선의불善意佛

지심귀명례 광장엄왕불廣莊嚴王佛

지심귀명례 금강화불金剛華佛

지심귀명례 보개조공자재력왕불寶蓋照空自在力王佛

지심귀명례 허공보화광불虛空寶華光佛

지심귀명례 유리장엄왕불瑠璃莊嚴王佛

자비도량참법 제二권

지심귀명례 보현색신광불普現色身光佛

지심귀명례 부동지광불不動智光佛

지심귀명례 항복제마왕불降伏諸魔王佛

지심귀명례 재광명불才光明佛

지심귀명례 지혜승불智慧勝佛

지심귀명례 미륵선광불彌勒仙光佛

지심귀명례 약왕보살藥王菩薩

지심귀명례 약상보살藥上菩薩

지심귀명례 무변신보살無邊身菩薩

지심귀명례 관세음보살觀世音菩薩

바라옵나니, 부사의한 힘으로 가피하시고 보호하시어 저희들이 세운 서원을 모두 성취케 하시오며, 나는 곳마다 항상 잊지 말고 위없는 깨달음을 끝까지 얻어 정각을 성취케 하여지이다.

저희들이 오늘부터 세세생생에 나는 곳마다 항상 보리심 발한 것을 기억하여 보리심이 상속하여 끊어지지 않게 하여지이다. 저희들이 오늘부터 세세생생에 나는 곳마다 항상 무량무변하신 모든 부처님을 받들고 공양하려 하오니, 모든 공양거리가 만족하여지이다.

저희들이 오늘부터 세세생생에 나는 곳마다 항상 대승방등경大乘方等經을 호지하올 적에 모든 공양거리가 만족하여지이다. 저희들이 오늘부터 세세생생에 나는 곳마다 항상 시방의 무량무변하신 모든 보살을 만나올 적에 모든 공양거리가 만족하여지이다. 저희들이 오늘부터 세세생생에 나는 곳마다 항상 시방의 무량무변한 모든 현성을 만나올 적에 모든 공양거리가 만족하여지이다.

저희들이 오늘부터 세세생생에 나는 곳마다 항상 깊은 은혜를 보

답하올 적에 이바지할 것이 뜻과 같이 만족하여지이다. 저희 제자

들이 오늘부터 세세생생에 나는 곳마다 항상 화상과 아사리를 만나

올 적에 공양할 것이 뜻과 같이 만족하여지이다. 저희들이 오늘부

터 세세생생에 나는 곳마다 항상 국력이 강대한 나라를 만나서 나

라와 더불어 三보를 흥성케 하여 끊이지 않게 하여지이다. 저희들

이 오늘부터 세세생생에 나는 곳마다 항상 불국토를 장엄하여 三도

八난이란 말까지 없게 하여지이다. 저희들이 오늘부터 세세 생생에

나는 곳마다 불법을 자재하게 설하는 지혜와 六신통이 항상 앞에

나타나서 잃어버리지 않게 하여 모든 중생들을 교화하여지이다. 서

로서로 지극한 마음으로 다같이 간절하게 五체투지하고 세간의 대

자대비하신 부처님께 귀의하나이다.

자비도량참법 제二권 *124*

지심귀명례 미륵불彌勒佛

지심귀명례 석가모니불釋迦牟尼佛

지심귀명례 세정광불世淨光佛

지심귀명례 선적월음묘존지왕불善寂月音妙尊智王佛

지심귀명례 용종상존왕불龍種上尊王佛

지심귀명례 일월광불日月光佛

지심귀명례 일월주광불日月珠光佛

지심귀명례 혜번승왕불慧旛勝王佛

지심귀명례 사자후자재력왕불師子吼自在力王佛

지심귀명례 묘음승불妙音勝佛

지심귀명례 상광당불常光幢佛

지심귀명례 관세등불觀世燈佛

지심귀명례 혜위등왕불慧威燈王佛

지심귀명례 법승왕불法勝王佛

지심귀명례 수미광불須彌光佛

지심귀명례 수만나화광불須曼那華光佛

지심귀명례 우담발라화수승왕불優曇鉢羅華殊勝王佛

지심귀명례 대혜력왕불大慧力王佛

지심귀명례 아촉비환희광불阿閦毗歡喜光佛

지심귀명례 무량음성왕불無量音聲王佛

지심귀명례 산해혜자재통왕불山海慧自在通王佛

지심귀명례 대통광불大通光佛

지심귀명례 재광불才光佛

지심귀명례 금해광불金海光佛

지심귀명례 일체법상만왕불一切法常滿王佛

지심귀명례 대세지보살大勢至菩薩

지심귀명례 보현보살普賢菩薩

지심귀명례 무변신보살無邊身菩薩

지심귀명례 관세음보살觀世音菩薩

또, 거듭 시방의 한없는 모든 三보께 귀의하옵나이다. 여러 부처님과 여러 대보살과 일체 현성의 대자비력을 받자와 저희들이 세세생생에 저희들이 나는 곳마다 어떤 중생이 나의 몸을 보면 곧 운서원이 나는 곳마다 마음대로 자재케 하여지이다. 오늘부터 세해탈을 얻으며, 만일 지옥에 들어가면 모든 지옥이 극락세계로 변하고, 모든 괴로움은 즐거움으로 변하여, 중생들로 하여금 六근이 청정하고 몸과 마음이 안락하여 三선천(三禪天: 수행에 의하여 욕계〈欲界〉의 미혹〈迷惑〉을 넘어 태어나는 색계〈色界〉의 셋째 하늘. 이곳은 ① 평등하고 ② 항상 불법을 생각하고 ④ 즐겁고 ⑤ 한 마음이다.③ 지)과 같으며, 모든 의심을 끊고 번뇌가 없어져지이다. 오늘부터 세세생생에 저희들이 나는 곳마다 어떤 중생이든지 나의 음성만 들어도 마음이 편안하여 죄업을 소멸하고 다라니를 얻으며, 해탈 삼매로 무생법인(無生法忍: 진리를 깨달은 평안함. 또는 진여〈眞如〉의 깨달음)을 구족하며, 큰 변재를 얻어 법운지(法雲地: 보살의 제위 중 가장 높은 十지〈地〉)에 올라서 정각을 이루어지이다. 오늘부터 세세생생에 저희들이 나는 곳마다 모든 중생들이 나의 이름만 들어도 모두 환희하여 미증유를 얻으며, 三악도에 가게 되면 모든 고통을 끊어버리고, 천상이나 인간에 나게 되면 번뇌가 끊어져 간 곳마다 자재하여 해탈하여지이다. 저희들은 오늘부터 세세생생 나는 곳마다 모든 중생을 대하여 주는 마음이 없고, 원수라는 생각과 친하다는 생각이 없으며, 三독을 끊어버리

고, 나다 내 것이다 하는 생각이 없으며, 큰 법을 믿어 평등하게

자비를 행하며, 일체가 화합하여 거룩한 대중과 같아지이다. 저희

들은 오늘부터 세세생생에 나는 곳마다 모든 중생을 대해 마음이

항상 평등하여 허공과 같으며, 헐뜯고 칭찬하는 데 흔들리지 아니

하고, 원수와 친한 이가 한 모양이며, 깊고 넓은 마음에 들어가서

부처님의 지혜를 배우며, 중생을 보되 라후라와 같이 하며, 十주

(十住: 보살이 수행하는 五十二의 단계 중, 十一로부터 二十위까지. 진실한 공의 도리에 마음이 안주하는 경지)의 업을 만족하여 외아들 같은 지위

를 얻으며, 유와 무를 떠나서 항상 중도를 행하여지이다. 서로서

로 지극한 마음으로 다같이 간절하게 五체투지하여 세간의 대자대

비하신 부처님께 귀의하이다.

지심귀명례 미륵불彌勒佛

지심귀명례 석가모니불 釋迦牟尼佛

지심귀명례 보해불 寶海佛

지심귀명례 보영불 寶英佛

지심귀명례 보성불 寶成佛

지심귀명례 보광불 寶光佛

지심귀명례 보당번불 寶幢幡佛

지심귀명례 보광명불 寶光明佛

지심귀명례 아촉불 阿閦佛

지심귀명례 대광명불 大光明佛

지심귀명례 무량음불 無量音佛

지심귀명례 대명칭불 大名稱佛

지심귀명례 득대안은불 得大安隱佛

자비도량참법 제二권 130

지심귀명례 정음성불正音聲佛

지심귀명례 무한정불無限淨佛

지심귀명례 월음불月音佛

지심귀명례 무한명칭불無限名稱佛

지심귀명례 일월광명불日月光明佛

지심귀명례 무구광불無垢光佛

지심귀명례 정광불淨光佛

지심귀명례 금강장보살金剛藏菩薩

지심귀명례 허공장보살虛空藏菩薩

지심귀명례 무변신보살無邊身菩薩

지심귀명례 관세음보살觀世音菩薩

또, 거듭 시방의 무한한 모든 三보께 귀의하옵나이다. 원컨대 저희들이 참회하고 발원하는 공덕의 인연으로 四생 六도들이 오늘부터 보리를 이룰 때까지 보살도를 행하는데 고달픔이 없으며, 재물의 보시와 법의 보시에 다함이 없으며, 지혜와 방편으로 짓는 일이 헛되지 않고, 근기를 따르고 병에 맞추어 법과 약을 베풀며, 보고 듣는 모든 이들이 함께 해탈을 얻어지이다.

저희들은 또 원하나이다. 오늘부터 보리에 이르도록 보살도를 행하되 망설임이 없고, 이르는 곳마다 큰 불사를 지으며 도량을 건립하되, 마음이 자재하고 법에 자재하며, 모든 삼매에 모두 들어가고, 다라니의 품을 열어 불도 수행의 결과를 나타내 보이며, 법운지 法雲地에 있으면서 감로를 비내리어 중생들의 네 가지 마원(魔怨..번뇌②..괴① 로움을 낳는 오온〈五蘊〉③ 죽음 ④ 선행을 막는 것 등. 이 네 가지는 수행의 원수임.）을 소멸하고 청정한 법신의 과보를 얻게 하여지이다.

저희들이 오늘날 세운 여러 가지 서원이 시방 세계의 큰 보살들이 세운 서원과 같으며, 시방 세계 여러 부처님이 수행하실 때 세우신 대원과 같아서, 광대하기 법의 성품과 같고, 구경究竟이 허공과 같아지이다. 저희들이 세운 소원을 성취하여 보리원을 만족하며, 모든 중생들도 다 따라서 세운 서원을 성취하기를 원하오니, 시방의 모든 부처님과 일체 존법과 일체 보살과 일체 현성께서 자비하신 힘으로 저희를 위하여 증명하옵소서. 또 원컨대 모든 하늘, 모든 신선, 모든 선신, 모든 용신들도 三보를 옹호하는 자비와 선근의 힘으로 증명하여 저희의 모든 행원이 뜻대로 이루어지이다.

六. 발회향심(發廻向心)

오늘, 이 도량의 동업대중이여, 이미 보리심을 발하고, 이미 큰 서원을 발하였으니 다시 회향심을 발할 것이며, 서로 지극한 정성으로 다같이 간절하게 五체투지하고 세간의 대자대비하신 부처님께 귀의할지어다.

지심귀명례 미륵불彌勒佛

지심귀명례 석가모니불釋迦牟尼佛

지심귀명례 일광불日光佛

지심귀명례 무량보불無量寶佛

자비도량참법 제二권 *134*

지심귀명례 연화최존불蓮華最尊佛

지심귀명례 신존불身尊佛

지심귀명례 금광불金光佛

지심귀명례 범자재왕불梵自在王佛

지심귀명례 금광명불金光明佛

지심귀명례 금해불金海佛

지심귀명례 용자재왕불龍自在王佛

지심귀명례 수왕불樹王佛

지심귀명례 일체화향자재왕불一切華香自在王佛

지심귀명례 용맹집지뇌장기사전투불勇猛執持牢仗棄捨戰鬪佛

지심귀명례 내풍주광불內豊珠光佛

지심귀명례 무량향광명불無量香光明佛

지심귀명례 문수사리보살文殊師利菩薩

지심귀명례 묘음보살妙音菩薩

지심귀명례 무변신보살無邊身菩薩

지심귀명례 관세음보살觀世音菩薩

또, 거듭 시방의 무한한 모든 三보께 귀의하옵나니, 바라옵건대 자비하신 힘으로 저희를 위하여 증명하소서. 저희들이 소원하는 것은 과거에 일으킨 모든 선업과, 현재에 일으키는 모든 선업과, 미래에 일으킬 모든 선업이 많거나 적거나 가볍거나 무겁거나간에 그 모두를 四생 六도의 모든 중생에게 베풀어, 그 중생들이 모두 보리심을 얻게 하여 二승에도 회향하지 않고, 三유에도 회향하지 않고, 다 무상보리에 회향하게 하는 것이오며, 또 일체중생이 일으킨 선업

에서 과거와 현재와 미래의 것을 각각 회향하되 二승에 회향하지도

않고, 三유에도 회향하지 않고, 다 무상보리에 회향하게 하옵소서.

오늘, 이 도량의 동업대중이 서로 보리심을 발하였고 대서원을 발하였고 회향심을 발하였사오니, 광대하기는 법의 성품과 같고,

구경은 허공과 같도록 과거·현재·미래의 모든 부처님과 모든 큰 보살과 모든 현성께서 다 증명하시옵소서. 거듭 지성으로 三보께

정례하옵니다. 저희들이 발심하고 발원하는 일을 마치옵고 환희용

약하오며, 다시 지극한 마음으로 五체투지하옵고, 국가 원수와 부

모와 스승과 여러 겁 동안에 만난 친척과 모든 권속과 선지식과 악

지식과 하늘과 신선과 호세四천왕과 선을 표창하고 악을 벌주는 이

와 경과 주문을 수호하는 이와 五방의 용왕과 용신 八부와 모든 천

신과 지신과 과거·현재·미래의 원수와 친한 이와 원수도 친하지

도 않은 이와 四生 六취의 일체 중생을 위해 세간의 대자대비하신

부처님께 귀의하나이다.

지심귀명례 미륵불彌勒佛

지심귀명례 석가모니불釋迦牟尼佛

지심귀명례 사자향불師子響佛

지심귀명례 대강정진용력불大强精進勇力佛

지심귀명례 과거견주불過去堅住佛

지심귀명례 고음왕불鼓音王佛

지심귀명례 일월영불日月英佛

지심귀명례 초출중화불超出衆華佛

지심귀명례 세등명불世燈明佛

지심귀명례 휴다이령불休多易寧佛

지심귀명례 보륜불寶輪佛

지심귀명례 상멸도불常滅度佛

지심귀명례 정각불淨覺佛

지심귀명례 무량보화명불無量寶華明佛

지심귀명례 수미보불須彌步佛

지심귀명례 보련화불寶蓮華佛

지심귀명례 일체중보 보집불一切衆寶普集佛

지심귀명례 법륜중보 보집풍영불法輪衆寶普集豐盈佛

지심귀명례 수왕풍장불樹王豐長佛

지심귀명례 위요특존덕정불圍繞特尊德淨佛

지심귀명례 무구광불無垢光佛

지심귀명례 일광불 日光佛

지심귀명례 과거무수겁 제불대사 해덕여래 過去無數劫諸佛大師海德如來

지심귀명례 무량무변 진허공계 무생법신보살 無量無邊盡虛空界無生法身菩薩

지심귀명례 무량무변 진허공계 무루색신보살 無量無邊盡虛空界無漏色身菩薩

지심귀명례 무량무변 진허공계 발심보살 無量無邊盡虛空界發心菩薩

지심귀명례 흥정법 마명대사보살 興正法馬鳴大師菩薩

지심귀명례 흥상법 용수대사보살 興像法龍樹大師菩薩

지심귀명례 시방 진허공계 무변신보살 十方盡虛空界無邊身菩薩

지심귀명례 시방 진허공계 구고관세음보살 十方盡虛空界救苦觀世音菩薩

찬불축원(讚佛祝願)

대성이신 세존이시여,
거룩하시나이다.

신통과 지혜 통달하시어
성인들 중에 왕이시며,

형상이 六도에 두루하시며
당체가 시방에 널리셨으니

정상에는 육계가 있고
목에는 일광이 나셨네.

얼굴이 보름달 같으사
훌륭한 금으로 장엄하시고
위의는 빼어나시며
행동이 정중하시니,

위엄이 대천세계에 진동하여
모든 마군이 치를 떠나이다.
三달지(三達智 : 과거와 현재와 미래를 다 아는 지혜)를 환히 통하니
삿된 무리들 종적을 감추며

악을 보고는 반드시 구救하시니
괴로움에서 건지시어 양식이 되고

저 언덕에 이르기 위해

배를 저으시네.

그러므로 여래·응공·정변지·명행족·선서·세간해·무상사·조어장부·천인사·불 세존이라 하시나니, 한량없는 중생을 제도하여 생사의 고해에서 구출하시나이다.

이렇게 발심한 공덕의 인연으로 바라옵건대 국가의 원수元帥와 문무백관들이 오늘부터 이 도량에 이르도록 하시고, 몸을 잊고 불법 위하기를 상제常啼보살같이 하고, 대자비로 죄업을 멸하기를 허공장보살같이 하고, 멀리서 법을 듣기를 유리광보살과 같이 하고, 법난法難을 해결하기를 무구장無垢藏보살과 같이 하게 하여지이다.

또 원컨대, 저희들을 낳아준 부모와 여러 겁 동안에 만난 친척들

도 오늘부터 도량에 이르도록 하시고, 형상을 허공에 흩기를 무변

신보살과 같이 하고, 열 가지 공덕이 구족하기를 고귀덕왕보살과

같이 하고, 법문 듣고 환희하기를 무외보살과 같이 하고, 신통력과

용맹은 대세지보살과 같게 하여지이다. 또, 저희들의 화상과 아사

리와 동학의 권속과 상·중·하좌의 모든 도반이 오늘부터 도량에

이르도록 하시어 무외無畏를 얻기는 사자왕과 같고, 메아리같이 교

화하기는 보적보살과 같고, 음성을 듣고 고통에서 건지기는 관세음

보살과 같고, 법문 묻기는 대가섭과 같게 하여지이다.

또, 원하오니 재가나 출가한 믿음 깊은 신도와 선지식·악지식과

모든 권속들도 오늘부터 이 도량에 이르게 하시어 액난을 구하기는

구탈救脫보살과 같이 하고, 용모가 단정하기는 문수보살과 같고,

업장을 버리기는 기음개棄陰蓋보살과 같고, 최후의 공양 베풀기는

순타와 같게 하여지이다.

또 원컨대, 하늘들과 신선들과 호세四천왕과 총명하고 정직한 천

지 허공과 선한 일을 상주고 악한 일을 벌주는 이와 주문을 수호하

는 이와 五방 용왕과 용신 八부와 깊은 곳에 숨은 귀신과 들어난

귀신과 그들의 권속들이 오늘부터 도량에 이르게 하시여 큰 자비로

감싸주기를 미륵보살과 같이 하고, 정진으로 법을 보호하기는 불휴

식不休息보살과 같이 하고, 멀리서 경 읽는 일을 증명하기는 보현보

살과 같이 하고, 법을 위하여 분신焚身하기는 약왕보살과 같이 하

도록 하여지이다.

또 원컨대, 시방의 모든 원수와 친한 이와, 원수도 친하지도 않

은 이와 四생 六도의 모든 중생과 그 권속들이 오늘부터 도량에 이

르게 하시여 마음에 애착이 없기는 이의녀離意女와 같고, 미묘하게

설법하기는 승만부인과 같고, 정진을 잘하기는 석가모니 부처님과 같고, 훌륭한 서원 세우기는 무량수 부처님과 같고, 위신을 갖추기는 여러 천왕과 같고, 불가사의하기는 유마힐과 같아서 일체 공덕을 각각 성취하고, 무량 불토를 모두 장엄하게 하여지이다.

바라옵건대 시방의 다함없는 무량무변한 부처님과 대보살과 일체 현성께서는 자비하신 마음으로 가피하여 섭수하시고 구호하여 거두어 주시며, 소원이 원만하고 신심이 견고하고 덕업이 날마다 만족하며, 四생을 양육하기를 외아들같이 하여 모든 중생이 四무량심과 열 가지 선정을 얻어 三원(三願∷ 보살이 중생을 위해 세우는 세 가지 원. ① 진리를 깨닫게 하 ② 싫어함이 없이 가르침을 설하고 ③ 목숨을 던져 바른 가르침을 지키려는 서원.)이 널리 가피하고, 생각을 따라 부처님 뵈옵기를 승만부인과 같아서, 모든 행원을 끝까지 성취하여 여래와 함께 정각에 오르게 하여지이다.

찬(讚)

보리심이 열리고

지혜가 거듭 빛나서

생각은 생각마다 이루어져 시방에 가득하며

필경에 사량분별思量分別 없어지고

五체투지하여

부처님께 회향하나이다.

나무 이구지보살마하살離垢地菩薩摩訶薩(세번)

출 참(出懺)

만 가지 덕으로 장엄하신 몸, 도솔천에서 떠나지 않고 정반왕궁

에 내리시며, 온갖 복으로 상호를 이루신 어진 이, 보리수에서 일

어나지 않고 도리천에 오르시었네. 바라옵건대 부처님께서는 자비

로 굽어 살피사 고해에서 헤매는 무리를 건져 주시고 법안法眼이

원만하여 간절한 저희들의 소원 이루어 주소서.

이제까지 참회하는 저희들

자비도량참법을 수행하며

제二권이 끝나니

공덕이 점점 완비하오며,

단내壇內의 청정한 대중

참회에 나고 들면서

법답게 도를 행하고

향을 사르고 꽃을 흩어

경을 외우고 주문을 지니나이다.

제二권의 공덕으로

두 때의 회향을 짓사오니

일진법계(一眞法界∶유일하고 절대하여 구경의 진리)의 불타와 달마와 승가와

三계 중의 천선天仙과 지신과 수부水付들

모두 환희한 마음으로

이 지극한 정성 살피시며,

외아들처럼 어여삐 여기시어

복덕과 지혜 원만케 하옵소서.

지은 공덕으로 지금 참회하는 저희들 三업을 깨끗이 씻고 복과

지혜 증장하오며, 사참事懺과 이참理懺으로 죄업 소멸하고, 인공人空
과 법공法空이 청정하며, 뒤바뀐 마음 머물지 않고, 선정과 지혜로
장엄하며, 불이법문不二法門에 들어가 항상 참된 이치를 증득하며,
四은과 三유와 법계의 원친冤親들이 아공我空과 법공을 얻고 무생법
인을 증득하며, 지혜가 원명하고 원행이 원만하여 법해에서 자유자
재하고, 살바야의 과지果地에서 항상 즐겁게 하여지이다. 비록 글
대로 참회하나 오히려 정성을 다하지 못할까 두려워 청정한 대중과
함께 거듭 참회를 구하나이다.

찬(讚)

양황참 二권의 공덕으로 저희들과 망령들의 두 말한 죄가 소멸되
고 보살의 이구지(離垢地 : 중생계의 더러운 경계에 있으면서도 보살 十지 중 둘째 과위)를 증득하며, 참문懺文을

외우는 곳에 죄의 꽃이 달아나 없어지고, 원결(寃結)을 풀고 복이 더

하여 도리천에 왕생하였다가 용화회상에서 다시 만나 미륵 부처님

의 수기를 받아지이다.

나무 용화회보살마하살龍華會菩薩摩訶薩(세번)

거 찬(擧讚)

양황참 제二권 모두 마치고

四은 三유에 회향하오니

참회를 구하는 저희들의 수복이 증장하고

망령들은 정토에 왕생하여지이다.

이구지보살은 어여삐 여기사 거두어 주소서.

나무 등운로보살마하살登雲路菩薩摩訶薩(세번)

자비도량참법(慈悲道場懺法) 제三권

찬(讚)

등불이 휘황하고

찬란하게 보대寶臺에 널렸으니

빛나는 광명이 항하사 세계에 가득하고

어둡던 거리 황홀하여 장애가 없으며

염라왕은 자금대에 예경하는데

연등불께서는 성도하여

인간과 하늘의 예배를 받으시네。

나무 보공양보살마하살 普供養菩薩摩訶薩(세번)

듣사오니, 三아승지 과보가 원만하여
우담바라화는 이승에 피고
세 종류의 화신으로
부사의한 가르침을 연설하며
세 가지 수레로 인도하여
三계의 중생을 제도하고
세 가지 관觀이 둥글고 밝아
三천세계를 교화하시네.
순으로 행하고 역으로 행함이
모두 부처님 일이요

발을 들고 발을 내림이

도량 아님이 없으시네.

바라옵건대 대각의 세존이시여,

이 정성 살피옵소서.

지금 참회하는 저희 제자들

자비도량참법을 건설하옵고

이제 제三권의 연기를 당하와

저희 제자들

은근하게 예경하고 정성 다하여

자비한 얼굴 생각하오며

부처님 명호 칭양하옵니다.

향적세계의 맛있는 음식을 받잡고

유명한 꽃과 과실 드리오니,

대자대비를 드리우사

다생多生의 죄업 용서하여 주소서.

생각컨대 저희 제자들은

비롯함이 없는 옛부터 지금까지

三독이 마음을 가려

三계에 오르내리는 업을 짓고

三공空을 깨닫지 못하여

三악도의 괴로운 인因을 지었나이다.

세 가지 번뇌로 三업이 깊었으니 티끌마다 막히고

듣고 생각하고 닦는 일 알지 못하니 생각마다 반연이라,

누에가 고치를 짓는 듯

자승자박하고
나비가 불에 덤비듯
몸을 태울 뿐이옵니다.

이제 몸과 마음이 고통임을 알고
업을 지어 받는 과보 피할 길 없어
발로하고서 진여로 향하고자
털어놓고 뉘우치나이다.

부처님 태양 공중에 떠서
어두운 갈래 비춰 주시며
三악의 무리를 모아
三천세계의 부처님께 예경하오니
이 마음 간절하고

부처님 공덕 어마어마해
넓은 자비를 앙모하오니
가피를 드리우소서.

三천세계의 자비하신 부처님
백억 국토 중의 대법왕이시어
청련화 눈으로 살피시와
중생의 소원 이루어 주소서.

입 참(入懺)

자비도량참법을 수행하오며
三세 부처님께 귀의하나이다.

지심귀명례 과거 비바시불過去毘婆尸佛

지심귀명례 시기불尸棄佛

지심귀명례 비사부불毘舍浮佛

지심귀명례 구류손불拘留孫佛

지심귀명례 구나함모니불拘那含牟尼佛

지심귀명례 가섭불迦葉佛

지심귀명례 본사 석가모니불本師釋迦牟尼佛

지심귀명례 당래 미륵존불當來彌勒尊佛

七, 현과보(顯果報) ①

오늘, 이 도량의 동업대중이여, 앞에서 이미 죄악의 허물 말하였

자비도량참법 제三권 158

나니, 허물과 근심이 좋은 업과 어기게 하며, 착하지 못한 업으로
三악도에 떨어져서 여러 갈래로 헤매다가 인간에 태어나서도 모든
괴로움 받는 것은, 모두 과거의 인연으로 말미암는 것이어서 이 몸
버리고 다른 몸 받아도 잠깐도 쉬지 않느니라. 그러므로 부처님과
보살들이 신통과 천안통으로 三계 안에 있는 모든 중생들이 복이
다하면 업 따라 괴로운 곳에 떨어짐을 보나니, 무색계에서는 선정
을 즐기다가 목숨 마치면 욕계에 떨어지는데, 복이 다하므로 금수
의 몸 받고, 색계의 천인들도 역시 그와 같이 청정한 곳으로부터
욕계에 떨어져 부정한 데에 있으면서 거기서 욕락을 받으며, 六욕
천에서 복이 다하면 지옥에 떨어져 무량한 고통 받느니라.
또, 인간 사람들은 十선의 힘으로 사람이 되었는데, 사람의 몸에
도 많은 고통이 있고, 수명이 다하면 다른 갈래에 떨어지며, 또 축

생 갈래의 모든 중생들은 여러 가지 고통을 받는데, 채찍을 맞고 돌아다니기도 하고, 무거운 짐을 싣고 먼 길을 가기도 하며, 고통이 심하여 등과 목이 뚫어지고 뜨거운 쇠로 지지기도 하며, 또 아귀들은 항상 기갈이 심하고 불이 타는데, 마치 겁말劫末과 같으며, 만일 선한 인이 없으면 벗어나지 못하고, 조그만 복이 있어 다행히 사람의 몸을 받게 되어도 병이 많고 단명하느니라.

대중들은 마땅히 알지니, 선과 악의 두 가지가 잠깐도 쉬지 아니하고 과보가 바퀴 돌 듯이 잠시도 쉬지 아니하고, 빈부귀천은 업을 지은대로 받는 것이라, 원인이 없이 허망하게 과보를 받는 일이 없느니라. 그러므로 경에 말하였으되 「호화로운 사람과 귀인과 국왕과 장자는 三보를 예경하고 승사承事한 데서 오는 것이고, 부귀한 사람은 보시한 데서 오는 것이며, 장수한 사람은 계행을 지니는 데

서 오는 것이고, 단정한 사람은 인욕하는 데서 오는 것이며, 근

면하여 게으르지 아니한 사람은 정진하는 데서 오는 것이고, 재

주 있고 총명하여 모든 일을 많이 아는 사람은 지혜를 닦은 데서 오

오는 것이고, 목소리가 아름다운 사람은 三寶를 찬탄한 데서 오

는 것이고, 몸이 깨끗하고 병이 없는 사람은 자비한 마음에서 오

는 것이니라.

얼굴이 잘 생기고 키가 장대한 이는 사람을 공경한 연고며, 키가

작고 변변치 못한 이는 남을 멸시한 연고며, 누추하고 못난 사람은

성내기를 좋아한 연고며, 나면서부터 바보는 공부하지 않은 연고

며, 어리석은 사람은 남을 가르치지 않은 연고며, 벙어리가 된 사

람은 남을 훼방한 연고며, 남의 심부름꾼이 된 이는 빚을 갚지 않

은 연고며, 얼굴이 못생기고 검은 이는 부처님 광명을 가리운 연고

며, 짐승의 무리에 나는 것은 남을 놀라게 한 연고며, 용의 무리에 나는 것은 조롱하기를 좋아한 연고며, 몸에 부스럼이 있는 이는 중생을 때린 연고며, 사람들이 보고 환희하는 것은 전생에 사람을 보고 환희한 연고니라.

법문할 때 이간을 하여 못 듣게 하면 귀가 처진 개가 되고, 법문을 듣고도 마음에 두지 아니하면 귀가 긴 나귀가 되고, 탐욕이 많아 혼자만 먹으면 아귀에 나며, 사람이 되어도 빈궁하며 굶주리고, 나쁜 음식을 사람에게 먹이면 뒤에 돼지나 말똥구리로 태어나고, 남의 것을 겁탈하면 뒤에 양의 무리에 태어나서 사람들이 가죽을 벗기어 살을 먹고, 훔치기를 좋아한 사람은 뒤에 소나 말로 태어나서 사람에게서 혹사를 당하느니라.

거짓말을 하여 남의 악한 일을 퍼뜨린 사람은 죽어 지옥에 들어가 구릿물을 입에 붓고 혀를 빼내어 보섭으로 갈며, 죄를 마치고 나오면 구욕새가 되는데, 사람들이 그 소리를 들으면 모두 놀라며 변괴라고 하여 주문을 외워 죽게 하며, 술먹고 취하기를 좋아하면 뒤에 똥물지옥에 들어가고, 죄를 마치고 나오면 성성猩猩이가 되고, 성성이의 죄업이 끝나서 사람이 되면 완악하고 무지하여 사람 값을 치루지 못하며, 남의 힘을 탐내는 이는 뒤에 코끼리가 되며, 부귀한 사람으로서 남의 우두머리가 되어 아랫사람들을 때리면 아랫사람은 호소할 곳이 없나니, 이런 사람은 죽어 지옥에 들어가서 수천 만 년 고통 받고, 지옥에서 나오면 물소水牛가 되는데 코를 꿰어 수레를 끌리며 몽둥이로 때려서 예전의 빚을 갚느니라.

부정한 사람은 돼지로 태어나고, 간탐하고 남의 사정을 모르는 사람은 개로 태어나며, 체면을 불구하고 제멋대로 하는 사람은 양으로 태어나며, 경망하여 참을 줄 모르는 사람은 원숭이로 태어나며, 몸에서 노린내가 나는 사람은 자라로 태어나고, 독한 사람은 뱀으로 태어나며, 자비심이 없는 사람은 호랑이로 태어난다」고 하였느니라.

오늘, 이 도량의 동업대중이여, 세상에 태어난 사람의 병이 많음과 단명함과 가지가지 고통은 다 말할 수 없느니라. 세 가지 업을 지으면 三악도의 과보를 받게 되느니라. 三악도가 있게 된 것은 탐심과 진심과 치심의 三독이 있는 탓이며, 또 세 가지 악으로 항상 불타게 되나니, 입으로 악을 말하고, 마음으로 악을 생각하고, 몸으로 악을 행하느니라. 이 여섯 가지 일이 사람의 몸으로 하여금 항상 고뇌하게 하되 쉴새가 없으며, 목숨이 마치면 외로운 넋이 되어 홀로 가게 되나, 부모와 자손도 구원할 수가 없으며, 잠깐 동안에 염라부에 가면 옥졸들은 존비 귀천을 불문하고 문서에 기록된대로 생시에 지은 선악을 심문하나니, 혼백은 사실대로 자수하고 조금도 숨기지 못하느니라. 이런 인연으로 업을 따라 괴롭거나 즐거운 곳으로 가게 되나니, 아득하고 캄캄하여 떠난 지는 오래나 가는 길이 달라서 다시 만날 기약이 없느니라. 또 여러 천신들은 선과 악을 기록하되 털끝만큼도 어긋나지 않나니, 선한 사람은 선을 행하였으므로 복을 받고 장수하며, 악한 사람은 악을 지었으므로 명은 짧고 고통은 오래 가느니라. 이렇게 헤매다가 아귀에 들어가고, 아귀에서 나오면 축생에 들어가서 참기 어려운 고통을 끝없이 받느니라.

오늘, 이 도량의 동업대중이여, 스스로 깨닫고 참괴한 마음을 내라. 경에 말하기를 「선한 일을 하면 선한 과보를 얻고, 악한 일을 하면 악한 과보를 얻는다」하였으니, 더구나 五탁악세에서는 악을 짓지 않아야 하느니라. 선한 일은 선한 과보를 잃지 않고, 악한 일은 나쁜 재앙을 만나게 되나니, 가볍게 벗어나려고 이 참법을 세웠다고 말하지 말라. 경에 말하였으되 「작은 선을 가벼이 여겨 복이 없다고 하지 말라. 물방울이 비록 작으나 고이면 큰 그릇에 차나니, 작은 선을 쌓지 않으면 성인이 되지 못하느니라. 작은 악을 가벼이 여겨 죄가 없다고 하지 말라. 작은 악이 쌓이면 몸을 멸할 수 있다」고 하였느니라.

대중은 마땅히 알라. 길흉과 화복이 모두 마음으로 짓는 것이니 인을 짓지 아니하면 과보를 얻지 않느니라. 재앙이 쌓이면 죄가 큰 것을 육안으로는 보지 못하나, 부처님의 말씀을 누가 감히 믿지 아니하랴. 우리들이 이 세상에 강건하게 태어났으니 부지런히 배우며 스스로 선을 행하지 않다가 막다른 골목에 후회한들 무슨 소용이 있으리요. 이제 모든 허물을 이미 보았고, 경에 말씀한대로 그 죄를 알았으니, 어찌 악을 버리고 선을 좇지 아니하리요.

금생에 만일 마음을 가다듬지 않으면 이 몸을 버리고는 지옥에 떨어지리니, 그 까닭을 말하리라. 누구나 죄를 지을 적에는 맹렬하게 독기를 품고 깊은 분노를 가지나니, 어떤 이를 미워하면 반드시 죽게 하려 하고, 어떤 이를 질투하면 그의 잘하는 것도 보기 싫어하고, 어떤 이를 훼방하면 큰 고통에 쓸어넣으려 하고, 어떤 이를 때리면 끝까지 아프게 하며, 분한 마음으로 해롭게 하는 데는 존비尊卑를 가리지 않고, 욕설하고 꾸짖는 데는 고하를 돌아보지 아니하며, 내지 호령은 우뢰같고 눈에는 불이 일어나며, 처음 복을 지을 적에는 복을 많이 지으려 하다가도 선심이 미약하여 나중에는 조금밖에 짓지 못하며, 빨리 하려 하다가도 이어 그만 두느니라.

마음이 간절하지 못하여 세월을 미루나니, 이렇게 망설이다가 필경

에는 잊어버리나니, 그리하여 죄를 지을 때는 기운이 억세고, 복을

지을 때는 생각이 나약하나니라. 이제 선근이 나약한 원인으로 죄

업이 억센 과보를 여의려 한들 어떻게 될 수 있겠는가.

경에 말하기를 「참회하면 모든 죄를 다 멸한다」 하였거니와, 참

회할 때는 모름지기 五체투지하기를 태산이 무너지듯 할 것이며,

내지 죄업을 소멸하기 위해서는 신명을 아끼지 말지니라. 은근히

독려하고 서로 경책하노니, 금생에 몇 번이나 이렇게 분개하여 자

책하였으며, 신명을 아끼지 않고 뼈가 닳도록 참으면서 이런 참회

를 하였는가. 잠깐동안 정진하다가는 문득 게으른 생각을 내고, 잠

시 예배하다가는 기운이 견딜 수 없다 하고, 잠깐 좌선하다가는 곧

쉬어야겠다고 하며, 혹은 사지를 너무 과로하지 말아야 하고 잘 조섭하여 피곤을 풀어야 한다면서 한번 다리를 뻗고 잠들면 죽은 거나 마찬가지이니, 이같아서야 어느 사이에 다시 예배하고 탑을 쓸고 땅에 맥질하는 등, 하기 어려운 일을 하겠는가. 경에 말씀한 것을 보면 「조그만 선도 게으름에서 생기는 것이 아니요, 한 가지 법이라도 교만하고 방일한 데서 얻어지는 것이 아니다」 하였느니라.

우리들이 오늘날 사람의 몸을 얻었으나 마음은 도리를 등졌으니 그 까닭을 말하면 아침부터 낮까지, 낮부터 저녁까지, 저녁부터 밤까지, 밤부터 새벽까지, 내지 一시·一각·一념·一순瞬의 잠깐도 三보와 四제諦를 생각한 적이 없고, 부모의 은혜 갚을 것을 생각한 적이 없고, 스승의 은혜 갚을 것을 생각한 적이 없으며, 보시·지계·인욕·정진할 것을 생각한 적이 없으며, 선정을 배우며 지혜를

닦을 생각을 한 적이 없기 때문이니, 이제 상고하건대 청백한 법은

하나도 거론할 것이 없고, 번뇌와 업장은 눈앞에 가득하지 아니한

가. 이렇게 살펴보지는 아니하고, 말하기를 「나는 공덕이 적지 않

다」 하며, 조그만 선이라도 있기만 하면, 또 말하기를 「나는 이런

일을 지었거니와 다른 이는 못한다」 하거나, 「나는 이런 일을 행하

였거니와 다른 이는 못한다」 하면서, 의기양양하여 방약무인傍若無

人하나니, 이것이야말로 진실로 부끄러운 일이니라.

이제 대중 앞에서 모든 죄를 참회하노니 보시하고 환희하여 장래

에 장애가 없기를 원하며, 대중도 스스로 몸과 마음을 씻으라. 과

보의 조짐이 위에 말한 바와 같나니, 어찌 스스로 관계치 않다 하

여 버리기를 구하지 아니하리요. 대중은 그런 죄가 없노라 말하지

말며, 「내게 죄가 없는데 어찌 참회하리요」 하지 말라. 만일 그런

생각이 있으면 곧 없이 하라. 조그만 잘못도 큰 허물 이루느니라.

잠깐 동안의 원한으로도 진심이 일어나 습성이 되면 고치기 어려우니, 마음은 방종할 수 없고, 뜻을 멋대로 하지 말지니라. 억눌러 참으면 번뇌가 소멸되려니와, 만일 해태하면 구제할 수 없느니라.

저희들이 오늘날 부처님의 자비력과 대보살들의 서원력을 받자와 죄와 과보를 말하였나니, 마땅히 지옥을 교화한 경전을 각각 생각을 가다듬어 일심으로 들으라.

『이와 같이 내가 들었다. 어느 때 부처님께서 왕사성의 기사굴산에 보살 마하살과 성문 권속들과 함께 계시니, 비구·비구니·우바새·우바이와 하늘과 용과 귀신 등이 모두 와서 모이었더라. 그때 신상信相보살이 부처님께 여쭈었다.

「세존이시여, 지금 지옥·아귀·축생이 있어 빈부귀천과 종류가 각각 다르지만, 어느 중생이나 부처님의 법문을 들으면 어린애가 어머니를 만난 듯, 병난 이가 의사를 만난 듯, 헐벗은 이가 옷을 얻은 듯, 어두운 밤에 등불을 만난 듯 하리니, 세존께서 법을 말씀하여 중생을 이롭게 함도 그와 같으리이다.」

그때 세존이 때가 이미 되었고, 보살들이 은근하게 권청함을 아시고 미간의 백호상으로 광명을 놓아 시방의 한량없는 세계를 비추시니 지옥의 고통이 쉬어 안락하게 되었다. 그때 죄보를 받던 중생들이 부처님의 광명을 보고 부처님 계신 데로 찾아가서 일곱겹을 돌며 지성으로 예배하고 설법을 청하니, 세존이 교화를 베풀어 중생으로 하여금 해탈을 얻게 하였느니라.』

오늘, 이 도량의 동업대중인 저희가 지금 지성으로 부처님께 법을 청함도 그와 같아서, 여러 중생들과 함께 해탈을 얻으려 하여,

서로 지극한 정성으로 다 같이 간절하게 五체투지하고 시방의 수없

이 많은 모든 부처님께 권청하오니, 바라옵건대 자비하신 힘으로

괴로움을 구원하여 안락을 얻게 하여지이다. 세간의 대자대비하신

부처님께 귀의하고 권청하나이다.

지심귀명례 미륵불彌勒佛

지심귀명례 석가모니불釋迦牟尼佛

지심귀명례 범천불梵天佛

지심귀명례 불퇴전륜성수불不退轉輪成首佛

지심귀명례 대흥광왕불大興光王佛

지심귀명례 법종존불法種尊佛

지심귀명례 일월등명불日月燈明佛

지심귀명례 수미불須彌佛

지심귀명례 대수미불大須彌佛

지심귀명례 초출수미불超出須彌佛

지심귀명례 유여수미불喩如須彌佛

지심귀명례 향상불香像佛

지심귀명례 위요향훈불圍繞香勳佛

지심귀명례 정광불淨光佛

지심귀명례 법최불法最佛

지심귀명례 향자재왕불香自在王佛

지심귀명례 대집불大集佛

지심귀명례 향광명불香光明佛

지심귀명례 화광명불火光明佛

자비도량참법 제三권 *174*

지심귀명례 무량광명불無量光明佛

지심귀명례 사자유희보살師子遊戱菩薩

지심귀명례 사자분신보살師子奮迅菩薩

지심귀명례 견용정진보살堅勇精進菩薩

지심귀명례 금강혜보살金剛慧菩薩

지심귀명례 무변신보살無邊身菩薩

지심귀명례 관세음보살觀世音菩薩

지심귀명례 불타야중佛陀耶衆

지심귀명례 달마야중達摩耶衆

지심귀명례 승가야중僧伽耶衆

또, 거듭 시방의 다함없는 모든 三보께 귀의하옵나니, 대자대비하신 마음으로 고통받는 모든 중생들을 구제하여 해탈을 얻게 하시며, 지나간 버릇을 고치고 오는 행동을 닦아서 다시 나쁜 짓을 하지 않게 하소서. 오늘부터 다시는 三악도에 떨어지지 않고, 몸과 입과 뜻이 깨끗하여 다른 이의 악한 것을 생각치 않게 하며, 모든 업장을 여의고 청정한 업을 얻어 모든 삿된 마음이 다시 동하지 않으며, 항상 자비희사를 행하여 용맹하게 정진하며, 모든 덕의 근본을 심어 하는 일이 한량없으며, 이 몸을 버리고 다른 몸을 받을 때 항상 복된 나라에 나며, 三악도의 괴로움을 생각하고 보리심을 발하여 보살도를 행하되 쉬지 아니하며, 六바라밀과 자비희사가 항상 앞에 나타나고 三명과 六통이 마음대로 자재하며, 부처님의 경계에 출입하고 유희하여 보살들과 더불어 정각을 이루게 하여지이다.

오늘, 이 도량의 동업대중이여, 두려운 마음과 자비한 마음을 내어 일심으로 자세히 들으라.

『그때 세존이 미간의 백호상으로 광명을 놓아 六도의 모든 중생에게 비치었다. 그때 신상信相보살이 중생들을 어여삐 여겨 자리에서 일어나 부처님 앞에 나아가 호궤 합장하고 부처님께 여쭈었다.

「세존이시여, 이제 어떤 중생이 여러 옥졸들로부터 발에서 정수리까지 온 몸이 찍히고 썰리고 찢겨 죽으면, 교묘한 바람이 불어 다시 살리고, 또 베어서 이런 고통을 쉴 새 없이 받는데 무슨 죄보로 그러합니까.」 부처님이 말씀하시되 「이런 중생은 전세에 三보를 믿지 않고 공양할 줄을 알지 못하며, 부모에게 효도하지 않고, 악한 마음을 내어 백정노릇을 하면서 중생을 살해하였으므로 이런 죄를 받느니라」 하셨다.

또, 「어떤 중생은 온몸이 마비되어 눈썹과 수염이 빠지고 몸이 부르트고, 새와 짐승들이 와서 덤비며, 인적이 없는 곳에 친척이 내다버리고, 사람이 돌보지 아니하니, 이런 것을 나병환자라 합니다. 무슨 인연으로 이런 죄를 받나이까.」 부처님이 말씀하셨다.

「그들은 전세에 三보를 믿지 않고 부모에게 불효하며, 탑과 절을 헐어버리고, 도인을 학대하며 성현을 죽이고 스승을 살상하되, 뉘우치는 마음이 없었으며, 배은망덕하고 개·돼지의 행동으로 윗사람을 더럽히고 친소를 가리지 않고 부끄러운 생각이 없었으므로 이런 죄보를 받느니라.」

또, 「어떤 중생은 몸이 길고 귀와 발이 없으며, 꿈틀거려 배로 다니면서 흙을 먹고 생활하며, 작은 벌레들에게 빨아먹히면서 주야로 쉴새없이 고통을 받나니 무슨 죄보입니까.」 부처님이 답하시었다.

「전세에 모든 일을 마음대로 하고 좋은 말을 믿지 않으며, 부모에게 불효하고 반역을 행하기도 하고, 혹 지주도 되고 대신도 되며, 수령방백과 시장·면장이 되어 백성들을 독촉하며 학대하고, 무리하게 백성의 재산을 빼앗아 못살게 하였으므로 이런 죄를 받느니라.」

또, 「어떤 중생은 두 눈이 떨어서 앞을 보지 못하므로 나무에 부딪치기도 하고 구렁에 떨어지기도 하며, 거기서 죽어 다시 몸을 받되 날 적마다 그러하니 무슨 죄보오니까.」 부처님이 말씀하시되 「전세에 죄와 복을 믿지 않고, 부처님의 광명을 막았으며, 남의 눈을 멀게 하고 중생을 가두었으며, 가죽부대를 머리에 씌워 보지 못하게 하였으므로 이런 죄를 받느니라」 하셨다.」

오늘, 이 도량의 동업대중이여, 경의 말씀이 두렵지 아니한가. 우리도 이런 죄를 지었을 것인데, 무명이 가리워 알지 못하거니와 이러한 죄 무량무변하여 오는 세상에 괴로운 과보 받을 것이니라.

오늘날 지성으로 다 같이 간절하게 五체투지하고 머리 조아려 애원하고 참괴하여 뉘우치오니, 이미 지은 죄는 참회하여 소멸하며, 아직 짓지 아니한 죄는 이제부터 청정하기를 시방 부처님께 발원하나이다.

지심귀명례 미륵불彌勒佛

지심귀명례 석가모니불釋迦牟尼佛

지심귀명례 개광명불開光明佛

지심귀명례 월등광불月燈光佛

지심귀명례 일월광불日月光佛

지심귀명례 일월광명불日月光明佛

지심귀명례 화광명불火光明佛

자비도량참법 제三권 180

지심귀명례 집음불集音佛

지심귀명례 최위의불最威儀佛

지심귀명례 광명존불光明尊佛

지심귀명례 연화군불蓮華軍佛

지심귀명례 연화향불蓮華響佛

지심귀명례 다보불多寶佛

지심귀명례 사자후불師子吼佛

지심귀명례 사자음왕불師子音王佛

지심귀명례 정진군불精進軍佛

지심귀명례 금강용약불金剛踊躍佛

지심귀명례 도일체선절중의불度一切禪絶衆疑佛

지심귀명례 보대시종불寶大侍從佛

181 자비도량참법 제三권

지심귀명례 무우불無憂佛

지심귀명례 지력지용불地力持勇佛

지심귀명례 최용약불最踊躍佛

지심귀명례 사자작보살師子作菩薩

지심귀명례 기음개보살棄陰蓋菩薩

지심귀명례 적근보살寂根菩薩

지심귀명례 상불리세보살常不離世菩薩

지심귀명례 무변신보살無邊身菩薩

지심귀명례 관세음보살觀世音菩薩

지심귀명례 불타야중佛陀耶衆

지심귀명례 달마야중達摩耶衆

지심귀명례 승가야중僧伽耶衆

또, 거듭 시방의 다함없는 모든 삼보께 귀의하옵나니, 대자대비로 구호하여 건져주시며, 모든 중생들로 하여금 해탈을 얻게 하시며, 모든 중생들을 위하여 지옥·아귀·축생의 업보를 소멸케 하시며, 중생들로 하여금 필경에 모든 나쁜 과보를 받지 않게 하시며, 중생들로 하여금 삼악도의 괴로움을 버리고 지혜있는 지위에 이르게 하여 편안하고 끝까지 안락한 곳에 이르게 하시며, 큰 광명으로 모든 어둠을 없애고, 깊고깊은 미묘한 법을 분별하여 그로 하여금 위없는 보리를 구족하고 등정각等正覺을 이루게 하여지이다.

오늘, 이 도량의 동업대중이여, 다시 지성으로 잘 들으라. 신상 보살이 부처님께 여쭈었다. 「세존이시여, 어떤 중생이 말더듬이나 벙어리가 되어 말을 하지 못하며, 설사 말을 하더라도 말소리가 분명치 못한 것은 무슨 죄보오니까.」 부처님이 말씀하셨다. 「전세에

三보를 비방하며 성인의 도를 훼방하고, 남의 잘·잘못을 비난하며 옳고 그름을 시비하고, 착한 이를 무고하며 어진 이를 질투한 인연으로 그런 죄보를 받느니라.」

또, 「어떤 중생의 배는 큰데 목이 가늘어 먹은 것이 소화되지 아니하며 먹더라도 고름으로 변하는 것은 무슨 죄보오니까.」 부처님이 말씀하셨다. 「전세에 대중이 먹을 것을 훔쳐 먹었거나, 혹 큰 모둠에 설비하는 음식을 가만히 훔쳐서 으슥한 곳에서 먹었으며, 제 것은 아끼고 남의 것을 탐내며, 나쁜 마음으로 사람에게 독약을 먹여 기운이 통하지 못하게 하였으므로 그런 죄보를 받느니라.」

또, 「어떤 중생은 옥졸의 화형火刑을 받으며, 뜨거운 쇠물을 입에 붓고, 쇠못으로 못질하며, 못질한 뒤에는 자연히 불이 일어나 온 몸을 태워서 무르게 하나니, 무슨 죄보로 그러는 것입니까.」 부처님이 말씀하셨다. 「그는 전세에 침놓는 사람으로서 남의 몸을 상하게 하기만 하고 병은 고치지 못하였으며, 사람을 속이고 재물을 받아서 남을 괴롭게 하였으므로 그런 죄보를 받느니라.」

또, 「어떤 중생은 쇳물이 끓는 가마솥 속에 항상 있는데, 소머리를 한 아방나찰阿旁羅刹이 철차鐵叉를 들고 찍어 가마솥에 넣고 익혔다가 다시 살게 하고는 또 삶나니, 무슨 죄보오니까.」 부처님이 말씀하셨다. 「그는 전세에 중생을 도살하되 끓는 물에 넣어 털을 뽑은 일이 한량없어 그런 악업으로 이 죄보를 받느니라.」

오늘, 이 도량의 동업대중이여, 경의 말씀이 매우 두려우니, 우리도 어느 갈래에서 이런 악업을 지었는지 알 수 없고, 오는 세상에 혹독한 과보를 받을지도 모르며, 또 현재의 몸으로 고통을 받으리니, 말을 더듬는 벙어리가 되어 말을 하지 못하거나, 배는 크고 목은 좁아 음식이 내리지 않을 것을 어떻게 부정하겠는가. 오늘은 평안하나 내일을 보증할 수 없나니, 과보가 닥치면 벗어날 수 없느니라. 우리는 각각 이 뜻을 각오하고 바르고 곧은 마음으로 다른 생각을 말지니라. 다 같이 간절하게 五체투지하고 지금의 四생 六도의 모든 중생들로서 현재 고통을 받는 이와 장차 고통을 받을 이를 위하여 세간의 대자대비하신 부처님께 귀의할지니라.

지심귀명례 미륵불彌勒佛

지심귀명례 석가모니불釋迦牟尼佛

지심귀명례 자재왕불自在王佛

지심귀명례 무량음불無量音佛

지심귀명례 정광명불定光明佛

지심귀명례 보광명불寶光明佛

지심귀명례 보개조공불寶盖照空佛

지심귀명례 묘보불妙寶佛

지심귀명례 제당불諦幢佛

지심귀명례 범당불梵幢佛

지심귀명례 아미타불阿彌陀佛

지심귀명례 수승불殊勝佛

지심귀명례 집음불集音佛

지심귀명례 금강보정진불金剛步精進佛

지심귀명례 자재왕신통불自在王神通佛

지심귀명례 보화불寶火佛

지심귀명례 정월당칭광명불淨月幢稱光明佛

187 자비도량참법 제三권

지심귀명례 묘락불 妙樂佛

지심귀명례 무량당번불 無量幢幡佛

지심귀명례 무량번불 無量幡佛

지심귀명례 대광보조불 大光普照佛

지심귀명례 보당불 寶幢佛

지심귀명례 혜상보살 慧上菩薩

지심귀명례 상불리세보살 常不離世菩薩

지심귀명례 무변신보살 無邊身菩薩

지심귀명례 관세음보살 觀世音菩薩

지심귀명례 불타야중 佛陀耶衆

지심귀명례 달마야중 達摩耶衆

지심귀명례 승가야중 僧伽耶衆

또, 시방의 다함없는 모든 三보께 귀의하옵나니, 바라옵건대 여러 부처님과 여러 보살께서 대자대비로 모든 고통받는 중생들을 구호하시고, 신통력으로 악업을 소멸케 하시어 중생이 필경에 괴로운 곳에 떨어지지 않게 하시며, 청정한 갈래를 얻고 청정한 국토에 태어나서 공덕이 만족하여 다함이 없으며, 이 몸을 버리고 다른 몸을 받을 적마다 부처님을 만나서 여러 보살과 함께 정각에 오르게 하여지이다.

오늘, 이 도량의 동업대중이여, 다시 마음을 가다듬고 귀를 기울여 들으라. 신상보살이 부처님께 여쭈었다. 「세존이시여, 어떤 중생은 화성火城 속에 있는데 뜨거운 모닥불이 가슴에까지 미치며, 四문이 열렸으나 가까이 가면 저절로 닫히고, 동서를 헤매 다녀도 나가지 못하고 불에 타나니, 무슨 죄보로 이렇게 되었습니까.」 부처님이 말씀하셨다. 「전세에 산과 들에 불을 지르고 방축을 터놓고, 계란을 굽는 따위의 행으로 중생들을 타 죽게 한 인연으로 그런 죄보를 받느니라.」

「어떤 중생은 설산에 항상 있는데, 찬 바람에 살이 터져 죽지도 못하고 살지도 못하며, 고통이 만단이나 참을 수가 없나니, 무슨 죄보오니까.」 부처님이 말씀하셨다. 「전세에 강도가 되어 길을 막고 사람의 옷을 빼앗아 제가 입고, 엄동설한에 얼어 죽게 하였고, 소와 양의 가죽을 벗기어 고통을 참을 수 없게 하였으므로 그런 죄보를 받느니라.」

「어떤 중생은 항상 도산刀山과 검수劍樹에 있으면서 손에 잡는대로 살이 갈라지고 사지가 끊어지며 고통을 견딜 수 없으니, 무슨 죄로 그러합니까.」 부처님이 말씀하셨다. 「그것은 전세에 백정이 되어 중생을 삶기도 하고 가죽을 벗기며, 골육을 찢고 머리와 다리를 낱낱이 잘라서 높이 매달고서 팔기도 하였고, 혹은 산 채로 매달아 고통을 견딜 수 없게 하였으므로 그런 죄보를 받느니라.」

또, 「어떤 중생은 이목구비가 불구인데 이는 무슨 죄로 그러합니까.」 부처님이 말씀하셨다. 「전세에 매를 날리거나, 개를 시키거나, 활을 쏘아 새와 짐승을 잡고, 혹은 잡은 새의 머리를 깨뜨리고, 혹은 다리를 끊고, 산 채로 날개를 뽑기도 하여 고통을 받게 하였으므로 그런 죄보를 받느니라.」

오늘, 이 도량의 동업대중이여, 경의 말씀이 매우 두려우니, 서로 지극한 정성으로 다 같이 간절하게 五체투지하고, 시방의 일체 중생 가운데 지금 고통을 받는 이와 장차 고통 받을 이를 위하여 세간의 대자대비하신 부처님께 귀의할지니라.

191 자비도량참법 제三권

지심귀명례 미륵불彌勒佛

지심귀명례 석가모니불釋迦牟尼佛

지심귀명례 정광불淨光佛

지심귀명례 보왕불寶王佛

지심귀명례 수근화왕불樹根華王佛

지심귀명례 유위장엄불維衛莊嚴佛

지심귀명례 개화보살불開化菩薩佛

지심귀명례 견무공구불見無恐懼佛

지심귀명례 일승도불一乘度佛

지심귀명례 덕내풍엄왕불德內豊嚴王佛

지심귀명례 금강견강소복괴산불金剛堅强銷伏壞散佛

지심귀명례 보화불寶火佛

자비도량참법 제三권 192

지심귀명례 보월광명불寶月光明佛

지심귀명례 현최불賢最佛

지심귀명례 보련화보불寶蓮華步佛

지심귀명례 괴마라망독보불壞魔羅網獨步佛

지심귀명례 사자후력불師子吼力佛

지심귀명례 비정진불悲精進佛

지심귀명례 금보광명불金寶光明佛

지심귀명례 무량존풍불無量尊豊佛

지심귀명례 무량존이구왕불無量尊離垢王佛

지심귀명례 덕수불德首佛

지심귀명례 약왕보살藥王菩薩

지심귀명례 약상보살藥上菩薩

지심귀명례 무변신보살無邊身菩薩

지심귀명례 관세음보살觀世音菩薩

또, 거듭 시방의 다함없는 모든 三보께 귀의하옵나니, 바라옵건 대 대자대비로 시방 세계의 모든 중생을 구제하시어 현재 괴로움을 받는 이는 곧 해탈케 하시고, 내세에 괴로움을 받을 이는 필경에 단멸하여 끝까지 나쁜 갈래에 떨어지지 말게 하시며, 오늘부터 도 량에 이르도록 세 가지 업장을 없애고, 다섯 가지 두려움을 없애어 공덕과 지혜가 구족하게 장엄하며, 모든 중생들을 거두어서 다 함 께 위없는 보리에 회향하여 등정각을 이루게 하여지이다.

오늘, 이 도량의 동업대중이여, 다시 더 나아가 일심으로 들으 라. 신상보살이 부처님께 여쭈었다. 「세존이시여, 어떤 중생은 조막손과 절름발이이며, 등이 굽고 허리가 불안하며, 번정다리에 곰배팔이어서 걸음을 걷지 못하나니, 무슨 죄보오니까.」 부처님이 말씀하셨다. 「전세에 성질이 각박하여 길가에 창槍을 놓아 주살하고, 함정으로 중생을 살해하였나니, 이런 죄업으로 그런 죄보를 받느니라.」

또, 「어떤 중생은 옥졸에게 결박되어 칼을 쓰고 고랑 채어, 곤액을 면치 못하나니, 무슨 죄보이니까.」 부처님이 말씀하셨다. 「전세에 중생을 그물로 잡고 여섯 가지 짐승을 가두어 기르며, 혹 관리가 되어 백성들을 착취하며, 양민을 억울하게 괴롭혀 호소할 곳이 없게 하였으므로 그런 죄보를 받느니라.」

또, 「어떤 중생은 어리석고 우둔하며 발광하고 숙맥이어서, 좋고 나쁜 것을 분별하지 못하나니, 무슨 죄로 그러하나이까.」 부처님이 말씀하셨다. 「전세에 술을 먹고 만취하여 설흔 여섯 가지 실수를

범하였고, 후에는 바보가 되어 높고 낮음을 분별하지 못하였나니,

그런 악업으로 죄보를 받느니라.」

오늘, 이 도량의 동업대중이여, 부처님의 말씀하신 것이 대단히

두려우니, 서로서로 지극한 마음으로 다같이 간절하게 五체투지하

고 현재 고통을 받는 중생과 장래에 고통 받을 중생을 위하고, 내

지 六도에서 고통을 받게 되는 중생들을 위하며, 부모와 사장과 시

주 단월과 선지식과 악지식 등, 시방의 일체 중생을 위하여 세간의

대자대비하신 부처님께 귀의할지니라.

지심귀명례 미륵불彌勒佛

지심귀명례 석가모니불釋迦牟尼佛

지심귀명례 무수정진흥풍불無數精進興豊佛

지심귀명례 무언승불無言勝佛

지심귀명례 무우풍불無憂豐佛

지심귀명례 월영풍불月英豐佛

지심귀명례 무이광풍불無異光豐佛

지심귀명례 역공광명불逆空光明佛

지심귀명례 최청정무량번불最清淨無量幡佛

지심귀명례 호제주유왕불好諦住唯王佛

지심귀명례 성취일체제찰풍불成就一切諸刹豐佛

지심귀명례 정혜덕풍불淨慧德豐佛

지심귀명례 정륜번불淨輪幡佛

지심귀명례 유리광최풍불瑠離光最豐佛

지심귀명례 보덕보불寶德步佛

지심귀명례 최청정덕보주불最淸淨德寶住佛

지심귀명례 도보광명탑불度寶光明塔佛

지심귀명례 무량참괴금최풍불無量慙愧金最豊佛

지심귀명례 문수사리보살文殊師利菩薩

지심귀명례 보현보살普賢菩薩

지심귀명례 무변신보살無邊身菩薩

지심귀명례 관세음보살觀世音菩薩

또, 시방의 다함없는 모든 三보께 귀의하옵나니, 저희가 오늘 부처님의 힘과 법보의 힘과 보살의 힘을 받자와 중생을 위하여 머리 조아려 참회를 간절히 구하옵니다. 이미 괴로움을 받은 이는 부처님과 보살의 대자대비한 힘으로 곧 해탈케 하시며, 아직 괴로움을

자비도량참법 제三권   198

받지 않은 이는 오늘부터 도량에 이르도록, 필경 다시 나쁜 갈래에 떨어지지 말며, 여덟 가지 액난의 괴로움을 여의고 여덟 가지복이 나며, 모든 선근을 얻어 평등을 성취하고 지혜를 구족하여 청정하고 자재하며, 여래와 함께 정각에 오르게 하여지이다.

오늘, 이 도량의 동업대중이여, 마땅히 마음을 가다듬고 귀를 기울여 자세히 들으라. 『신상보살이 다시 부처님께 사뢰었다. 「세존이시여, 어떤 중생이 형상이 매우 누추한데, 몸은 칠과 같이 검고, 두 귀는 검푸르고, 두 볼은 울퉁불퉁하고, 얼굴은 여드름 투성이이며, 코는 납작하고, 두 눈은 벌겋고, 이빨은 엉성하고, 입에서는 악취가 나고, 난장이·수중다리이며, 배는 크고, 허리는 가늘고, 팔다리는 뒤틀리고, 곱사등이며, 갈비는 퉁겨지고 옷은 잘 헤어지고, 먹음새가 거칠고, 종기에서는 고름이 흐르고, 퉁퉁 붓고, 조갈이 심하고, 옴장이·등창병에, 온갖 나쁜 것이 한 몸에 모여 남에게 의지하려 하나 받아주지 않으며, 다른 이가 지은 죄에 걸려들어 영원히 부처님을 보지 못하고, 법을 듣지 못하고, 보살을 알지 못하고, 성현을 알지 못하며, 괴로움에서 괴로움에 들어가 쉴 새가 없나니, 무슨 죄오니까.」 부처님이 말씀하셨다. 「전생에 아들로서 부모에게 불효하고, 신하로서 임금께 불충하며, 윗사람으로 아랫사람을 사랑하지 않고, 아랫사람이 되어 윗사람을 공경하지 않으며, 벗들에게는 신의가 없고, 이웃에게는 의리를 지키지 않으며, 조정朝廷의 벼슬을 옳게 하지 않고, 일을 찬탄함에 도리에 맞지 않게 하며, 마음이 삐뚤어져 옳게 하지 못하며, 군신君臣을 살해하고 존장을 경멸하며, 나라를 쳐서 백성을 빼앗고, 성을 치고 부락을 깨트리며, 도적질을 하고 재물을 겁탈하는 등, 악업이 하나쁜이 아니며, 자기가 잘난 체하여 남을 미워하고, 외롭고 늙은 이를 업신여기며, 착한 이를 비방하고 스승을 경멸하고 하천한 이를 속이는 등, 온갖 죄명을 골고루 범한 그러한 업보는 이런 죄를 받느니라.」

그때에 모든 죄보를 받는 사람들이 부처님의 이런 말씀을 듣고 땅을 치고, 부르짖으며 눈물이 비오듯 하면서 부처님께 여쭈었다.

「원컨대 세존께서는 오래 계시면서 법을 설하여 저희들을 교화하여 해탈을 얻게 하소서.」 부처님이 말씀하셨다. 「내가 세상에 오래 있으면 박복한 사람들은 선근을 심지 않고, 내가 항상 있으리라 믿어 무상함을 생각치 아니하고, 착하지 못한 짓을 한량없이 하다가 나중에 후회할 것이며, 그때는 뉘우쳐도 미칠 수 없느니라. 선남자여, 마치 어린 아기가 어머니의 곁에 항상 있으면 만나기 어렵다는 생각을 하지 않지마는, 어머니가 떠나가면 갈망하고 사모하는 마음을 내고, 어머니가 돌아오면 한없이 기뻐함과 같느니라. 선남자여, 나는 그와 같아서 중생들이 항상 머물러 있기를 구하지 아니함을 아는 연고로 열반에 드느니라.」

이때, 세존께서 죄를 받는 중생들에게 게송으로 말씀하셨다.

흐르는 물은 항상 가득하지 않고
맹렬한 불도 늘 타는 것 아니며
해는 떳다가 어느덧 지고
보름달도 찾다가는 기우나니

부귀하고 영화로운 이도

덧없음이 이보다 더하니라.

마땅히 부지런히 정진하여 부처님께 예배하여라.

그때 세존이 이 게송을 말씀하시자, 모든 죄인들이 슬픈 마음으로 부처님께 여쭈었다. 「모든 중생들이 무슨 선행을 지으면 이런 고통을 여의오리까.」 부처님이 말씀하셨다. 「선남자여, 부모에게 효도하고 스승을 공경하고 三보에게 귀의하여 부지런히 보시・지계・인욕・정진・선정・지혜를 닦으며, 자비희사하고, 원수와 친한 사이를 평등하게 대하여 차별하지 않으며, 외롭고 늙은 이를 업신여기지 않고, 빈천한 이를 가벼히 여기지 말며, 다른 이 보호하기를 내몸과 같이 하여 나쁜 생각을 내지 말라. 너희들이 이렇게 수행하면 이것이 곧 부처님의 은혜를 갚는 것이요, 삼악도를 여의어 다시 고통을 받지 아니하리라.」

부처님이 경을 말씀하여 마치시니, 보살 마하살들은 아뇩다라삼 먁삼보리를 얻었으며, 성문과 연각은 六통과 三명을 얻어 八해탈을 구족하고, 그밖의 대중들은 법안이 깨끗함을 얻었느니라. 어떤 중생이 이 경을 들으면 三도와 八난에 떨어지지 않고, 지옥의 고통 쉬어 항상 편안하리라. 신상보살이 부처님께 여쭈었다. 「세존이시여, 이 경의 이름을 무엇이라 하오며, 보살 마하살들이 어떻게 지니오리까.」 부처님이 신상보살에게 말씀하셨다. 「선남자여, 이 경의 이름은 죄업보응교화지옥경罪業報應敎化地獄經이니 너희들이 받들어 지니고 널리 유포하면 공덕이 무한하리라.」 이때, 모인 대중은 이 법문을 듣고 일심으로 환희하고 정대頂戴하여 봉행하였다.」

오늘, 이 도량의 동업대중이여, 부처님의 말씀과 같이 매우 두려운 일이니, 서로서로 오늘부터 두려운 마음을 내고 자비한 마음을 일으켜 부처님의 힘을 받자와 보살도를 행하며, 지옥의 고통을 받는 일체 중생과 아귀의 고통을 받는 일체 중생과 축생의 고통을 받는 일체 중생과 널리 六도에서 고통을 받는 이들을 위하여 한결같은 마음으로 예배하고 참회하여 모든 중생들이 다 해탈을 얻게 할지니라. 우리들이 만일 방편을 부지런히 행하여 화근을 돌이켜 복을 삼지 아니하면 낱낱 지옥에서 다 죄를 받을 분이 있느니라. 서로서로 지극한 마음으로 부모와 사장과 친척과 권속들이 미래에 고통을 받을 것을 생각하고, 또한 자신이 미래와 현재에 이런 고통을 받게 될 것을 생각하여 다같이 간절한 마음으로 五체투지하고 지극한 정성으로 간절하게 마음을 가다듬고 一념에 시방의 부처님을 감

동케 하며, 한번 절하므로써 무량한 고통을 끊어버리고, 六도 중에

서 이미 고통을 받는 중생으로 하여금 부처님의 힘과 법보의 힘과

성현의 힘으로 해탈을 얻게 하며, 六도 중에서 아직 고통을 받지

않은 중생에 대해서도 부처님 힘과 법의 힘과 성현의 힘으로 영원

히 괴로움을 끊어버리게 하고, 오늘부터 끝까지 다시는 악도에 떨

어지지 않게 하며, 三장障의 업을 없애고 마음대로 왕생하여 다섯

가지 두려움을 멸하고 자재하게 해탈하며, 부지런히 도업道業을 닦

아 쉬지 아니하며, 오묘한 행으로 장엄하고 법운지法雲地를 넘고 금

강심에 들어가 등정각을 이룰지니라.

오늘, 이 도량의 동업대중이여, 다시 마음을 가다듬고 귀를 기울

여 자세히 듣고 잘 생각하라. 잡장경雜藏經에 말하기를, 어느 때 어

떤 귀신이 목련에게 사뢰되 「내 몸은 두 어깨에 눈이 있고 가슴에

입과 코가 있으나 머리가 없으니 무슨 죄보오니까.」 하니, 목련이

「너는 전세에 항상 백정의 제자가 되어 살생할 때 너는 환희하며 노끈으로 얽매어 끌었다. 그 인연으로 그런 죄를 받나니, 이것은 화보(華報 : 이승에서 당장에 받는 과보)거니와, 과보로 지옥에 들어갈 것이니라」고 답하였다.

또, 어떤 귀신이 목련에게 사뢰되 「내 몸은 고기 덩어리와 같아서 손·발·눈·귀·코가 없고, 항상 벌레와 새들이 뜯어 먹으니, 이런 고통을 참기 어렵습니다. 무슨 죄보오니까.」 하니, 목련이

「너는 전세에 다른 이에게 독약을 주어서 태아를 떨어뜨려 중생의 목숨을 온전히 살지 못하게 하였다. 그런 인연으로 이런 죄를 받나니, 이것은 화보이나 과보는 지옥에 있느니라」고 답하였다.

또, 어떤 귀신이 목련에게 사뢰되, 「나는 배가 엄청나게 큰데 목구멍은 바늘 같아서 몇 해를 지내도 음식을 먹지 못하니, 무슨 죄

보오니까」 하니 목련이 「너는 전세에 부락의 주인이 되어 부귀함

을 믿고 술을 먹고 비틀거리며, 남을 업신여기고 음식을 빼앗아 모

든 사람을 굶주리게 하였다. 그런 인연으로 이런 죄를 받거니와,

이것은 화보이나 과보는 지옥에 있느니라」고 답하였다.

또, 어떤 귀신이 목련에게 사뢰었다. 「나는 일생동안 뜨거운 쇠

바퀴가 두 겨드랑이에 있어서 온 몸이 타고 볶이우는데 무슨 죄보

오니까.」 목련이 「너는 전세에 대중을 위하여 떡을 만들면서 두 개

를 훔쳐서 겨드랑이에 끼고 있었다. 그 인연으로 그런 죄를 받나

니, 이것은 화보거니와 과보는 지옥에 있느니라」고 답하였다.

오늘, 이 도량의 동업대중이여, 경의 말씀이 누구나 두렵지 않겠

는가. 우리들이 비롯함이 없는 오랜 옛부터 오늘까지 그런 무량한

죄악을 지었을 것이니, 이러한 죄는 모두 자비심이 없고, 내가 강

하다고 약한 이를 업신여겨 중생을 상해하며, 내지 남의 것을 훔치고, 미혹하여 도리를 모르고 착한 이를 비방하며, 여러 가지 죄를 지은 탓이니, 그 죄보로 반드시 악도에 태어나 고통을 받으리라.

오늘날 지성으로 다같이 간절하게 五체투지하고 六도 중에서 이미 고통 받는 이와 장차 고통 받을 이를 위하여 예참하고, 또한 부모와 사장師長과 모든 권속들을 위하여 예참하고, 또 자신을 위하여 참하여 간절히 구하나니, 이미 지은 죄는 소멸되고, 짓지 아니한 죄는 다시 짓지 않게 하여지이다. 세간의 대자대비하신 부처님께 발원하나이다.

지심귀명례 미륵불彌勒佛

지심귀명례 석가모니불釋迦牟尼佛

지심귀명례 연화존풍불 蓮華尊豐佛

지심귀명례 정보흥풍불 淨寶興豐佛

지심귀명례 전등번왕불 雷燈旛王佛

지심귀명례 법공등불 法空燈佛

지심귀명례 일체중덕성불 一切衆德成佛

지심귀명례 현번당왕불 賢旛幢王佛

지심귀명례 일체보치색지불 一切寶緻色持佛

지심귀명례 단의발욕제명불 斷疑拔欲除冥佛

지심귀명례 의무공구위모불견불 意無恐懼威毛不豎佛

지심귀명례 사자불 師子佛

지심귀명례 명칭원문불 名稱遠聞佛

지심귀명례 법명호불 法名號佛

지심귀명례 봉법불奉法佛

지심귀명례 법당불法幢佛

지심귀명례 수미등광명불須彌燈光明佛

지심귀명례 보장장엄불寶藏莊嚴佛

지심귀명례 전단마니광불栴檀摩尼光佛

지심귀명례 금해자재왕불金海自在王佛

지심귀명례 대비광명왕불大悲光明王佛

지심귀명례 우발라연화승불優鉢羅蓮華勝佛

지심귀명례 연화수장엄왕불蓮華鬚莊嚴王佛

지심귀명례 금강견강자재왕불金剛堅强自在王佛

지심귀명례 수승월왕불殊勝月王佛

지심귀명례 일월광왕불日月光王佛

지심귀명례 대세지보살大勢至菩薩

지심귀명례 상정진보살常精進菩薩

지심귀명례 불휴식보살不休息菩薩

지심귀명례 허공장보살虛空藏菩薩

지심귀명례 무변신보살無邊身菩薩

지심귀명례 관세음보살觀世音菩薩

또, 시방의 다함없는 모든 三보께 귀의하옵나니, 바라옵건대 대자대비로 六도에서 현재에 괴로움을 받거나, 장차 괴로움을 받을 모든 중생을 구호하사, 그 중생들이 곧 해탈을 얻게 하시며, 신통력으로 악도와 지옥의 업을 끊으사, 그 중생들이 오늘부터 도량에 이르도록 끝내 악도에 떨어지지 않으며, 고통받는 몸을 버리고 금강같은 몸을 얻어, 무량한 네 가지 마음과 여섯 가지 바라밀을 얻고, 네 가지 변재와 여섯 가지 신통을 뜻과 같이 자재하고, 용맹하게 정진하여 쉬지 아니하며, 내지 더 닦아 나아가 十지의 행이 원만하고, 다시 일체 중생을 제도하게 하여지이다.

찬(讚)

허물을 훈습하여
과보가 형상을 따르니
이 몸 버리고는 마땅히 받을 것
잠깐도 쉬지 아니해
선과 악을 정성으로 발로하오니
아득하고 캄캄하여이다.

부처님 광명을 비추어 주소서.

나무 발광지보살마하살發光地菩薩摩訶薩(세번)

출 참(出懺)

부처님 상호 높고 커서 자금산 같고
법의 바다 맑고 고운 해, 은하수의 달 같으네.
보살과 성현은 인간과 천상의 공양 받으며
벽지불·아라한이 이 세계 저 세계에서 법을 말하니
三천대천 세계의 밝은 등불이요
백억의 어두운 거리 비추는 환한 달이라.
공功은 깊어 헤아릴 수 없고
덕德이 높아 요량할 수 없네.

과거·현재·미래의 저울로
과거·현재·미래의 불사를 지었네。
이제까지 참회하는 저희들
자비도량참법을 수행하여
제三권이 끝나니
공덕이 점점 원만하오매
삼매를 행하는 사람이 과거·현재·미래에 출입하며
三보전에 귀명하고 한결같은 마음으로
계·정·혜·해탈지견의 참된 향을 사르고
三춘春의 꽃을 흩으며
아름다운 공양을 차리고
향기로운 차를 받들며

종과 북이 울리매 범음이 오묘하고

경 읽고 도를 행하니 고요하여 선정에 드네.

하는 일 마음을 따라

모두 다 회향하오니,

극락세계의 아미타불과

사바교주 석가모니불과

관세음보살과 지장보살과

아라한들과 성문 대중과

천상과 명부와

三계의 여러 현성들

환희한 마음으로

이 공덕 살피시고

자비도량참법 제三권 216

자비하신 생각으로
중생을 구호하소서.
이 끊임없는 공덕으로
참회하는 저희들
三독毒을 끊고 三계를 초월하올세
三업業이 청정하여 三해탈 성취하고
三공空을 깨달아 계·정·혜가 선명하여
三악도의 업보를 벗고
三보寶의 가문에 태어나
물질과 마음이 공함을 깨닫고
업장과 보장을 해탈하오며
아승지의 공과功果가 원만하고

나와 남이 함께 깨닫는 공덕 이루게 하소서.

도를 얻은 三승乘의 성현이여,

三계 중생이 모두 이익을 입어지이다.

참법대로 행하였으나

정성을 다할 수 없어

여러 대중 거듭 참회를 구하옵니다.

찬(讚)

양황참 三권의 공덕으로 저희들과 망령이 지은 三독의 죄를 소멸하고, 보살의 발광지를 습득하며, 참문을 외우는 곳에 죄의 꽃이 스러지며, 원결을 풀고 복이 더하여 도리천에 왕생하였다가 용화회상에서 다시 만나 미륵 부처님의 수기를 받아지이다.

나무 용화회보살마하살龍華會菩薩摩訶薩(세번)

거 찬(擧讚)

양황참 제三권 모두 마치고

四은恩 三유有로 회향하오니

참회를 구하는 저희들의 수복이 증장하고

망령들은 정토에 왕생하여지이다.

발광지보살은 어여삐 여겨 저희 뜻 거두어 주소서.

나무 등운로보살마하살登雲路菩薩摩訶薩(세번)

자비도량참법(慈悲道場懺法) 제四권

찬(讚)

한 줄기 조계의 물 동으로 흐르니

관세음보살의 병 속에서 재앙을 없애고

제호醍醐를 정수리에 부어 티끌 씻도다.

버들가지로 뿌려서 타는 것 축이니

목구멍 속의 감로수 꿀물 되네.

나무 보공양보살마하살普供養菩薩摩訶薩(세번)

듣사오니

四지智가 원명하신 묘체妙體

별 가운데 있는 밝은 달같고

四무애변無碍辯으로 하시는 말씀

세간 밖으로 부질없는 이야기를 초월하고

四악취惡趣에서 자비희사 펴시며

四생의 세계에서는 아상我相과 인상人相을 여의셨네.

부처님 은혜 널리 퍼지고

성인의 공덕 더욱 높으시니

바라옵건대 크신 자비로 이 정성 살피옵소서.

지금 참회하는 저희 제자들

자비도량참법을 건설하옵고

이제 제四권의 연기를 당하와

부처님의 교화 받는 사람들

앉거나 섰거나 다니거나

생각을 가다듬어 정성 다하고

단정한 자세로 예경하오며

병에는 꽃으로 공양하고

향로에 전단을 사르며

등을 켜서는 순타의 공양 올리고

예경하되 찬탄하는 정성 다하여

모든 죄 털어놓고

참회를 구하나이다.

생각컨대 저희들

무시이래로 지금까지

四대의 몸에 미혹하고

四생으로 윤회하면서

아상·인상에 뒤바뀌어

네 가지 계율을 범하고

미혹에서 미혹에 이르고

괴로움으로부터 괴로움에 들어가

경계의 바람을 따라 갈팡질팡하고

애욕의 물결에 빠져

무명은 깊고 무겁고

번뇌는 아교같고 칠과 같나이다.

대법大法을 널리 펴시어

진리를 가르치시니,

이제 마음은 경쾌하고

뼈에 새기고 살에 새기며,

여러 스님들 모아서

일심으로 참회하오며

넓은 자비를 앙모하오니

가피를 드리우소서.

삼십이상 단정하신 몸매

三아승지겁 닦으시었네.

얼굴은 보름달같고 눈은 청련화같으사

천상과 인간이 모두 공경하옵니다.

입 참(入懺)

자비도량참법을 수행하오며

三세 부처님께 귀의하나이다.

지심귀명례 과거 비바시불過去毘婆尸佛

지심귀명례 시기불尸棄佛

지심귀명례 비사부불毘舍浮佛

지심귀명례 구류손불拘留孫佛

지심귀명례 구나함모니불拘那含牟尼佛

지심귀명례 가섭불迦葉佛

지심귀명례 본사 석가모니불本師釋迦牟尼佛

지심귀명례 당래 미륵존불當來彌勒尊佛

七, 현과보(顯果報)②

오늘, 이 도량의 동업대중이여, 다시 지성을 더하여 일심으로 들으라.

부처님이 왕사성王舍城의 가란타 죽원竹園에 계실 적이다. 목련이 좌선하다가 일어나서 항하수 가를 거닐었는데, 모든 아귀들이 제각기 죄보 받는 것을 보았다. 아귀들이 공경하는 마음으로 목련에게 와서 과거의 인연을 물었다. 한 아귀가 물었다. 「내가 일생동안 기갈이 심하여 뒷간에 가서 똥이라도 먹으려 하면, 뒷간에 기운 센 귀신이 있다가 몽둥이로 나를 때려 가까이 갈 수도 없으니, 무슨

죄보이니까。」 목련이 답하였다。 「너는 사람이었을 적에 절을 맡아
있었다。 객승이 와서 걸식하는 것을 네가 간탐이 많아 음식을 주지
아니하다가, 객승이 간 뒤에야 본래 있던 대중끼리만 먹었으니, 네
가 무도하여 승물僧物에 인색한 탓이니라。 그런 인연으로 이 죄를
받나니, 지금은 화보華報어니와 과보果報는 지옥에 있느니라。」

또, 한 아귀가 목련에게 물었다。 「나는 일생동안 어깨에 큰 구리
항아리를 메고 있는데, 그 가운데는 구릿물이 가득하여 국자로 퍼
내면 저절로 정수리에 부어져서 고통을 참을 수 없으니, 무슨 죄보
오니까。」 목련이 답하였다。 「네가 사람이었을 때, 절의 유나維那가
되어 대중의 일을 보는데 타락을 항아리에 담아 외딴 곳에 숨겨 두
고 때를 따라 공양하지 않다가, 객승이 간 뒤에야 있던 대중들끼리
만 먹었다。 타락은 시방의 승물이므로 누구나 먹을 수 있는데도 네

가 무도하여 스님네 물건에 인색하였나니, 그런 인연으로 이런 죄

를 받거니와, 이것은 화보요 과보는 지옥에 있느니라.」

또, 한 아귀가 목련에게 물었다. 「나는 일생동안 뜨거운 탄자만

먹게 되니 무슨 죄보오니까.」 목련이 답하였다. 「너는 사람이었을

때, 사미였다. 물을 떠다가 얼음사탕을 타는데, 얼음사탕의 덩어리

가 굵고 컸다. 너는 도둑 마음이 나서 조금 깨어다가 대중이 먹기

전에 먼저 먹었다. 그런 인연으로 이런 죄를 받나니, 이것은 화보

어니와 과보는 지옥에 있느니라.」

오늘, 이 도량의 동업대중이여, 목련이 본 죄보가 매우 무서우

라. 우리도 예전에 그런 죄를 지었으나 무명에 가려서 알지 못하느

니라. 혹시 이러한 무량한 죄업이 있어 내세에 고통을 받게 될지

모르니, 오늘 지성으로 다같이 五체투지하고 참회하여 소멸되기를

원할지니라.

또, 시방의 수없이 많은 일체 아귀를 위하여 참회하고, 또 부모와 사장을 위하여 참회하고, 또 이 단상의 증명 아사리와 상·중·하좌를 위하여 참회하며, 또 선지식·악지식과 시방의 무궁무진한 四생 六도의 일체 중생을 위하여 참회하되, 이미 지은 죄는 다시 짓지 않게 하여지이다 라고, 시방의 모든 부처님께 발원할지니라.

지심귀명례 미륵불彌勒佛

지심귀명례 석가모니불釋迦牟尼佛

지심귀명례 구류손불拘留孫佛

지심귀명례 구나함모니불拘那含牟尼佛

지심귀명례 가섭불迦葉佛

229 자비도량참법 제四권

지심귀명례 사자불師子佛

지심귀명례 명염불明炎佛

지심귀명례 모니불牟尼佛

지심귀명례 묘화불妙華佛

지심귀명례 화씨불華氏佛

지심귀명례 선수불善宿佛

지심귀명례 도사불導師佛

지심귀명례 대비불大臂佛

지심귀명례 대력불大力佛

지심귀명례 수왕불宿王佛

지심귀명례 수약불脩藥佛

지심귀명례 명상불明相佛

자비도량참법 제四권 230

지심귀명례 대명불大明佛

지심귀명례 염견불炎肩佛

지심귀명례 조요불照曜佛

지심귀명례 일장불日藏佛

지심귀명례 월씨불月氏佛

지심귀명례 중염불衆炎佛

지심귀명례 선명불善明佛

지심귀명례 무우불無憂佛

지심귀명례 사자유희보살師子遊戲菩薩

지심귀명례 사자분신보살師子奮迅菩薩

지심귀명례 무변신보살無邊身菩薩

지심귀명례 관세음보살觀世音菩薩

지심귀명례 불타야중佛陀耶衆

지심귀명례 달마야중達摩耶衆

지심귀명례 승가야중僧伽耶衆

또, 시방의 다함없는 모든 三보께 귀의하오니, 대자대비로 시방에서 지금 아귀의 고통을 받고 있는 일체 중생을 구원해 주시오며, 시방의 지옥과 축생과 인간세계의 중생들로서 무량한 괴로움을 받는 이를 구원하여 그 중생들로 하여금 해탈을 얻게 하시며, 세 가지 업장과 다섯 가지 두려움을 끊고, 여덟 가지 해탈로 마음을 씻고, 四홍서원으로 중생들을 가피하사 불·보살을 뵈옵고 가르침을 받자와 머물러 있는 제자리에서 모두 번뇌가 영원히 다하며, 그의 생각을 따라 굽어 살피시어 부처님 세계에 태어나며, 원과 행이 원

자비도량참법 제四권　　232

만하여 정각을 이루게 하여지이다.

오늘, 이 도량의 동업대중이여, 다시 지극한 정성으로 자세히 들으라. 부처님이 왕사성에 계실 때였다. 왕사성 동남방에 한 못이 있는데, 똥 오줌의 더러운 것이 그 가운데로 모여들어 구린내가 심하고, 이 물에서 큰 벌레가 생겨 몸은 두 길이 되고 손·발이 없고 꿈틀거리기만 하니, 구경하는 이가 수천이었다. 아난이 가서 보고 부처님께 그 사실을 여쭈었더니, 부처님이 대중과 함께 그 못에 가시었다. 대중이 생각하기를 「오늘 여래께서 회중을 위하여 벌레의 내력을 말씀하시리라」 하였다. 부처님이 대중에게 말씀하시었다.

『비바시불이 열반한 후, 탑을 모신 절이 있었는데, 五백 비구가 그 절에 들렸다. 주지가 환희하여 그들을 머무르게 하고 진수를 마련하여 진심으로 공양하며 아끼지 아니하였다. 그 후에 五백 장사

치들이 바다에 가서 보물을 뜬어가지고 그 절에 들렀다가 五백 비구가 정진하는 것을 보고 기쁜 마음을 내어 의논하되 「이런 복전을 만나기 어려우니 마땅히 공양을 마련하리라」 하여, 한 사람이 진주 한 개씩을 걷우어 五백 개의 마니주를 주지에게 맡겼다. 주지는 불량한 마음으로 혼자서 가지려고 공양을 차리지 아니하였다. 대중이 물었다. 「장사꾼이 내놓은 진주로 공양을 차리지 않는가」 하니, 주지는 말하였다. 「그 진주는 나에게 준 것이다. 진주를 뺏으려 하면 똥이나 주리라. 만일 그대들이 곧 떠나가지 않으면 수족을 잘라 똥구렁에 넣으리라」. 비구들은 주지의 무지함을 알고 잠자코 가 버렸다. 그 죄업으로 지금 이 벌레가 되었거니와, 뒤에는 지옥에 들어가서 모든 고통을 받을 것이니라.」

부처님이 왕사성에 계실 때였다. 어떤 중생이 혀가 넓고 큰데 쇠못으로 혀를 박아 놓고 불이 치성하게 붙어서 밤낮으로 수없이 고통을 받고 있었다. 목련이 여쭈었다. 「무슨 죄보로 이런 고통을 받나이까.」 부처님이 답하셨다. 「이 사람은 전생에 절의 주지였을 때, 있던 대중과 객비구들을 욕설하여 쫓아보내고, 공양을 함께 하지 아니하였다. 그런 인연으로 이 죄보를 받느니라.」

또, 어떤 중생은 신체가 장대한데 머리에 가마솥이 있어서 불이 활활 타며, 그 가운데 구릿물이 가득하여 四면으로 흘러내려 몸을 적시고, 그러한 몸으로 허공을 다니며 쉴 새가 없었다. 목련이 부처님께 물었다. 「무슨 죄로 이런 고통을 받나이까.」 부처님이 답하셨다. 「이 사람은 전생에 절 소임을 보면서 시주가 보낸 기름을 객비구들에게 나누어 주지 않고, 객이 간 뒤에 본방 대중끼리만 분배하였다. 이 인연으로 그런 죄보를 받느니라.」

또, 어떤 중생은 활활 타는 철환이 몸 위로 들어갔다가 몸 아래로 나오며, 허공을 다니는데 고통이 무쌍하였다. 목련이 부처님께 묻기를 「무슨 죄보로 이런 고통을 받나이까」 하니, 부처님이 답하셨다. 「이 사람은 예전에 사미였는데, 사중의 밭에서 과일 일곱 개를 훔쳐 먹고, 죽어 지옥에 들어가 한량없는 고통을 받고도 남은 죄업이 미진하여 이런 죄보를 받느니라.」

또, 큰 물고기 한 마리가 있는데 머리는 백 개였다. 머리는 각각 모양이 다르고, 그 머리들은 각각 다른 그물에 걸려 있었다. 세존이 보시고 자심慈心삼매에 드시어 물고기에게 「너의 어미는 어디 있느냐」고 물으니, 물고기는 「뒷간의 벌레가 되었습니다」 하였다. 「이 물고기는 가섭불 때 三장 비구였다. 악구를 많이 한 탓으로 머리가 많은 과보를 받았고, 그 어부처님이 비구들에게 말씀하셨다.

미는 그때 그의 이양利養을 받은 탓으로 뒷간 벌레가 되었느니라.

이런 죄보를 받는 모든 중생들은 악구를 험상궂게 놀려 이 사람 저 사람에게 선전하여, 두 집을 싸우게 한 탓으로 죽어 지옥에 들어가 옥졸들이 속까지 빨갛게 달군 쇠꼬챙이로 혀를 지지고, 세 갈래로 된 쇠갈구리를 달구어 혀를 끊고, 보섭으로 혀를 갈며, 쇠공이를 달구어 목구멍을 찌르는데, 이같이 하기를 수천 만 겁을 지내다가, 죄를 마치고 나와서는 새나 중생 중에 나게 되나니, 만일 중생이 그 임금이나 부모나 스승의 시비를 말하면 그 죄는 이보다 심하리라.」

오늘, 이 도량의 동업대중이여, 부처님의 이런 말씀은 매우 두려운 것이니, 선한 과보와 악한 과보를 분명하게 볼 수 있으며, 죄와 복이 완연하여 의심이 없나니, 마땅히 노력하여 부지런히 참회하고, 경을 보면 이런 일을 알 수 있거니와, 만일 노력하지 않고 조금이라도 게으르면 우리의 지금 하는 일이 어떻게 이루어지겠는가.

마치 궁핍한 사람이 여러 가지 음식에 마음을 둔다 하여도 굶주림에는 아무 이익이 없는 것과 같느니라. 그러므로 훌륭한 법을 구하여 중생을 구제하려는 이는 마음에만 두어서는 쓸데 없나니, 각각 노력하여 부지런히 행해야 하느니라.

서로 지극한 마음으로 다같이 간절하게 五체투지하고 지옥과 아귀와 축생과 인간의 모든 중생들을 위하여 애절하게 참회하며, 또 부모와 사장과 선지식·악지식과 저희들과 모든 권속들을 위하여 참회하나니, 이미 지은 죄는 소멸되고 아직 짓지 아니한 죄는 다시 짓지 않게 하여지이다. 세간의 대자대비하신 부처님께 발원하나이다.

자비도량참법 제四권 238

지심귀명례 미륵불彌勒佛

지심귀명례 석가모니불釋迦牟尼佛

지심귀명례 제사불提沙佛

지심귀명례 명요불明曜佛

지심귀명례 지만불持鬘佛

지심귀명례 공덕명불功德明佛

지심귀명례 시의불示義佛

지심귀명례 등요불燈曜佛

지심귀명례 흥성불興盛佛

지심귀명례 약사불藥師佛

지심귀명례 선유불善濡佛

지심귀명례 백호불白毫佛

지심귀명례 견고불堅固佛

지심귀명례 불가괴불不可壞佛

지심귀명례 덕상불德相佛

지심귀명례 라후불羅睺佛

지심귀명례 중주불衆住佛

지심귀명례 범성불梵聲佛

지심귀명례 견제불堅際佛

지심귀명례 불고불不高佛

지심귀명례 작명불作明佛

지심귀명례 대산불大山佛

지심귀명례 금강불金剛佛

지심귀명례 장중불將衆佛

지심귀명례 무외불無畏佛

지심귀명례 진보불珍寶佛

지심귀명례 사자번보살師子幡菩薩

지심귀명례 사자작보살師子作菩薩

지심귀명례 무변신보살無邊身菩薩

지심귀명례 관세음보살觀世音菩薩

또, 시방의 다함없는 모든 三보께 귀의하옵나니, 자비의 힘과 큰 지혜의 힘과 부사의한 힘과 무량한 자재력으로 六도의 모든 중생을 제도하시며, 六도의 모든 고통을 없애 주시고, 모든 중생들로 하여 금 三악도의 죄업을 끊게 하시어 다시는 五역죄와 十악업을 짓지 아니하여 三악도에 떨어지지 않게 하시며, 오늘부터 괴로운 생활을 버리고 정토에 나게 하시며, 괴로운 생명을 버리고 지혜의 생명을 얻게 하시며, 괴로운 몸을 버리고 금강같은 몸을 얻게 하시며, 악취(惡趣)의 괴로움을 버리고 열반의 낙을 얻게 하시며, 나쁜 세계의 괴로움을 생각하고 보리심을 발하게 하여, 자비희사와 六도만행이 항상 앞에 나타나고, 네 가지 변재와 여섯 가지 신통이 여의자재하며, 용맹정진하여 쉬지 아니하며, 내지 닦아 나아가서 十지의 행이 원만하고, 일체 중생을 제도케 하여지이다.

八, 출지옥(出地獄)

오늘, 이 도량의 동업대중이여, 비록 만 가지 법이 각각 다르고 공부하는 일이 같지 않다 하더라도, 밝은 모양과 어두운 모양은 오직 선과 악 뿐이라. 선한 것을 말하면 인간과 천상의 좋은 과보요, 악한 짓을 하면 三악도의 매운 과보다. 두 가지 일이 세상에 있음 이 분명하거늘 어리석은 사람은 의혹을 내어 인간과 천상도 허망한 것이요, 지옥도 참말이 아니라 하여, 원인을 찾아 과보를 증험할 줄을 모르고 과보를 보고 원인을 찾을 줄을 모르는지라. 원인과 결 과를 분별하지 못하고 세상의 소견만을 고집하나니, 비단 공空을 말하고 유有를 말할 뿐 아니라. 논문을 짓고 책을 만들어도 마음이 선한 일에 어그러짐을 잘못이라 하지 아니하며, 설사 일러 주더라 도 고집만 부리나니. 이런 사람은 제 발로 나쁜 갈래에 들어가기를 쏜살같이 하여 지옥에 떨어지리니, 부모와 효자라도 구원할 수 없 고, 먼저 지은 행동으로 확탕지옥鑊湯地獄에 들어가서 몸이 부서지 고 정신이 쓰라릴 것이니, 이때를 당하여 후회한들 무엇하리요.

오늘, 이 도량의 동업대중이여, 선과 악의 과보가 메아리와 같고, 죄와 복의 소속은 달라 엄연히 기다리고 있나니, 바라건대 분명히 믿고 의심을 두지 말라. 어떤 것을 지옥이라 하는가. 경에 말씀하였다. 三천대천세계를 큰 철위산鐵圍山으로 둘렀는데, 이 철위산과 저 철위산 사이에 있는 캄캄한 곳을 지옥이라 한다. 지옥에는 무쇠로 된 성이 있어 가로 세로가 一천六백만리요, 성중에 八만四천의 간격間隔이 있으니, 아래는 철로 땅이 되었고, 위에는 철로 그물을 쳤으며, 이 성은 타는 불로 안팎이 뻘겋게 달았으며, 윗불은 아래로 통하고 아랫불은 위로 올라간다. 그 이름은 모두를 핍박함이요, 흑암黑闇이며, 칼 바퀴이며, 칼 숲이며, 쇠꼬쟁이이며, 가시숲·무쇠 그물·굴·무쇠 탄자·뾰죽한 돌·석탄 구덩이·불타는 숲·호랑虎狼·규환叫喚·확탕鑊湯·노탄爐炭·칼 산·칼 나무・불 맷돌・불 타는 성・구리 기둥・무쇠 평상・불의 수레・불 바퀴이며, 구릿물을 먹이고, 불을 토하고, 아주 덥고, 아주 춥고, 혀를 뽑고, 못을 박고, 보섭으로 갈고, 허리를 찍고, 칼 든 병사가 치고 찔으며, 뜨거운 잿물의 강이 흐르고, 똥물이 끓고, 찬 얼음의 수렁이며, 바보이고, 울부짖고, 귀머거리・소경・벙어리・무쇠 갈 구리・무쇠 부리의 지옥이며, 크고 작은 지옥과 아비지옥이다.

부처님이 아난에게 말씀하셨다. 『어떤 것을 아비지옥이라 하는 가. 「아阿」는 「무無」요 「비鼻」는 「제한制限」이며, 「아阿」는 「무無」요 「비鼻」는 「구원救援」이니, 「무제한」「무구원」의 뜻이며, 또 「아」는 「무간無間」이요, 「비」는 「무동無動」이며, 「아」는 「극열極熱」이요 「비」는 「극뇌極惱」며, 「아」는 「불한不閑」이요 「비」는 「부주不住」이 니, 막지도 않고 머물지도 않는 것을 아비지옥이라 하며, 또 「아」

는 「큰 불길」이요 「비」는 「맹렬」이니 맹렬한 불이 마음에 타는 것

을 아비지옥이라 하느니라.』

부처님이 아난에게 말씀하셨다. 『아비지옥은 길이와 넓이가 다같

이 三十二만 리요 철성이 일곱 겹이요 철망이 일곱 층이며, 아래가

十八간격인데 두루 돌아 일곱 겹이며 모두 칼숲이 있고, 일곱 겹의

철성 안에 또 칼숲劍林이 있으며, 아래의 十八간격은 간격마다 八

만四천 겹이요, 그 네 귀에는 큰 구리 개銅狗 네 마리가 있으니 몸

의 크기가 一만六천 리요 눈은 번갯불같고 어금니는 칼나무같고 이

빨은 칼산같고 혀는 쇠가시같으며, 모든 털에서는 맹렬한 불길이

나오는데, 냄새가 악독하여 세상의 냄새로는 비유할 수 없으며, 또

十八 옥졸이 있으니 나찰의 머리에 야차의 입이요, 六十四의 눈이

있어 철환이 쏟아져나와 十리나 되는 수레와 같으며, 송곳같은 어

금니가 위로 나오기 백六十리요 그 어금니에서 불이 흘러나와 앞에

있는 무쇠의 수레를 태우며, 쇠바퀴들이 화하여 一억의 불칼이 되

고 칼과 검과 창이 모두 불꽃 속에서 나오며, 이와 같은 불길이 아

비지옥의 철성을 태우면 철성이 뻘건 구리와 같으니라.

옥졸의 머리 위에는 여덟 개의 소머리가 있고, 소머리마다 十八

개의 뿔이 있는데 낱낱의 뿔에서 불무더기가 나오며, 불무더기는

다시 十八개의 불바퀴火輞로 변화하고, 불바퀴는 또 큰 바퀴로 변

하나니, 칼바퀴는 수레바퀴만큼 크고, 바퀴들은 차례차례로 불길

속에 들어차서 아비지옥에 가득 찬다. 구리로 된 개가 입을 벌리고

혀가 나와 땅에 닿으니 혀는 쇠가시와 같으며, 혀가 나올 때 한량

없는 혀로 변하여 아비지옥에 가득 찬다. 일곱 겹의 성 안에는 일

곱의 쇠짐대가 있고, 짐대 끝에서 불길이 숏는데 끊는 샘이 숏는

듯하며, 그 쇳물은 흘러서 아비지옥의 성에 가득하며, 아비지옥의 四문에는 문지방 위에 十八 가마솥이 있으며, 끓는 구릿물이 솟아서 문으로 넘쳐흘러 아비성에 가득하고, 낱낱 간격에는 八만四천의 무쇠 구렁이가 있어 독기와 불을 토하는데 몸이 성 내에 가득하며, 구렁이의 부르짖는 소리가 우뢰소리같고, 큰 철환들을 비내려 아비성에 가득하며, 성중에 있는 괴로운 일이 八만억천이니, 모든 괴로움이 이 성중에 모였느니라.

또, 五백억의 벌레가 있으니 벌레마다 八만四천의 입이 있고, 입에서 불길이 흘러나와 빗발같이 쏟아져서 아비성에 가득하며, 아비지옥의 맹렬한 불길은 매우 치성하여 빨간 불꽃이 三백三十六만 리에 비치며, 아비지옥에서 위로 큰 바다에 충돌하니 옥초산沃燋山 밑의 큰 바다의 물방울은 수레의 굴대만한 뽀죽쇠鐵尖가 되어 아비성에 찼느니라。」

부처님이 아난에게 말씀하셨다。『만일 어떤 중생이 부모를 살해

하거나 六친을 모욕한 죄를 지으면, 죽을 때, 구리로 된 개가 입을

벌려 十八채의 수레로 변화하는데 모양이 황금수레와 같고 보배일

산이 위에 덮였으며, 모든 불길은 옥녀玉女로 변화한다。죄인이 멀

리서 보고 환희한 마음을 내어 「나도 저 속에 갔으면 좋겠다」 생각

하면, 바람 칼風刀이 몸을 해부하고, 몹시 추워 저도 모르게 소리를

지르며 「차라리 따뜻이 불을 피우고 저 수레 위에 앉아서 불을 쬐

리라」 하는 생각을 하면 곧 목숨이 다하여, 황홀한 동안에 황금수

레에 가서 앉았는데, 옥녀들은 도끼를 들고 죄인의 몸을 찍는다。

몸에서 불이 일어나 불바퀴와 같으며, 잠깐동안에 아비지옥에 들어

가서 위의 간격으로부터 불바퀴처럼 밑의 간격에 이르면, 몸이 간

격 안에 가득하며, 구리로 된 개가 으르렁거리면서 뼈를 씹고 골수를 핥고, 옥졸과 나찰은 철차鐵叉를 들었는데 철차에서 불이 일어나 아비성에 가득하며, 철망에서는 칼이 비오듯이 나와 털구멍으로 들어가며, 화현한 염라대왕이 큰 소리로 호령하되 「어리석은 놈아, 너는 세상에 있을 적에 부모에게 불효하고 오만무도하더니, 네가 지금 있는 곳은 아비지옥이다. 너는 은혜도 모르고 부끄러움도 없더니, 여기서 받는 고통이 즐거우냐」고, 이렇게 호령하고는 온데간데 없어진다.

이때 옥졸이 죄인을 몰고 아래 간격에서 위의 간격으로 가면서 八만四천 간격을 지나가는데 몸이 끌리어 가서 철망 끝에까지 이르며, 주야를 지내야 아비지옥을 한 바퀴 도느니라. 지옥의 一주야는 남섬부주의 시간으로 六十소겁小劫이니, 이런 수명으로 一대겁大劫

을 지내느리라. 五역죄 지은 사람이 참괴한 생각도 없이 五역죄를 짓고는 그 탓으로 임종할 때에 十八의 바람칼이 철화차鐵火車와 같이 몸을 찢으면 뜨거움을 못 이겨 말하기를 「좋은 꽃이 만발한 서늘한 나무 그늘에서 한참 놀면 좋지 않겠는가」 하고, 이런 생각을 할 때, 아비지옥의 八만四천의 나쁜 칼숲들은 보배 나무로 화하여 꽃과 열매가 무성하고 항렬을 지어 앞에 있고, 뜨거운 불길이 연꽃으로 화하여 그 나무 아래에 있게 된다. 죄인이 보고, 「내가 소원하던 것을 이제 얻었다」 하면, 이런 말을 하기가 바쁘게 소나기보다 빠르게 연꽃 위에 앉게 되고, 앉자마자 쇠부리 가진 벌레들이 불연꽃에서 나와 뼈를 뚫고 골수로 들어가서 염통과 뇌에 사무친다. 나무 위로 올라가면 칼로 된 모든 가지가 살을 깎고 뼈를 뚫으며, 무량한 칼숲이 위로부터 내려오고, 불수레와 숯화로 등, 十八

가지 괴로움이 한꺼번에 와서 닥치며, 이런 모양이 나타날 때, 땅 속에 빠지면 아래 간격으로부터 몸이 꽃 피듯이 아래 간격에 두루 가득하고, 아래 간격에 일어나면 맹렬한 불꽃이 위 간격에 이르고, 위 간격에 가서는 몸이 그 속에 충만하여 뜨겁고 답답하여 눈을 부릅뜨고 혀를 빼무느니라. 이 사람이 죄 지은 탓으로 만 억의 구릿물과 백 천의 칼바퀴가 공중에서 내려와 머리로 들어가고 발로 나오며, 모든 고통이 위에 말한 것보다 백천 만 배나 되며, 五역죄를 구족한 이는 다섯 겁이 차도록 죄보를 받느니라.

또, 어떤 중생이 부처님의 계율을 파하고 신도의 보시를 함부로 먹으며, 삿된 소견으로 인과를 알지 못하고 반야를 배우지 않으며, 시방 부처님을 훼방하고 불법의 물건을 훔치고, 더러운 생각으로 청정한 행을 하지 않으면서 부끄러움을 알지 못하며, 친척까지 욕

되게 하여 온갖 나쁜 짓을 하면, 이 사람은 죄보로 죽을 때 바람칼

이 몸을 찢거든, 앉을 수도 누울 수도 없어 매를 맞는 듯하고, 마

음은 거칠어져 발광하고 어리석은 생각을 내게 되며, 자기 집과 남

녀노소 모두가 부정한 물건이요, 똥과 오줌은 낭자하게 밖에까지

흘러나게 된다. 이때 죄인은 말하되 「어찌하여 이곳에 노닐만한 좋

은 성곽이나 산림이 없고 이렇게 부정한 것 뿐인가」 하느니라. 이

말을 마치자 옥졸과 나찰이 큰 철차로 아비지옥과 칼숲들을 꿰어다

가 보배나무와 청량한 못을 만드나니, 불꽃은 금빛의 연꽃이 되고

쇠부리를 가진 벌레들은 기러기와 오리로 변하고, 지옥에서 고통받

는 소리는 노래하는 소리로 들린다. 죄인이 듣고는 「이렇게 좋은

곳이니 내가 마땅히 가서 노닐지라」 하느니라. 생각하는 그때, 곧

불연꽃火蓮華에 앉게 되고, 무쇠부리를 가진 벌레들이 털구멍으로부

터 몸을 빨아먹으며, 백천 개의 쇠바퀴가 정수리로 들어가고, 수없는 철차가 눈동자를 뽑아내며, 지옥의 구리로 된 개가 백 억의 무쇠개로 변하여 죄인의 몸을 다투어 찢고 염통을 꺼내 먹는데 잠깐 동안에 몸이 무쇠꽃이 되어 十八 간격에 가득하며, 꽃마다 八만四천 잎이 나고, 잎새마다 손발과 팔다리가 있어서 한 간격에 있되, 지옥이 커진 것도 아니요 이 몸이 작아진 것도 아닌데 이와 같이 대지옥에 가득 차며, 이런 죄인은 지옥에 떨어져서 八만四천 겁을 지내야 되고, 이 지옥이 소멸하면, 또 동방의 十八 간격에 들어가서 고통을 받느니라.

이 아비지옥은 남방에도 十八 간격이요 서방에도 十八 간격이며 북방에도 十八 간격이니, 방등경을 비방하고 五역죄를 짓고 성현을 파괴하고 선근을 끊은 죄인들은 모두 죄를 구족하였으므로 몸은 아비지옥에 가득하고 사지는 十八 간격에 가득하느니라. 이 아비지옥에서는 이와 같이 지옥에 오는 중생들을 불사르나니, 겁이 다할 때, 동쪽 문이 열리는데 동문 밖에는 맑은 샘물과 꽃과 과일과 숲이 나타나느니라. 모든 죄인이 아래 간격에서 보고 눈의 불이 잠깐 쉬는 사이에 아래 간격에서 일어나 꿈틀꿈틀 배로 기어서 몸을 굴려 올라가 위 간격에 이르러 손으로 칼바퀴를 잡으면 공중에서 뜨거운 철환을 내리느니라. 동문으로 달려가서 문턱에 이르면 옥졸과 나찰은 철차를 들고 눈을 찌르며, 구리로 된 개는 염통을 씹나니, 기절하여 죽었다가 다시 소생하느니라. 또 남문이 열림을 보나니, 동문과 같아 다르지 않으며, 서문과 북문도 또한 그러하나니, 이러는 세월이 반 겁이나 되느니라.

아비지옥에서 죽어서는 또 한빙寒氷지옥에 태어나고, 한빙지옥에서 죽어서는 또 흑암지옥에 태어나서 八천만 년을 아무것도 보지 못하며, 큰 벌레의 몸을 받고 꿈틀거리며 배로 다니게 되는데 모든 기관이 캄캄하여 아는 것도 없고, 백천 마리의 이리와 여우들이 찢어먹으며, 죽은 뒤에는 다시 축생에 태어나서 五천만 년 동안 날짐승의 몸을 받는다. 이렇게 죄보를 마치고야 사람의 몸을 받게 되거니와, 귀먹고 눈멀고 벙어리에 옴장이·창질장이가 되고, 빈궁하고 하천하여 모든 나쁜 것으로 몸치장을 하느니라. 이렇게 천한 몸 받기를 五백생을 지내고야 다시 아귀 중에 태어나고, 아귀 중에서 선지식을 만나면 모든 대보살들이 꾸중하기를, 「너는 전생에 수없는 세월 동안 한량없는 죄를 짓고, 비방하고 믿지 아니하였으므로 아비지옥에 떨어져 고통 받았는데, 그것을 다 말할 수 없나니, 너는 이제라도 자비심을 발하라」 한다。 그때 아귀들이 이 말을 듣고 「나

무불」하면 부처님의 은혜로 곧 명을 마치고 四천왕천에 날 것이며,

그 하늘에 나서 잘못을 뉘우치고 스스로 책망하여 보리심을 발할지니라. 부처님들의 마음 광명은 이 사람들을 버리지 아니하고 거두어 주며, 이들을 사랑하기를 라후라와 같이 하고, 지옥에 들어가지 아니할 것을 가르치되 눈을 사랑하듯 하나니라.

부처님이 염라대왕에게 말씀하셨다. 『부처님의 마음광명이 비치는 바를 알고자 하는가. 항상 구원할 이 없고 고통받는 이같은 중생들에게 비치는 것이니, 부처님 마음으로 인연한 연고로 이런 극악한 중생들을 반연하며, 부처님의 마음으로 장엄한 연고로 수많은 겁을 지나서는 그 나쁜 사람으로 하여금 보리심을 발하게 하느니라.』

오늘, 이 도량의 동업대중이여, 부처님의 이런 말씀을 들었으니,

더욱 마음을 가다듬고 방일하지 말라. 우리가 만일 부지런한 방편으로 보살도를 행하지 아니하면 모든 지옥에서 다 죄를 받을 분수가 있느니라. 오늘 다같이, 지금 아비지옥의 고통을 받는 일체 중생과 미래에 아비지옥의 고통을 받을 일체 중생과, 및 시방의 모든 지옥에서 현재 고통을 받고 있고, 미래에 고통을 받을 무궁무진한 중생들을 위하여 다같이 간절하게 五체투지하고 세간의 대자대비하신 부처님께 귀의할지니라.

지심귀명례 미륵불彌勒佛

지심귀명례 석가모니불釋迦牟尼佛

지심귀명례 과거칠불過去七佛

지심귀명례 시방십불十方十佛

지심귀명례 삼십오불三十五佛

지심귀명례 오십삼불五十三佛

지심귀명례 백칠십불百七十佛

지심귀명례 장엄겁천불莊嚴劫千佛

지심귀명례 현겁천불賢劫千佛

지심귀명례 성수겁천불星宿劫千佛

지심귀명례 시방보살마하살十方菩薩摩訶薩

지심귀명례 십이보살十二菩薩

지심귀명례 지장보살地藏菩薩

지심귀명례 무변신보살無邊身菩薩

지심귀명례 관세음보살觀世音菩薩

또, 거듭 시방의 다함없는 법계의 무량한 형상形像과 우전왕의

금상과 아육왕의 동상과 오중吳中의 석상石像과 사자국의 옥상玉像과

여러 국토 중의 금상·은상·유리상·산호상·호박상·자거상·마

노상·진주상·마니보상·자마상색염부단금상紫磨上色閻浮檀金像에

귀의하나이다.

또, 거듭 시방 여래의 일체 발탑(髮塔::부처님의 머리털을 공양하기 위해 세운 탑)과 일체 치탑齒塔

과 일체 아탑牙塔과 일체 조탑爪塔과 일체 정상골탑頂上骨塔과 일체

신중사리탑身中舍利塔과 가사탑과 시발탑匙鉢塔과 조병탑澡瓶塔과 석

장탑錫杖塔과, 이러한 불사를 하는 이에게 귀의하나이다.

또, 거듭 제불생처탑諸佛生處塔·득도탑得道塔·전법륜탑轉法輪塔·

반열반탑, 다보불탑, 아육왕이 지은 八만四천 탑·천상탑·인간

탑·용왕 궁중의 일체 보탑에 귀의하나이다.

또, 거듭 시방의 다함없는 모든 부처님께 귀의하오며, 시방의 다함없는 모든 존법尊法에 귀의하오며, 시방의 다함없는 모든 현성께 귀의하옵니다. 바라건대 다같이 자비의 힘과 중생을 편안케 하시는 힘과 무량한 자재력과 무량한 대신통력으로 섭수하옵소서.

오늘, 이 도량에서 다같이 대아비지옥에서 고통받는 일체 중생을 위하여 참회하오며, 내지 말로 다할 수 없는 시방의 모든 지옥 중생을 위하여 참회하오며, 부모와 사장과 일체 권속을 위하여 참회하옵나니, 큰 자비의 물로 오늘 현재에 아비지옥과 다른 지옥에서 고통받는 일체 중생의 죄를 씻으사 청량케 하시며, 오늘의 도량에서 함께 참회하는 이와, 그 부모와 사장과 일체 권속의 죄를 씻으사 청정케 하시며, 또 六도의 일체 중생의 죄를 씻으사 오늘의 이 도량에 이르러 필경 청정케 하소서.

오늘부터 도량에 이르도록 아비지옥의 고통과 시방의 다함없는 법계의 무수한 모든 지옥의 고통을 끊어버리고, 다시 三악도에 들어가지 않게 하며, 다시 지옥에 떨어지지 않게 하며, 다시 十악업을 짓지 않게 하며, 五역죄를 짓고 모든 고통을 받는 온갖 죄악을 모두 소멸케 하며, 지옥살이를 버리고 정토에 나게 하며, 지옥의 목숨을 버리고 지혜의 목숨을 얻으며, 지옥의 몸을 버리고 금강같은 몸을 얻으며, 지옥의 고통을 버리고 열반의 낙을 얻으며, 지옥의 괴로움을 생각하고 보리심을 발하며, 자비희사와 六바라밀이 항상 앞에 나타나며, 네 가지 무애한 변재와 여섯 가지 신통이 뜻과 같이 자재하며, 지혜를 구족하여 보살도를 행하며, 용맹정진하기를 쉬지 아니하며, 내지 닦아나아가 十지行地을 만족하고, 금강심에 들어가 등정각等正覺을 이루고, 시방의 일체 중생을 제도케 하여지이다.

오늘, 이 도량의 동업대중이여, 여러 지옥에서 받는 고통은 더 말할 수 없으며, 이러한 명호와 고통이 한량없으니 서로서로 경을 읽고 그 일을 볼지어다. 경에 말하기를 「염라대왕은 一념의 악으로 옥사를 모두 맡았으며, 자신이 받는 고통도 다 말할 수 없느니라.

염라대왕이 옛적에 비사국왕이 되어 유타시維陀始왕과 싸울 적에 병력이 부족하여 서원을 세우되, 내가 후생에 지옥의 왕이 되어 이 죄인을 다스리겠다 하니, 十八대신과 백만 대중이 다같은 원을 세웠느니라. 비사국왕은 지금의 염라대왕이요, 十八대신은 지금의 十八 옥주獄主요, 백만 대중은 지금의 우두 아방牛頭阿傍 등이니, 이 관속들이 모두 북방 비사문천왕에게 매어 있느니라」 하였다.

장아함경에는 염라대왕이 있는 처소는 남섬부주의 남쪽 금강산 안에 있는데 왕궁의 넓이와 길이가 六천 유순이라 하였으며, 지옥경에는 지옥에 있는 궁성의 넓이와 길이가 三만 리라 하였는데, 구리와 철로 되었고, 주야 二시로 구릿물이 가득 찬 큰 구리 가마솥을 앞에 놓고, 옥졸들이 염라대왕을 철상 위에 누이고 쇠갈구리로 입을 벌려 구릿물을 붓는데 목구멍으로 들어가 타지 않는 것이 없으며, 여러 대신들에게도 그렇게 한다 하였느니라.

十八옥주는 一은 가연迦延이니 니리옥泥犁獄을 맡고, 二는 굴존屈尊이니 도산옥刀山獄을 맡고 三은 비수沸壽니 비사沸沙지옥을 맡고, 四는 비곡沸曲이니 비시沸屎옥을 맡고, 五는 가세迦世이니 흑이黑耳옥을 맡고, 六은 합사嵯傞니 화거火車옥을 맡고, 七은 탕위湯謂니 화탕鑊湯옥을 맡고, 八은 철가연鐵迦然이니 철상鐵床옥을 맡고, 九는 악생惡生이니 합산嵯山옥을 맡고, 十은 신음呻吟이니 한빙寒氷옥을 맡고, 十一은 비가毘迦니 박피剝皮옥을 맡고, 十二는 요두遙頭니 축

생畜生옥을 맡고, 十三은 제박提薄이니 도병刀兵옥을 맡고, 十四는

이대夷大니 철마鐵磨옥을 맡고, 十五는 열두悅頭니 회하灰河옥을 맡

고, 十六은 천골穿骨이니 철책鐵笧옥을 맡고, 十七은 명신名身이니

저충蛆蟲옥을 맡고, 十八은 관신觀身이니 양동烊銅옥을 맡았으며, 이

같이 각각 무량한 지옥이 있어 권속이 되어 있느니라.

옥에는 옥주가 있으니, 이름이 우두아방牛頭阿傍이다. 성질이 흉

악하여 자비심이나 인욕은 조금도 없으며, 여러 중생들이 이런 나

쁜 과보 받는 것을 보되 더 괴롭지 않음을 근심하며, 더 독하지 못

함을 걱정한다. 어떤 이가 옥졸에게 묻기를 「중생들의 고통받는 것

이 매우 슬프거늘 너는 혹독한 생각만 품고 조금도 자비심이 없느

냐」하니, 옥졸은 답하기를 「죄악이 있어 이같이 고통을 받느니라.

부모에게 불효하고, 부처님과 법을 비방하고, 성현들을 훼방하고,

六친을 꾸짖고 어른을 경멸하고, 일체를 모함하며 악구와 양설로 왜곡하고 질투하여 남의 친척을 이간하며, 진심을 내어 살해하고 탐욕으로 사기하며, 삿된 생활과 삿된 욕구와 삿된 소견으로 게으르고 방일하여 모든 원결을 지었으므로 그런 사람들이 이 고통을 받는 것이다. 지옥을 떠날 때면, 항상 타이르기를 이런 심한 고통을 참을 수가 없으니, 네가 지금 나가면 다시는 죄를 짓지 말라 하여도 이 죄인들이 뉘우치는 생각이 없어 오늘 나갔다가는 다시 돌아오며, 바퀴 돌듯 하나니 괴로움을 알지 못한다. 그러니 나는 이 중생들 때문에 근력이 피로하고 이 겁으로부터 저 겁에 이르도록 늘 만나게 되므로 나는 죄인에게 대하여 조금도 연민의 생각이 없고, 혹독한 고통이 더하여 그들로 하여금 괴로움을 알고 부끄러움을 알아 다시는 이곳에 오지 않기를 바라지마는, 저 중생들은 고통을 달게 여기고 조금도 피할 생각이 없으니, 결단코 선을 수행하여 열반에 나아갈 희망이 없고, 기왕 무지한 무리이니, 고통을 피하여 낙을 구하지 못할 것이다. 그래서 혹독한 고통이 세간 사람보다 더 심한 것이니, 이런 무리에게 무슨 자비심이 생기겠는가」 한다.

오늘, 이 도량의 동업대중이여, 이 세상의 감옥과 비교하면 곧 알 수 있는 것이니, 빈 말이 아니로다. 만일 세 번을 옥에 들어가면 비록 친척이라도 동정하는 마음이 없을 것인데, 하물며 우두아방이야 이런 중생이 나갔다가 다시 들어와 고통이 끝이 없음을 보지만 어찌 가엾이 여기는 생각을 내겠는가. 한번 나왔으면 마땅히 허물을 뉘우치고 버릇을 고칠 것이어늘, 만일 회개하지 않으면 영원히 그 가운데 빠져 차례차례로 고통을 겪으면서 괴로운 데만 드나들 터이니 어찌 쉴 새가 있으리요. 三세에 원수만을 상대하며 인

과가 서로 생하는 것이매 선과 악의 두 보응報應이 잠깐도 없어지

지 않느니라. 보응의 과보가 분명하여 악한 일을 하면 고통으로 보

응하는 것이니 지옥에 떨어져서 혹심한 고통을 받고 지옥의 죄보가

끝나면 또 축생에 태어나고, 축생의 죄를 마치고는 또 아귀에 태어

나서, 이렇게 돌아다니며 무량한 생사와 무량한 고통이 있나니, 어

찌 사람마다 때를 따라 보살도를 행하지 아니하리요.

저희들이 오늘 다같이 간절하게 五체투지하고 시방 세계에 있는

지옥도의 옥주와 대신과 우두아방과 권속들을 위하고, 아귀도의 아

귀와 권속들을 위하고, 축생도의 축생과 권속들을 위하고, 시방 세

계의 무궁무진한 일체 중생들을 위하여 참회하옵나니, 뒤의 일을

뉘우치고 앞의 일을 닦아서 다시 악한 일을 짓지 아니하겠사오니,

이미 지은 죄를 소멸하여 주소서. 아직 짓지 아니한 죄는 다시 짓

지 않겠나이다.

바라건대 시방의 모든 부처님이시여, 부사의하고 자재한 신통력으로 가피하시고 어여삐 여겨 섭수하시어 중생들로 하여금 때를 따라 해탈케 하여지이다. 세간의 대자대비하신 부처님께 귀의하나이다.

지심귀명례 미륵불彌勒佛

지심귀명례 석가모니불釋迦牟尼佛

지심귀명례 화일불華日佛

지심귀명례 군력불軍力佛

지심귀명례 화광불華光佛

지심귀명례 인애불仁愛佛

지심귀명례 대위덕불大威德佛

269 자비도량참법 제四권

지심귀명례 범왕불梵王佛

지심귀명례 무량명불無量明佛

지심귀명례 용덕불龍德佛

지심귀명례 견보불堅步佛

지심귀명례 불허견불不虛見佛

지심귀명례 정진덕불精進德佛

지심귀명례 선수불善守佛

지심귀명례 환희불歡喜佛

지심귀명례 불퇴불不退佛

지심귀명례 사자상불師子相佛

지심귀명례 승지불勝知佛

지심귀명례 법씨불法氏佛

지심귀명례 희왕불喜王佛

지심귀명례 묘어불妙御佛

지심귀명례 애작불愛作佛

지심귀명례 덕비불德臂佛

지심귀명례 향상불香象佛

지심귀명례 관시불觀視佛

지심귀명례 운음불雲音佛

지심귀명례 선사불善思佛

지심귀명례 사자번보살師子幡菩薩

지심귀명례 사자작보살師子作菩薩

지심귀명례 지장보살地藏菩薩

지심귀명례 무변신보살無邊身菩薩

지심귀명례 관세음보살 觀世音菩薩

또, 시방의 다함없는 모든 三보께 귀의하옵나니, 자재한 신통력으로 지옥도의 옥주와 대신과 모든 지옥의 권속과 十八격자지옥과 十八격자지옥에 딸린 지옥과 우두아방과 고통받는 모든 중생을 구제하사, 이 중생들이 오늘 모두 해탈을 얻게 하시며, 죄의 원인과 괴로운 과보가 함께 소멸케 하고, 오늘부터 이후로 필경에 지옥도의 업을 끊고, 다시는 三악도에 떨어지지 아니하며, 지옥의 생을 버리고 정토에 태어나며, 지옥의 생명을 버리고 지혜의 생명을 얻으며, 지옥의 몸을 버리고 금강같은 몸을 얻으며, 지옥의 괴로움 버리고 열반의 낙을 얻으며, 지옥의 고통을 생각하고 보리심 발하며, 자비희사와 六바라밀이 항상 앞에 나타나며, 네 가지 변재와 여섯 가지 신통이 뜻과 같이 자재하며, 용맹하게 정진하여 쉬지 아니하며, 내지 앞으로 닦아나아가 十지의 행을 원만하여 그지없는 일체중생을 제도하고, 금강심에 들어가 등정각을 이루게 하여지이다.

찬(讚)

인연과 과보의 이치가 분명하니
철성鐵城이 종횡으로 삼천세계에 가득하고
괴로운 갈래 모두 연속하였기에
부처님께 예경하고
여러 가지가 끊는 지옥에서 벗어나리.

나무 염혜지보살마하살 燄慧地菩薩摩訶薩(세번)

출 참(出懺)

천상천하에 부처님이 가장 높고

세간과 출세간에 이 법이 제일 훌륭해

감로수 모든 세계에 젖고

보리의 향 인간에 흩어지네.

정상에는 백옥호의 광명이요

온 몸은 황금의 훌륭한 몸매라

범부의 소원이 한 생각에 앞에 나타나느니

원컨대 넓으신 자비로 거두어 주소서.

이제까지 참회하신 저희들

자비도량참법 제四권 274

자비도량참법을 수행하여
제四권이 끝나나니
예경하고 외우는 일 장차 완전해
공덕을 마치려 하오며
자비심을 다시 발휘하여
정성스런 마음 가다듬어
침수향 다시 사르고
우담화의 초를 켜나이다.
향적세계의 공양 올리고
선열禪悅의 진수 차리고
종과 북으로 음악을 울리고
조화로운 오묘한 소리, 범음梵音 노래하며

선한 일 모두 모아

모든 중생 이롭게 하고

부처님의 황금 상호와

만월세계의 불보살과

반자교半字敎·만자교滿字敎의 법보와

유학有學과 무학無學의 성중聖衆께 회향하오니

천지명양天地冥陽의 현철현철賢哲과

인간세계의 여러 신중神衆들

저희들을 정성껏 살피고

은혜의 광명을 내려지이다.

이러한 공덕으로 참회하는 저희들

네 가지 허물 참회하고

四공空의 삼매에 드옵나니

바라옵건대

四생의 근본 원인이 끊는 물에 얼음 녹듯

四주번뇌住煩惱는 아침 햇빛에 서리 녹듯

네 가지 흐름을 벗어나 애욕을 여의고

四가지 공덕 이루어 정토에 왕생하며

四안락행安樂行 앞에 나타나고

四홍서원弘誓願 견고하여

여러 생의 해탈문에 오르며

여러 세상 친한 이와 원수들 보리를 얻어지이다.

참법대로 수행하였으나

전세의 죄업 멸하기 어려워

여러 대중은 거듭 참회를 구하옵니다.

찬(讚)

양황참 四권의 공덕으로 저희들과 망령의 네 가지 중한 죄를 소
멸하고, 보살의 염혜지欲慧地를 증득하며, 참문을 외우는 곳에 죄의
꽃이 스러지며, 원결을 풀고 복이 더하여 도리천에 왕생하였다가
용화회상에서 다시 만나 미륵 부처님의 수기를 받아지이다.

나무 용화회보살마하살龍華會菩薩摩訶薩(세번)

거 찬(擧讚)

양황참 제四권 모두 마치고

四은恩 三유有로 회향하오니

참회를 구하는 저희들은 수복이 증장하고

망령들은 정토에 왕생하여지이다.

염혜지보살, 어여삐 여기사 거두어 주소서.

나무 등운로보살마하살登雲路菩薩摩訶薩(세번)

자비도량참법(慈悲道場懺法) 제五권

찬(讚)

기타祇陀숲 동산의 과일 맛이 참 좋아

청과靑瓜·홍시·아리양阿梨樣과

여지荔枝와 용안육龍眼肉 공양할만 하고

암마라唵麻羅 열매 세상에 짝이 없어

바라문들이 연화대 위에 올리네.

나무 보공양보살마하살普供養菩薩摩訶薩(세번)

듣사오니,

五안眼을 갖추신 부처님

광명어린 묘한 몸매 나투시고

五승乘의 가르침을 열어

반야의 경전을 펴시니

五十五의 성현은 생각마다 보리가 원만하고

五근根과 五력力의 보살이

해탈한 인연이라,

귀의하면 복전福田이 증장하고

예경하면 죄악이 소멸하며

고요하여 요동하지 않으나

감동하면 통하시나니

자비한 광명으로

참회하는 일을 증명하소서.

지금 참회하는 저희들

자비도량참법을 수행하오며

이제 제五권의 연기를 당하여

삼가 향과 등과 과실을 갖추어

불·보살과 성현께 공양하옵고

크신 명호를 염하오며

귀의하고 정성 드리나이다.

생각컨대 저희들

무시이래無始以來로 지금까지

五온蘊의 몸을 잘못 알아

五탁악세를 헤매며

다섯 가지 욕락欲樂에 속박되고

다섯 가지 티끌(번뇌의 대상)에 미혹하였으며

五역죄를 없애지 못하여

사랑하고 미워하는 생각이 일어나고

다섯 가지 법 깨닫지 못하여

번뇌의 망정妄情이 증장하나이다.

인연이 어기지 아니하니

업과業果를 피하기 어렵도다.

이제 이 대중 간절한 정성으로

해탈문을 제각기 열고

가르침에 귀의하여

283 자비도량참법 제五권

허물을 씻나이다.

저희들 마음 이러하옴을

부처님 살피옵소서.

넓은 자비를 우러러 사모하오니

가피를 드리우소서.

부처님 몸매 유리같이 청정하시고

부처님 얼굴 보름달처럼 단정하시며

부처님 이 세상에서 괴로움을 구제하시매

부처님 마음 간 곳마다 자비하시네.

입 참(入懺)

자비도량참법을 수행하오며

三세 부처님께 귀의하나이다.

지심귀명례 과거 비바시불過去毘婆尸佛

지심귀명례 시기불尸棄佛

지심귀명례 비사부불毘舍浮佛

지심귀명례 구류손불拘留孫佛

지심귀명례 구나함모니불拘那含牟尼佛

지심귀명례 가섭불迦葉佛

지심귀명례 본사 석가모니불本師釋迦牟尼佛

지심귀명례 당래 미륵존불當來彌勒尊佛

九. 해원석결(解寃釋結)①

오늘, 이 도량의 동업대중이여, 일체 중생에게는 다 원한의 대상이 있나니, 어떻게 아는가. 만일 원한의 대상이 없으면 악도惡道가 없을 터인데 이제 악도가 쉬지 아니하고 三도가 항상 끊으므로 원한의 대상이 끝이 없음을 아느니라. 경에 말씀하시기를 「일체 중생이 모두 마음이 있고, 마음이 있는 이는 다 부처님이 될 수 있건만, 중생들의 생각이 전도하여 세간에만 탐착하고 벗어날 요령을 알지 못하며, 고통의 근본을 세워 원수를 기르나니, 그러므로 三계에 윤회하고 六도에 왕래하면서 몸을 버리고 몸을 받아 잠깐도 쉬지 못한다」 하였느니라.

어찌하여 그러한가. 일체 중생이 무시이래로 암매한 생각을 서로 전하면서 무명에 덮히고, 애욕에 빠져 三독을 일으키며 四전도를 일으키고, 三독으로부터 十번뇌가 일어나고, 신견身見을 의지하여 五견見이 일어나며, 五견으로부터 六十二견이 일어나고, 몸과 입과 뜻을 의지하여 十악을 일으키나니, 몸으로는 살생·도둑질·음행과, 입으로는 망어·기어·양설·악구와, 뜻으로는 탐심·진심·치심을 일으켜 스스로 十악을 행하고, 다른 이도 十악을 행하게 하면서 열 가지 악법을 찬탄하느니라. 十악법을 찬탄하는 이는 몸·입·뜻으로 四十종류의 악을 일으키며, 또 六정情을 의지하여 六진塵을 탐착하고, 내지 八만四천 진로문塵勞門을 열어 놓느니라. 一념 동안에 六十二견을 일으키고, 一념 동안에 四十종류의 악을 행하고, 一념 동안에 八만四천의 진로문을 열거늘, 하물며 하루에 일으키는 여러 죄와 一생 동안 일으키는 여러 가지 죄야 오죽하겠는가.

이러한 죄악이 무량무변하여 원한의 대상이 서로 만나 그칠 때가 없건마는, 중생들이 어리석은 탓으로 무명은 지혜를 덮고, 번뇌는 마음을 덮어서 스스로 알지 못하고, 마음이 전도하여 경의 말씀을 믿지 않고, 부처님 말씀을 따르지 않고, 원결을 풀 줄을 알지 못하고, 해탈하기를 희망하지 않으며, 스스로 악도에 들어가는 것이 불에 덤비는 나비와 같아서, 많은 세월을 지내면서 무량한 고통을 받느니라.

가령 업보가 끝이 나서 사람이 된다 하더라도 이런 악인은 고칠 줄을 모르나니, 그러므로 「모든 성현들이 대자대비한 마음을 일으키는 것은 이같은 원한의 대상이 되는 중생을 위함이다」 하였다.

저희들이 서로 보리심을 발하고 보살도를 행하오니, 보살 마하살

께서는 괴로움을 구원하는 것으로 양식을 삼고, 원결을 푸는 것으

로 도행을 삼으며, 중생을 버리지 않고 괴로움을 참는 것으로 근본

을 삼으소서. 저희들도 오늘 그와 같이 용맹심을 일으키고 자비심

을 내며, 여래와 같은 마음으로 부처님의 힘을 받자와 도량의 기를

세우고 감로의 북을 치며, 지혜의 활과 견고한 화살로 四생 六도와

三세의 원수와 부모와 사장과 六친과 권속을 위하여 원결을 푸옵나

니, 맺어진 원결은 모두 풀어버리며, 아직 맺지 않은 원결은 끝까

지 맺지 아니 하오리니, 바라옵건대 모든 부처님과 큰 보살께서는

자비력과 본원력本願力과 신통력으로 가피하사 두호하시고 굴복시켜

섭수하시어, 三세의 무량한 원결로 하여금 오늘부터 보리에 이를

때까지 풀리게 하시고 다시 맺지 않게 하며, 모든 괴로움을 필경까

지 끊게 하여지이다. 서로 지극한 마음으로 다같이 간절하게 五체

투지하옵고, 四생 六도의 三세 원수와 부모와 사장과 일체 권속을

위하여 세간의 대자대비하신 부처님께 귀의하나이다.

지심귀명례 미륵불彌勒佛

지심귀명례 석가모니불釋迦牟尼佛

지심귀명례 선의불善意佛

지심귀명례 이구불離垢佛

지심귀명례 월상불月相佛

지심귀명례 대명불大名佛

지심귀명례 주계불珠髻佛

지심귀명례 위맹불威猛佛

자비도량참법 제五권 290

지심귀명례 사자보불師子步佛

지심귀명례 덕수불德樹佛

지심귀명례 환석불歡釋佛

지심귀명례 혜취불慧聚佛

지심귀명례 안주불安住佛

지심귀명례 유의불有意佛

지심귀명례 앙가타불鴦伽陀佛

지심귀명례 무량의불無量意佛

지심귀명례 묘색불妙色佛

지심귀명례 다지불多智佛

지심귀명례 광명불光明佛

지심귀명례 견계불堅戒佛

지심귀명례 길상불吉祥佛

지심귀명례 보상불寶相佛

지심귀명례 연화불蓮華佛

지심귀명례 나라연불那羅延佛

지심귀명례 안락불安樂佛

지심귀명례 지적불智積佛

지심귀명례 덕경불德敬佛

지심귀명례 견용정진보살堅勇精進菩薩

지심귀명례 금강혜보살金剛慧菩薩

지심귀명례 무변신보살無邊身菩薩

지심귀명례 관세음보살觀世音菩薩

또, 시방의 다함없는 모든 三보께 귀의하옵나니, 이와 같은 三세의 모든 원결로 인하여 지금 六도 중에서 원한의 대상을 만난 이는 부처님의 힘과 법과 성현의 힘으로 이 중생들이 다 해탈을 얻게 하오며, 만일 六도 중에서 대상을 만나거나 아직 만나지 아니한 이는 부처님의 힘과 법과 성현의 힘으로 이 중생들이 다시 악취에 들어가지 않게 하며, 다시는 나쁜 마음으로 마주서지 않게 하며, 다시는 해독을 입히지 않고 모든 것을 잊어버려 원수라는 생각이 없게 하며, 모든 허물은 각각 소멸하고 모든 원한을 없애버리며, 같은 마음으로 화합하여 물과 젖을 탄 듯하며, 모두 기뻐하기를 환희지와 같이 하며, 수명이 무궁하고 몸과 마음이 항상 즐거우며, 천당과 극락에 마음대로 왕생하여 옷을 생각하면 옷이 오고, 음식을 생각하면 음식이 오며, 원수를 상대하여 싸우는 소리가 없고, 四지는

변동하는 침해가 없고, 五정情은 티끌에 물들지 말며, 모든 선한

일은 모여들고, 만 가지 악한 것은 소멸되며, 대승심을 내어 보살

행을 닦으며, 자비회사와 六바라밀이 모두 구족하고, 생사의 과보

를 버리고 함께 정각을 이루어지이다.

오늘, 이 도량의 동업대중이여, 무엇이 원수와 고통의 근본인가

하면, 눈으로 빛을 탐하고, 귀로 소리를 탐하고, 코로 향기를 탐하

고, 혀로 맛을 탐하고, 몸으로 보드라움을 탐하여 항상 五진塵의

속박을 받는 것이다. 그러므로 오래도록 해탈하지 못하느니라. 또

六친과 일체 권속이 다 우리들의 三세의 원수이니, 모든 원한의 대

상은 다 친한 데서 생기는 것이다. 만일 친한 사이가 없으면 원수

도 없을 것이며, 친한 이를 여의면 곧 원수를 여읠 것이니, 무슨

까닭인가. 만일 서로가 다른 고장에 떨어져 있다면 그 두 사람은

자비도량참법 제五권　294

마침내 원한의 마음을 일으키지 않을 것이며, 그래서 원한을 일으키는 것은 친함으로부터 생기느니라.

三독으로 인하여 서로 충돌이 생기고, 충돌하므로 해서 원한을 일으킨다. 그러므로 친척과 권속이 서로 원망하며, 혹 부모가 자식을 원망하고, 혹 자식이 부모를 원망하며, 형제와 자매도 모두 그러하여 서로 원망하고 서로 혐의하며, 조금만 안 맞아도 성을 내고, 재물이 있으면 친척들이 제가끔 달라고 하나니, 빈궁하면 애초부터 근심이 없느니라. 또 달래서 얻더라도 적게 여기며, 더 주어도 항상 부족하게 생각하며, 백 번 달래서 백 번 주어도 은혜로 생각치 않으며, 한번만 마음에 쾌하지 않아도 문득 분노를 일으키느니라. 이리하여 잠깐만 나쁜 생각을 품으면 곧 딴 생각을 내게 되나니, 그러므로 원수를 맺고 화단이 생겨서 대대로 다하지 아니 하나니

랑. 이것으로 추측해 본다면 三세의 원수란, 바로 다른 이가 아니라 모두가 친척과 권속들이니, 권속이 곧 원수가 되는 줄을 알 것이니라.

그런 즉, 마땅히 사람마다 은근히 허물을 뉘우치고, 지극한 마음으로 五체투지하고, 영식靈識이 있은 뒤부터 오늘까지 여러 생의 부모와 여러 겁의 친척과 六도 중에서 원결을 맺은 이와 원한의 대상이나 대상이 아니거나, 경한 이나 중한 이나, 지금 지옥에 있는 이·축생에 있는 이·아귀에 있는 이·아수라에 있는 이·인간에 있는 이·천상에 있는 이·신선중에 있는 이거나, 오늘 저의 권속 중에 있는 이나, 이러한 三세의 원수와 그들의 권속들을 위하여, 오늘 저희들이 자비심으로 원수라든가 친한 사이라는 생각을 버리고, 부처님 마음과 같이, 부처님 서원과 같이 그들을 위하여 세간의 대자대비하신 부처님께 귀의하나이다.

자비도량참법 제五권 296

지심귀명례 미륵불彌勒佛

지심귀명례 석가모니불釋迦牟尼佛

지심귀명례 범덕불梵德佛

지심귀명례 보적불寶積佛

지심귀명례 화천불華天佛

지심귀명례 선사의불善思議佛

지심귀명례 법자재불法自在佛

지심귀명례 명문의불名聞意佛

지심귀명례 요설취불樂說聚佛

지심귀명례 금강상불金剛相佛

지심귀명례 구이익불求利益佛

지심귀명례 유희신통불遊戲神通佛

지심귀명례 이암불離闇佛

지심귀명례 다천불多天佛

지심귀명례 미루상불彌樓相佛

지심귀명례 중명불衆明佛

지심귀명례 보장불寶藏佛

지심귀명례 극고행불極高行佛

지심귀명례 제사불提沙佛

지심귀명례 주각불珠角佛

지심귀명례 덕찬불德讚佛

지심귀명례 일월명불日月明佛

지심귀명례 일명불日明佛

지심귀명례 성수불星宿佛

자비도량참법 제五권 298

지심귀명례 사자상불師子相佛

지심귀명례 위람왕불違藍王佛

지심귀명례 복장불福藏佛

지심귀명례 기음개보살棄陰蓋菩薩

지심귀명례 적근보살寂根菩薩

지심귀명례 무변신보살無邊身菩薩

지심귀명례 관세음보살觀世音菩薩

또, 시방의 다함없는 모든 三보께 귀의하옵나니, 원컨대 불력과 법력과 깨달음의 지위가 높은 보살의 힘과 일체 성현의 힘으로써, 六도 중에 있으면서 원한의 대상이 된 저희들의 부모·친척과 그 권속들이 모두 동시에 이 도량에 모여 와서 전세의 죄를 참회하고

원결을 풀며, 만일 몸이 장애되어 오지 못하는 이는 三보의 신통력

을 받자와 그의 영혼을 섭수하여 함께 와서, 자비심으로 우리들의

이 참회를 받고 원한의 모든 대상들이 해탈을 얻게 하여지이다.

이 도량의 대중들은 각각 마음으로 생각하고 입으로 말하나이다.

저희들이 영식이 있은 뒤부터 오늘에 이르기까지 여러 생의 부모와

여러 겁의 친척과 고모·이모·아저씨들과 내외 권속들에게 대하여

탐·진·치로 十악업을 일으키되, 혹은 알지 못하여, 혹은 믿지 못

하여, 혹은 수행하지 못함과 무명으로 인하여 원한을 일으켜 부

모·권속과, 내지 六도 중에 원결이 있게 되었으며, 이러한 죄가

무량무변하나니, 오늘의 참회로 소멸하여지이다.

또, 무시이래로 오늘에 이르도록 혹은 성을 내고, 혹은 탐욕 때

문에, 혹은 어리석어서 가지가지 죄를 지었나니, 이러한 죄악이 무

량무변하오니, 뉘우치고 참회하여 소멸되기를 발원하나이다.

또, 무시이래로 오늘에 이르도록 혹 전장田庄을 위하여, 혹 가택을 위하여, 혹 재물을 위하여 원수될 만한 업을 지으며, 권속들을 살해하는 따위의 죄업이 다 말할 수 없으며, 맺은 원수를 풀 기약이 없는 것을 오늘 부끄러이 여겨 발로참회하오니, 바라건대 부모 六친과 모든 권속들은 자비한 마음으로 나의 참회를 받고, 모든 것을 풀어버리고, 다시는 원한을 품지 말기를 원하나이다.

또, 훔치고 사음하고 망어하며, 十악업과 五역죄를 많이 지었고, 전도한 망상으로 여러 경계를 반연하여 모든 죄 지었으니, 이런 죄악이 무량무변한데, 혹 부모에게 지었고, 혹 형제자매에게 지었고, 혹 집안의 어른들에게 지었고, 내지 영식이 있은 때로부터 오늘에 이르도록 六친 권속들에게 일으킨 이러한 죄와 이러한 죄의 원인과 괴로운 과보와 원한의 대상이 된 겁수劫數와 원결이 많고 적음을 오직 시방의 여러 부처님과 지위가 높은 보살이 다 아시고 다 보시리이다. 부처님과 보살들이 아시고 보시는 죄의 수효와 원수 맺은 겁수와, 오는 세상에 받게 될 과보를 저희 제자들이 오늘 참괴하고 통탄하오며 간절하게 자책하여, 지나친 잘못을 회개하고 다시는 죄를 아니 짓겠사오니, 부모와 친척과 권속들이 부드러운 마음과 화평한 마음과 선善을 좋아하는 마음과 환희한 마음과 수호하는 마음과 여래와 같은 마음으로 저희들의 오늘의 참회를 받고 모두 풀어버려 원수거니 친하거니 하는 생각이 없게 하여지이다.

또, 바라는 바는 부모와 친척과 모든 권속들로서 원결을 가지고 六도 중에 있는 이와, 다른 六도의 일체 중생도 다 함께 풀어버리며 三세의 원결을 일시에 소멸하고, 오늘부터 도량에 이르도록 영원히

三악도를 여의며, 네 갈래의 고통을 끊어버리고, 모두 화합하기를

물에 젖을 탄 듯하고, 일체에 장애됨이 없기를 허공과 같이 하며

영원히 법문의 친척과 자비 권속이 되어 무량한 지혜를 각각 닦아

익히며, 일체 공덕을 구족하게 성취하며, 용맹정진하여 보살도를

행하되 게으름이 없으며, 부처님의 마음과 같고 부처님의 서원과

같아서, 부처님의 三밀(三密: 부처님의 身口意三業)을 얻고, 五분법신을 구족하여 끝

까지 무상보리를 얻어 등정각을 이루어지이다.

오늘, 이 도량의 동업대중이여, 우리들이 이미 부모의 원결을 풀

었으니, 다음은 스승의 원결을 풀어야 할 것이니라. 대성大聖으로

부터 이하는 아직도 끝까지 원만하지 못하고, 무생법인이라도 三상

(三相: 생하고 머물고 멸하는 세 가지 모습)의 변천함이 있나니, 여래께서 오히려 고언苦言을 하심

은 악한 중생으로 하여금 도를 깨닫게 하려는 것이니라. 부처님의

그러한 위덕으로도 중생을 교화할 때 그런 말씀을 하는데, 하물며 청정한 경계에 이르지 못한 범부야 어떠하겠는가. 지금 선과 악이 섞여서 흑백을 분별하기 어렵나니, 어찌 三업의 실수가 없으리요. 만일 가르치는 말을 들을 적에는 스승의 은덕을 무한히 고맙게 생각하고 스스로 자책할지언정 놀라거나 의심하고 나쁜 생각을 품지 말아야 하느니라. 경에 말씀하기를 「비록 출가하였을지라도 아직 해탈치 못하였다」 하였으니, 출가한 사람이라도 나쁜 일이 없으리라고 단언할 수 없으며, 세속에 있는 사람이라도 선한 일이 아주 없다고 단언할 수 없느니라.

경에 이런 말이 있다. 부처님이 대중에게 말씀하기를 「너희는 마땅히 스승의 은혜를 생각하라. 부모가 비록 낳아 기르고 가르친다 하나, 능히 三악도를 여의게 하지 못하지만, 스승은 대자비로 아이들을 권유하여 출가케 하고 구족계를 받게 하나니, 이는 곧 아라한의 태를 배어 아라한의 과를 낳는 것이며, 생사의 괴로움을 떠나 열반의 낙을 얻게 하느니라」하셨다. 스승이 이같이 출세케 한 은덕이 있으나 누가 능히 갚으리요. 설사 종신토록 도를 행하더라도 자리自利는 될지언정, 스승의 은혜를 갚는 것은 아니니라. 부처님의 말씀에 「천하의 선지식이라도 스승보다 뛰어난 이가 없다」하시었느니라.

오늘, 이 도량의 동업대중이여, 부처님의 말씀과 같이 스승이 이러한 은덕이 있건마는, 은혜를 갚을 생각을 내지도 않고, 가르치는 말을 믿지도 아니하고, 내지 거치른 말로 비방하기도 하고, 도리어 시비를 걸어 불법을 쇠퇴케 하나니, 이런 죄로야 어떻게 三악도를 면할 수 있겠는가. 이런 괴로운 죄보는 대신 받을 이가 없으며, 죽을 때에 낙은 가고 고통이 돌아오면, 정신이 참담하고 뜻이 혼미하여, 六식이 총명하지 못하고 五근이 쇠망하여, 가려 하여도 발을 움직일 수 없고, 앉으려 하여도 몸이 자유롭지 못하여, 설사 법문을 들으려 하나 귀에 들리지 않고, 좋은 경치를 보려 하여도 눈에 보이지 아니 하나니, 이런 때를 당하여 오늘날의 예참을 생각한들 무슨 소용이 있겠는가. 다만 지옥의 무량한 고통이 있을 뿐이니,

이런 고통은 제가 지어서 제가 받는 것이니라. 경에 말하기를 「우치하여 제멋대로 하며 앙화를 믿지 아니하고, 스승을 비방하고 스승을 헐뜯고 스승을 미워하고 스승을 질투하는, 이런 무리는 법 중의 큰 악마요 지옥의 종자이니, 스스로 원결을 맺어 무궁한 죄보를 받느니라」 하였다.

화광華光비구가 법문을 잘하는데, 한 제자가 교만을 품고 화상의 말을 믿지 아니하고 말하기를 「우리 스님은 지혜는 없고 공허한 일

만 찬탄하나니, 내가 내생에 나더라도 보고 싶지 않다」 하면서, 법을 비법이라 말하고, 비법을 법이라 말하며, 계행을 지니되 범하지 아니 하였으나, 잘못 해석한 연고로 죽은 뒤에 쏜살같이 아비지옥에 들어가서 八十억겁을 지내면서 큰 고통을 받았느니라.

오늘, 이 도량의 동업대중이여, 경의 말씀과 같나니, 어찌 사람마다 두려움을 내지 아니 하리요. 스님에게 대하여 나쁜 말 한 마디 하고도 아비지옥에 떨어져 八十억겁을 고생하였는데, 하물며 출가한 후로 오늘까지 스님에게 일으킨 악업이 무량하므로 이 몸이 죽어서는 저 제자와 같을 것이니, 무슨 까닭인가. 화상 아사리가 항상 교훈하여도 그대로 수행하지 아니하고, 스승에 대하여 거역하는 일이 많았으며, 무엇을 주더라도 만족한 생각이 없고, 스승이 제자를 원망하기도 하고, 제자가 스승을 원망하기도 하여 三세 중에 기쁨과 노여움이 한량없었으니, 이러한 죄를 다 말할 수 없기 때문이다.

경에 말하기를 「한번 진심을 일으키면 원수가 한량이 없다」 하였으니, 이런 원수는 六친에게만이 아니고, 스승과 제자간에도 원한이 많은 것이며, 또 한 방에서 함께 지내는 상·중·하좌下坐도 그러하여, 출가한 것이 멀리 여의는 법임을 믿지 않으며, 인욕하는 것이 안락한 행인 줄을 알지 못하며, 평등한 것이 보리인 줄을 알지 못하며, 망상을 여의는 것이 세간에서 벗어나는 줄을 알지 못하고, 스승과 제자가 한 방에 있으면서도 맺힌 업이 다하지 않아 서로 어긋나 다투는 마음이 복잡하게 일어나므로 세세생생에 화합하지 못하느니라.

또, 출가한 사람이 혹 학업을 같이 닦고, 혹은 스승을 함께 섬겼던 이의 지위가 올라가면 문득 진심을 품어 예전부터 그가 지혜를 익혀 온 것은 말하지 않고, 그에게는 복덕이 있고 나에게는 선근이 없다고 하면서 망상심으로 높다 낮다는 생각을 내고, 싸움을 일삼아 화합하지 못하고, 다른 이는 후하게 대하고 저는 박하게 대할 줄을 모르고, 서로서로 혐의하여 자기의 허물은 알지 못하고 다른 이의 잘못만 말하며, 혹은 三독심으로 서로 비방하여 충성한 마음도 없고 공경하는 뜻도 없나니, 어떻게 자신이 부처님 계율을 위반한 것을 생각하리요. 내지 큰 소리와 거치른 말로 서로 꾸짖으며, 스승의 교훈을 조금도 믿지 않고, 상·중·하좌가 각각 원한을 품으며, 원한을 품은 탓으로 서로 시비를 자아내나니, 이같이 악도 중에는 원한의 대상이 많으니 시비와 원결은 모두 우리들의 스승과 제자와 함께 공부하는 도반에게 있다 하리니, 상·중·하좌에게 원한의 마음을 내면 대상이 한량없느니라. 그러므로 경에 말하기를

「이 세상에서는 조금만 미워하여도 내생에는 점점 심하여 큰 원수가 된다」 하였거늘, 하물며 종신토록 일으킨 악업이리요.

오늘, 이 도량의 동업대중이여, 우리가 어느 때 어느 세상에서 스승이나 상·중·하좌에 대하여 원결을 맺었는지 모르나니, 이러한 원결은 무궁무진하며 형상이 없는 대상인지라, 기한도 없고 겁수劫數도 없으며, 고통을 받을 때는 참고 견딜 수 없느니라. 그러므로 보살마하살은 원수다 친하다는 마음을 버리며, 그러한 생각을 떠나 자비한 마음으로 평등하게 섭수하느니라. 우리가 오늘 보리심을 발하고 보리원을 세웠으니, 마땅히 보살행을 행하며, 四무량심과 六바라밀과 四홍서원과 四섭법을 부처님과 보살의 본행과 같이 하여, 우리는 원친이 평등하고 일체 무애함을 익히며, 오늘부터 보리에 이르도록 서원코 일체 중생을 구호하여 구경의 일승에 이르러야 하느니라.

지극한 마음으로 五체투지하고 영식이 있은 이래로 여러 생에 출가한 스님 중에 원결이 있는 이와, 같은 단상의 증명법사 중에 원결이 있는 이와, 함께 공부하는 상·중·하좌에 원결이 있는 이와, 인연이 있거나 인연이 없거나 간에 시방 세계의 四생六도의 三세 원결과, 대상이 되거나 대상이 아니거나, 경하거나 중하거나, 그러한 권속들과, 또 우리가 六도의 일체 중생 중에 원결이 있어 지금 그 대상이 되어 있거나, 미래에 원결의 대상이 될 이를 위하여 오늘 참회하여 소멸되기를 바라오며, 또 六도의 일체 중생에게 원결이 있는 이들도 우리가 오늘 자비한 마음과 원친怨親이 없는 생각으로 三세의 원결들을 위하여 참회하옵나니, 원컨대 모두 풀어버리고, 다시는 나쁜 마음으로 상대하지도 말고, 독한 생각으로 마주서지 말게 하여지이다。 원컨대 六도의 일체 중생들이 모두 원결을

풀어버리고 한결같이 환희하며, 지금부터 원한을 풀어 다시는 원한

이 없고 각각 공경하여 은혜 갚을 것을 생각하게 하여지이다.

부처님의 마음과 같이, 부처님의 서원과 같이 각각 지극한 정성

으로 세간의 대자대비하신 부처님께 귀의하나이다.

지심귀명례 미륵불彌勒佛

지심귀명례 석가모니불釋迦牟尼佛

지심귀명례 견유변불見有邊佛

지심귀명례 전명불電明佛

지심귀명례 금산불金山佛

지심귀명례 사자덕불師子德佛

지심귀명례 승상불勝相佛

자비도량참법 제五권 312

지심귀명례 명찬불 明讚佛

지심귀명례 견정진불 堅精進佛

지심귀명례 구족찬불 具足讚佛

지심귀명례 이외사불 離畏師佛

지심귀명례 응천불 應天佛

지심귀명례 대등불 大燈佛

지심귀명례 세명불 世明佛

지심귀명례 묘음불 妙音佛

지심귀명례 지상공덕불 持上功德佛

지심귀명례 이암불 離闇佛

지심귀명례 보찬불 寶讚佛

지심귀명례 사자협불 師子頰佛

313 자비도량참법 제五권

지심귀명례 멸과불滅過佛

지심귀명례 지감로불持甘露佛

지심귀명례 인월불人月佛

지심귀명례 희견불喜見佛

지심귀명례 장엄불莊嚴佛

지심귀명례 주명불珠明佛

지심귀명례 산정불山頂佛

지심귀명례 명상불名相佛

지심귀명례 법적불法積佛

지심귀명례 혜상보살慧上菩薩

지심귀명례 상불리세보살常不離世菩薩

지심귀명례 무변신보살無邊身菩薩

지심귀명례 관세음보살 觀世音菩薩

또, 시방의 다함없는 모든 三보께 귀의하오니, 바라건대 부처님과 법과 지위가 높은 보살과 일체 성현의 힘으로 원한의 대상이 되거나 되지 않거나 간에 三세의 다함없는 모든 중생들로 하여금 함께 참회하여 원결을 풀고, 모든 것을 버려서 원수라든가 친하다는 생각이 없게 하며, 일체가 화합하여 물에 젖을 탄 것 같고, 일체가 환희하여 초지初地와 같으며, 일체가 무애하여 허공과 같게 하고, 오늘부터 보리에 이르도록 영원히 법문의 친척이 되어 다르다는 생각이 없어 항상 보살의 자비 권속이 되어지이다.

또, 오늘 예배하고 참회하고 원결을 풀어버린 공덕 인연으로 원컨대 화상과 아사리와 단상에서 증명하는 이와, 함께 공부하는 제

315 자비도량참법 제五권

자와 상·중·하좌와, 일체 권속의 원결이 있는 이들과, 내지 四생
六도의 三세 원결을 해탈하지 못한 이와, 금일 천상에 있거나, 신
선에 있거나, 아수라에 있거나, 지옥에 있거나, 아귀에 있거나, 축
생에 있거나, 인간에 있는 이들과, 현재 권속 중에 있는 이와, 시
방三세의 모든 원수로서 대상이 되거나 되지 않거나, 모든 권속들
이 이제부터 보리에 이르도록 모든 죄업이 다 소멸하고 모든 원결
을 필경에 해탈하고 번뇌와 습기가 아주 청정해져서 四취趣를 길이
하직하고 자재하게 태어나서, 생각마다 법류法流요 마음마다 자재
하여 六바라밀을 구족하게 장엄하고, 十지의 행원을 모두 구경究竟
하며, 부처님의 十력을 얻고 신통이 무애하며, 아뇩다라삼먁삼보리
를 구족하여 등정각을 이루어지이다.

　오늘, 이 도량의 동업대중이여, 이 앞에서는 통틀어서 三세의 원

결을 풀었거니와, 이제부터는 자신을 깨끗이 하여 마음을 가다듬을 지니, 우리가 오늘 어찌하여 해탈하지 못하며, 나아가서는 부처님을 대면하여 수기授記를 받지 못하고, 물러와서는 부처님의 설명을 듣지 못하는가. 진실로 죄업이 심중하고 원결이 견고한 탓이니, 다만 예전에 계셨던 부처님과 앞으로 오실 부처님과 보살 현성을 뵈옵지 못할 뿐 아니라, 十二분교의 법문 들을 길이 영원히 막힐까 두려우며, 악도에서 원한의 대상을 면할 길이 없고, 이 몸을 버리고는 지옥에 빠져 三악도에 윤회하며 나쁜 갈래를 두루 돌아다닐 것이니, 언제나 사람의 몸을 다시 얻겠는가. 이런 생각을 하면 실로 눈물겹도록 슬프고, 이런 뜻을 두면 가슴 아프도록 괴롭도다.

우리가 이미 불법을 앙모하여 부모를 하직하고 속세의 영화를 버렸으니 다시 돌아볼 것이 없거늘, 어찌 시간을 다투어 안심입명할 곳을 구하지 않겠는가. 만일 뜻이 견고하여 노고를 무릅쓰고 가슴 아프게 분발하지 않다가 홀연히 죽음 병에 걸려 중음中陰이 나타나게 되면 옥졸 나찰과 우두아방의 험상한 모양이 한꺼번에 이르고, 바람칼이 몸을 쪼개면 심회가 산란하며, 권속들이 호곡하여도 깨닫지 못하리라. 이런 때를 당하여 금일의 예참을 구하며 선심을 일으키려 한들 어떻게 다시 얻을 수 있겠는가. 오직 三악도의 무량한 고초가 있을 뿐이니라. 오늘 우리 대중은 각각 노력하여 시간을 다툴지어다. 만일 망정에 맡기면 나아갈 길이 더디고, 수고를 참고 견디면 용맹과 마음이 빠르나니라. 그러므로 경에 말씀하기를 「자비가 곧 도량이니 괴로움을 참는 연고며, 발심하고 행함이 곧 도량이니 일을 판단하는 연고라」 하였으니, 여러 가지 착한 일로 장엄하는 것도 부지런하지 않으면 이룰 수 없고, 큰 바다를 건너려면 배가 아니고야 어찌하리요.

만일 원하는 마음만 있고, 원하는 일을 행하지 아니하면 마음과 일이 함께 하지 아니하여 결과를 보지 못하리니, 마치 양식이 떨어진 사람이 여러 가지 음식에 마음을 두어도 굶주림에는 이익이 없음과 같다. 훌륭한 과보를 구하려면 마음과 일을 함께 행해야 하나니, 서로 제때에 미쳐서 더 잘하려는 마음을 내고 부끄러운 생각을 가져 참회하여 죄를 멸하고 원결을 풀어버리라. 만일 다시 어두운 데 있으면 열릴 기약이 없나니, 사람들이 해탈하는 것을 후회하지 말라. 각각 지성으로 다같이 간절하게 五체투지하고 세간의 대자대비하신 부처님께 귀의하나이다.

지심귀명례 미륵불彌勒佛

자비도량참법 제五권

지심귀명례 석가모니불釋迦牟尼佛

지심귀명례 정의불定義佛

지심귀명례 시원불施願佛

지심귀명례 보중불寶衆佛

지심귀명례 중왕불衆王佛

지심귀명례 유보불遊步佛

지심귀명례 안은불安隱佛

지심귀명례 법차별불法差別佛

지심귀명례 상존불上尊佛

지심귀명례 극고덕불極高德佛

지심귀명례 상사자음불上師子音佛

지심귀명례 요희불樂戲佛

자비도량참법 제五권 320

지심귀명례 용명불龍明佛

지심귀명례 화산불華山佛

지심귀명례 용희불龍喜佛

지심귀명례 향자재왕불香自在王佛

지심귀명례 대명불大名佛

지심귀명례 천력불天力佛

지심귀명례 덕만불德鬘佛

지심귀명례 용수불龍首佛

지심귀명례 선행의불善行意佛

지심귀명례 인장엄불因莊嚴佛

지심귀명례 지승불智勝佛

지심귀명례 무량월불無量月佛

지심귀명례 실어불實語佛

지심귀명례 일명불日明佛

지심귀명례 약왕보살藥王菩薩

지심귀명례 약상보살藥上菩薩

지심귀명례 무변신보살無邊身菩薩

지심귀명례 관세음보살觀世音菩薩

또, 시방의 다함없는 모든 三보께 귀의하옵니다. 저희들의 죄업을 쌓은 것이 땅보다 깊고, 무명이 가리워서 긴긴 밤이 밝아지지 못하며, 항상 三독을 따라서 원수를 지었으므로 三계에 빠져 나올 기약이 없나이다. 오늘 모든 부처님과 보살의 자비하신 힘으로 깨우침을 받잡고, 부끄러운 마음을 내어 지성으로 앙모하고 발로참회하오니, 바라옵건대 모든 부처님과 보살이시여, 자비로 섭수하사 큰 지혜의 힘과 부사의한 힘과 한량없이 자재한 힘과 四마를 항복받는 힘과 번뇌를 멸하는 힘과 원결을 푸는 힘과 중생을 제도하는 힘과 중생을 편안하게 하는 힘과 지옥을 해탈하는 힘과 아귀를 제도하는 힘과 축생을 구제하는 힘과 아수라를 교화하는 힘과 인간을 섭수하는 힘과 하늘과 신선의 번뇌를 소멸하는 힘과 무량무변한 공덕의 힘과 무량무진한 지혜의 힘으로써 四생 六도의 모든 원결들이 이 도량에 모여서 저희들의 오늘 참회함을 받고, 일체를 모두 버리어 원수라든가 친하다 하는 생각을 없애고, 맺힌 원결을 함께 해탈하고, 八난을 여의어 四취의 괴로움이 없으며, 항상 부처님을 만나서 법문을 듣고 도를 깨달으며, 보리심을 발하여 출세할 업을 행하고, 자비희사와 六바라밀을 지성으로 닦아 익히며, 일체의 행원이

十지에 이르고 금강심에 들어가 정각을 함께 이루게 하여지이다.

오늘, 이 도량의 동업대중이여, 원한의 대상이 서로 만나는 것은

三업이 행인(行人)을 장엄하여 괴로운 업보를 받게 하는 탓이니, 우

리가 이미 고통의 근본을 알았으니 마땅히 용맹하게 꺾어버릴지니,

고통을 멸하는 것은 참회가 제일이니라. 그러므로 경에서 두 사람

을 칭찬하였으니, 「一은 죄를 짓지 아니함이요, 二는 능히 참회함

이라」 하였느니라. 대중이 지금 참회하려거든 마음을 깨끗이 하고

얼굴을 단정히 하며, 속으로 참괴한 생각을 가지고 밖으로 슬픈 마

음을 일으키면 멸하지 못할 죄가 없느니라. 무엇이 두 가지 마음인

가. 一은 참(慚)이요 二는 괴(愧)니라. 참은 하늘에 부끄러움이요, 괴는

사람에게 부끄러움이며, 참은 스스로 참회하여 원결을 멸함이요,

괴는 다른 이로 하여금 결박을 풀음이며, 참은 여러 가지 선을 짓

고, 괴는 보고 기뻐함이며, 참은 안으로 수치하는 것이요, 괴는 사람을 향하여 들어내는 것이니라. 이 두 가지 법은 수행하는 사람으로 하여금 장애함이 없는 낙을 얻게 하느니라.

우리들은 금일에 큰 참괴를 일으키고 큰 참회를 행하여 지극한 마음으로 四생 六도를 어여삐 여기라. 무슨 연고인가. 경에 말하기를 「일체 중생이 모두 친척될 연이 있나니, 혹 부모가 되었고, 혹 스승이 되었으며, 내지 형제 자매가 되었을 것이언만, 무명의 그물에 얽혀 서로 알지 못하며, 알지 못하므로 흔히 해롭게 하였고, 해롭게 하였으므로 원결이 그지없다」 하였느니라. 대중은 오늘 이런 이치를 깨닫고 지극한 정성으로 마음을 가다듬어 一념에 시방 부처님을 감동케 하고, 한번 절하여 무량한 원결을 끊어버리라.

다같이 간절하게 五체투지하고, 또 다시 세간의 대자대비하신 부처님께 귀의하나이다.

지심귀명례 미륵불彌勒佛

지심귀명례 석가모니불釋迦牟尼佛

지심귀명례 정의불定意佛

지심귀명례 무량형불無量形佛

지심귀명례 명조불明照佛

지심귀명례 보상불寶相佛

지심귀명례 단의불斷疑佛

지심귀명례 선명불善明佛

지심귀명례 불허보불不虛步佛

지심귀명례 각오불覺悟佛

자비도량참법 제五권 326

지심귀명례 화상불華相佛

지심귀명례 산주왕불山主王佛

지심귀명례 대위덕불大威德佛

지심귀명례 변견불編見佛

지심귀명례 무량명불無量名佛

지심귀명례 보천불寶天佛

지심귀명례 주의불住義佛

지심귀명례 만의불滿意佛

지심귀명례 상찬불上讚佛

지심귀명례 무우불無憂佛

지심귀명례 무구불無垢佛

지심귀명례 범천불梵天佛

지심귀명례 화명불華明佛

지심귀명례 신차별불身差別佛

지심귀명례 법명불法明佛

지심귀명례 진견불盡見佛

지심귀명례 덕정불德淨佛

지심귀명례 문수사리보살文殊師利菩薩

지심귀명례 보현보살普賢菩薩

지심귀명례 무변신보살無邊身菩薩

지심귀명례 관세음보살觀世音菩薩

또, 시방의 다함없는 모든 三보께 귀의하옵나니, 바라옵건대 三보께서 가피하고 섭수하사 저희 제자들의 참회하는 죄업이 소멸하

고 뉘우치는 허물이 청정케 하소서. 또 오늘 함께 참회하는 이들이

오늘로부터 보리에 이르도록 일체의 원결이 해탈되고, 일체의 고통

이 소멸되어 습기와 번뇌가 청정하여지며, 四취를 길이 하직하고

자재하게 태어나며, 부처님을 친히 모시고 수기를 받으며, 자비희

사와 六도 만행을 모두 구비하고, 네 가지 변재를 갖추며, 부처님

의 十력을 얻어 훌륭한 상호로 몸을 장엄하고 신통이 무애하며 금

강심에 들어가 등정각을 이루게 하여지이다.

찬(讚)

四생으로 왕래하며
六도로 윤회함이
모두 원결이 서로 전해진 탓이니

329 자비도량참법 제五권

부처님의 어여삐 여기심 입사와

원한의 대상 앞에 모두 풀리고

험한 구렁을 만나도 태연하여지이다.

나무 난승지보살마하살難勝地菩薩摩訶薩(세번)

출 참(出懺)

묘한 상호 높고 뛰어나시니

중천에 떠 있는 태양이요

자비한 바람 서늘하시니

대지에 진동하는 우뢰로다.

티끌 마음에 감로 뿌리고

항하사恒河沙 세계에 제호醍醐 부으니

자비도량참법 제五권 330

구하는 일마다 다 응시하고
소원은 모두 성취케 하시며
여래께서 五안眼의 광명 비추시니
五시時의 불사 원만히 이루었네.
이제까지 참회하온 저희들
자비도량참법을 수행하여
제五권이 끝나니,
예경하고 외우는 일 두루하여
공훈功勳이 바야흐로 마치려 하오며
다섯 가지 공덕 갖춘 이 모여
五천天의 묘한 얼굴 뵈오며
五분의 향을 사르고

五방의 횃불 켜오며
一음音을 찬탄하오니
五색 꽃이 날리나이다.

작은 정성으로 공양 올리고
간절한 마음으로 예경하오며

관觀하고 경 외우는
여러 가지 공덕으로
먼저 부처님 보리에 회향하고
다음으로 법계에 널리 미치니,
이러한 힘으로 참회하는 저희들
미처 뉘우치지 못한 죄 참회하고
아직 모으지 못한 인행因行을 모으오니

바라건대 五온이 공空하여지고

다섯 가지 쇠퇴함이 나타나지 말며

五근根과 五력力을 구족하고

五개蓋와 五장障이 소멸하여

다섯 가지 마음 발명發明하고

다섯 가지 계행을 지니오리니,

현재의 권속들은 五복을 누리고

과거의 친척은 五명明을 이루게 하소서.

악도에 헤매는 이들 괴로움 쉬어 보리를 얻고

원한의 대상들도 원결을 풀고 좋은 곳에 태어나지이다.

간략한 참문으로 허물 뉘우치나

자라난 과보를 소멸키 어려워

여러 스님들께 간청하여

거듭 거듭 참회를 구하나이다.

찬(讚)

양황참 五권의 공덕으로 저희들과 망령亡靈의 五역죄 소멸되고,

보살의 난승지(難勝地:十지의 五위. 끊기 어려운 무명을 이기는 지위)를 증득하여 참문 외우는 곳에 죄의

꽃이 스러지며, 원결을 풀고 복이 더하여 도리천에 왕생하였다가

용화회상에서 다시 만나 미륵 부처님의 수기를 받아지이다.

나무 용화회보살마하살龍華會菩薩摩訶薩(세번)

거 찬(擧讚)

양황참 제五권 모두 마치고

四은恩 三유有로 회향하오니

참회를 구하는 저희들은

수복이 증장하며

망령들은 정토에 왕생하여지이다.

난승지보살은 어여삐 여기사 거두어 주소서.

나무 등운로보살마하살登雲路菩薩摩訶薩(세번)

자비도량참법(慈悲道場懺法) 제六권

찬(讚)

봄, 꽃봉우리 앞서고

여러 가지 풀 싱싱하여라.

작설차 달이니 향기가 자욱

수정 잔에는 설화雪花 날리네.

조주스님의 화두 다시 새로와

졸음의 마왕魔王 몇 번이나 퇴진退陣하였나.

나무 보공양보살마하살普供養菩薩摩訶薩(세번)

들사오니,

석가여래 六년의 고행으로 부처님 되시고

六욕천의 천마天魔 파하니 광명이 번쩍했네.

보살은 六바라밀 닦아 권속을 장엄하고

성문은 六신통 얻어 앞뒤를 둘러쌌네.

수기 주시니 천지가 진동하고

법문 설하시니 꽃비 내리고

묘한 공덕 부사의하고

은덕의 광명 널리 덮이니

바라건대 가엾이 여기는 마음으로

자비도량참법 제六권

저희 정성 살피옵소서.

지금 참회하는 저희들

자비도량참법을 수행하오며

이제 제六권의 연기를 당하여

향기는 六수銖의 가사에 풍기고

등을 六욕천에 켜오니

六화花가 하늘과 땅에 날리고

여섯 가지 맛으로 불·보살께 공양하오며

머리 조아려 정성 드리고

은근하게 죄를 뉘우치옵니다.

참회를 구하는 저희들

전생의 인행因行으로부터

금생에 이르도록
六근根을 따라 방일함은
六식識으로 반연하는 탓이니
환술같은 六진塵을 탐하여
六취趣의 윤회를 지었으며
六념念의 바른 인행 닦지 않고
六바라밀의 범행 원만치 못하니
태어날 적마다 고통의 과보 무궁하고
세세생생에 허망한 인연 끊이지 않아
이제 허물을 뉘우치고 정성 다하여
六화합和合의 대중들과 함께
六바라밀 참문을 수행하며

六時의 간절한 참회로

六취의 죄업을 풀려하와

부처님 앙모하오니

가피를 드리워지이다.

대자대비로 중생을 어여삐 여기시고

대희대사로 유정을 제도하시며

빛 밝은 상호로 장엄하였사옵기

저희들 지성으로 귀의하나이다.

입 참(入懺)

자비도량참법을 수행하오며

三세부처님께 귀의하나이다.

지심귀명례 과거 비바시불過去毘婆尸佛

지심귀명례 시기불尸棄佛

지심귀명례 비사부불毘舍浮佛

지심귀명례 구류손불拘留孫佛

지심귀명례 구나함모니불拘那舍牟尼佛

지심귀명례 가섭불迦葉佛

지심귀명례 본사 석가모니불本師釋迦牟尼佛

지심귀명례 당래 미륵존불當來彌勒尊佛

九, 해원석결(解冤釋結)②

오늘, 이 도량의 업을 같이 하는 대중이여, 먼저 四생 六취를 향하여 몸으로 지은 악업을 참회합시다. 경에 말하기를 「이 몸이 있으면 괴로움이 생기고, 몸이 없으면 괴로움이 멸한다」 하였으니, 이 몸은 모든 괴로움의 근본이오매, 三악도의 과보가 다 몸으로 얻는 것이라. 다른 이 지은 것을 내가 받지도 아니하고, 내가 지은 것을 다른 이가 받지도 아니하며, 스스로 원인을 지어 스스로 과보를 받느니라. 한 가지 업만 지어도 그지 없는 죄보를 받는 것이어늘, 하물며 종신토록 지은 죄악일까 보냐. 이제 내 몸 있는 줄만 알고 다른 이의 몸이 있는 줄을 알지 못하며, 나의 고통만 알고 다른

이의 고통을 알지 못하며, 내가 안락을 구하는 것만 알고 다른 이

도 안락을 구하는 줄은 알지 못하느니라.

어리석은 연고로 나다 남이다 하는 분별을 일으키고, 원수다 친

하다 하는 생각을 내는 탓으로 원한의 대상이 六취에 두루하니 만

일 원결을 풀지 아니하면 六취 중에서 어느 때에 면하리요. 이 겁

으로부터 저 겁에 이르리니, 어찌 원통하지 않겠는가. 우리들은 오

늘 용맹한 마음을 일으키고, 부끄러운 생각을 내어 통쾌하게 참회

하고 반드시 一념에 시방 부처님을 감동케 하고, 한번 절하므로써

무량한 원결을 끊을지니라. 다같이 간절하게 五체투지하고 세간의

대자대비하신 부처님께 귀의할지니라.

지심귀명례 미륵불彌勒佛

자비도량참법 제六권

지심귀명례 석가모니불釋迦牟尼佛

지심귀명례 월면불月面佛

지심귀명례 보등불寶燈佛

지심귀명례 보상불寶相佛

지심귀명례 상명불上名佛

지심귀명례 작명불作名佛

지심귀명례 무량음불無量音佛

지심귀명례 위람불違藍佛

지심귀명례 사자신불師子身佛

지심귀명례 명의불明意佛

지심귀명례 무능승불無能勝佛

지심귀명례 공덕품불功德品佛

지심귀명례 월상불月相佛

지심귀명례 득세불得勢佛

지심귀명례 무변행불無邊行佛

지심귀명례 개화불開華佛

지심귀명례 정구불淨垢佛

지심귀명례 견일체의불見一切義佛

지심귀명례 용력불勇力佛

지심귀명례 부족불富足佛

지심귀명례 복덕불福德佛

지심귀명례 수시불隨時佛

지심귀명례 광의불廣意佛

지심귀명례 공덕경불功德敬佛

지심귀명례 선적멸불善寂滅佛

지심귀명례 재천불財天佛

지심귀명례 경음불慶音佛

지심귀명례 대세지보살大勢至菩薩

지심귀명례 상정진보살常精進菩薩

지심귀명례 무변신보살無邊身菩薩

지심귀명례 관세음보살觀世音菩薩

또, 시방의 다함없는 모든 三보께 귀의하옵나니, 바라옵건대 부처님과 법보와 보살과 일체 성현의 힘으로 四생 六도의 모든 원수들이 모두 도량에 모여 각각 참회하고, 입과 마음으로 이같이 말하나니, 이루어 주소서.

저희들이 비롯함이 없는 무명주지無明住地로부터 오늘에 이르도록

몸의 악업으로 천상과 인간에 원결을 맺었으며, 아수라와 지옥에

원결을 맺었으며, 아귀와 축생에게 원결을 맺었사오니, 바라옵건대

부처님과 법보와 보살과 모든 성현의 힘으로 四생 六도의 三세 원

결의 대상이거나 대상이 아니거나, 경하거나 중하거나 간에 이번

참회하는 공덕으로 참회해야 할 것이 소멸되고 뉘우칠 것이 청정해

져서, 삼계의 괴로움을 다시 받지 아니하며, 태어나는 곳마다 항상

부처님을 만나게 하여지이다.

또, 오늘 함께 참회하는 이들도 비롯함이 없는 생사이래로 금일

에 이르도록 몸의 악업으로 나쁜 갈래에서 혹은 진심과 혹은 탐심

과 혹은 어리석음으로 인하여 원결을 구비하게 일으키고 十악업을

짓되, 농사를 위하고 가택을 위하고 재물을 위하여 금수와 소와 양

을 죽이기도 하였을 것이며, 또 무시이래로 금일까지 혹 이양을 위하여 중생을 살상하며, 혹 의사가 되어 백성들에게 침을 놓고 뜸뜨는 등의 죄업으로 원결이 무량하였을 것이오니, 오늘 참회하여 모두 멸제하여지이다. 또 무시이래로 금일에 이르도록, 혹 중생을 굶주리게 하고, 혹 남의 양식을 빼앗으며, 혹 중생을 핍박하여 고생케 하며, 혹 남의 음식을 끊는 따위의 여러 가지 악업으로 지은 원결을 오늘 참회하나니 모두 멸제하여지이다. 또 무시이래로 금일까지 중생을 살해하여 고기를 먹기도 하고, 혹 三독심으로 중생을 때리기도 하고, 혹 독한 음식을 중생에게 먹여 죽이기도 하였으니, 이러한 원결이 무량무변한 것을 오늘 참회하나니 모두 멸제하여지이다.

또, 무시이래로 금일까지 밝은 스승을 여의고 나쁜 벗을 가까이 하여 몸의 세 가지 업으로 갖가지 죄를 짓되, 마음대로 살해하여

자비도량참법 제六권 *348*

무고한 이를 요사夭死케 하며, 혹 못물을 푸고 도랑을 막아 물에 사는 고기와 작은 벌레들을 살해하며, 혹 산에 불을 놓거나 옥노와 그물을 설치하여 짐승을 살해하였으니, 이러한 원결이 무량무변한 것을 오늘 참회하나니 모두 제멸하여지이다. 또, 무시이래로 금일에 이르도록 자비심이 없고 평등한 행을 어기면서 말斗을 속이고 저울을 농간하여 하열한 이를 침노하고, 혹 성읍을 파괴하고 재물을 겁탈하기도 하며, 혹 남의 재산을 훔쳐 스스로 사용하며, 진실한 마음이 없이 서로서로 살해하였으니, 이러한 원결이 무량무변한 것을 오늘 참회하나니 모두 제멸하여지이다.

또, 무시이래로 금일에 이르도록 자비한 마음과 행동이 없어 六도 중에서 모든 중생에게 해독을 주었으며, 혹 권속들에게 무리하게 매질도 하고 속박하고 가두었으며, 혹 고문하고 벌을 주었으며, 찌

르고 상해하고 찍고 때리며, 껍데기를 벗기고 굽고 볶는 등, 이러

한 원결이 무량무변한 것을 오늘 참회하나니 모두 제멸하여지이다.

또, 무시이래로 금일에 이르도록 몸으로 짓는 세 가지 악업과 입

으로 짓는 네 가지 악업과 뜻으로 짓는 세 가지 악업과 사중오역四重

五逆 같은 온갖 죄업을 짓지 않은 것이 없으며, 자기의 팔자를 믿고

귀신도 두려워하지 아니하며, 오직 내가 남만 못할 것을 두려워하

고, 남이 나보다 못할 것은 생각지 아니하며, 혹 명문거족이라고 뽐

내면서 남을 업신여긴 원결과, 혹 지식이 많다고 남을 업신여긴 원

결과, 혹 글을 잘한다고 남을 업신여긴 원결과, 혹 부귀하다고 남을

업신여긴 원결과, 혹 말을 잘하노라고 남을 업신여긴 원결을 三보의

복전福田에 짓기도 하고, 화상이나 아사리에게 짓기도 하고, 함께 공

부하는 상·중·하좌에게 짓기도 하고, 혹 함께 공부하는 도반에게

짓기도 하고, 혹 부모 친척에게 짓기도 한, 이러한 원결이 무량무
변한 것을 오늘 참회하오니 제멸하여지이다. 또, 무시이래로 금일
에 이르도록 천상이나 인간에 대하여 원결을 지었으며, 혹 아수라
와 지옥 중생에게 대하여 원결을 지었으며, 혹 축생과 아귀에게 대
하여 원결을 지었으며, 내지 시방의 일체 중생에게 원결을 지어 이
런 죄악이 무량무변한 것을 오늘 참회하오니 모두 제멸하여지이다.
저희들이 또 무시이래로 금일에 이르도록 혹은 질투하고, 혹은
왜곡하게 윗자리에 오르기를 구하기도 하고, 혹은 명예와 이익을
위하여 삿된 소견을 따라다니면서 부끄러움이 없었으니, 이런 원결
의 경하고 중한 것과 죄업으로 고통 받을 것과 수량의 많고 적음을
부처님과 대보살께서 모두 아시리이다. 여러 불·보살께서는 자비
로서 저희들을 생각하소서. 저희들이 무시이래로 지은 죄업에서 스

스로 지었거나, 남을 시켜 지었거나, 짓는 것을 보고 기뻐하였나, 三보의 물건을 스스로 취하였거나, 남을 시켜 취하함을 보고 기뻐하였거나, 덮어 감추었거나 감추지 않았거나 간에 불·보살께서 알고 보시는 바와 같은 죄업으로 지옥·아귀·축생에 나고, 다른 나쁜 갈래와 변방과 하천한 곳에 태어나서 받을 죄보를 이제 참회하여 제멸하기를 바라옵나이다. 부처님의 위신력은 부사의하옵나이다. 자비하신 마음으로 일체를 구호하시와 저희들이 금일 四생 六도와 부모 사장과 일체 권속을 향하여 지나간 죄업을 참회하여 원결을 풀고자 한 뜻을 받으시옵고, 六도의 원수들이 각각 환희하여 모든 것을 풀어버리고, 원수다 친하다는 생각이 없어 모든 것에 무애하기를 허공과 같이 하고, 오늘부터 보리에 이르도록 모든 번뇌를 필경 끊어버리고, 三업이 청정하며 원결이 아주 없어져 천궁보전天宮寶殿에 뜻대로 왕생하며, 자비희사와 六바라밀을 항상 수행하여, 많은 복으로 몸을 장엄하고, 여러 가지 선한 행을 구족하며, 수능엄삼매에 머물러 금강같은 몸을 얻고, 잠깐 동안에 六도로 다니면서 서로서로 제도하여 한 사람도 남지 않게 하고, 함께 도량에 앉아서 등정각을 이루게 하여지이다.

오늘, 이 도량의 동업대중이여, 우리들이 몸으로 지은 죄를 참회하여 신업은 청정하여졌으나, 남은 구업口業은 모든 원결과 화단의 문이므로 부처님이 경계하시기를 「양설과 악구와 망어와 기어를 하지 말라」 하였으니, 왜곡하고 꾸민 말로 시비를 얽는 것은 환난이 적지 않고 과보도 중대함을 마땅히 알지니라.

사람이 세상에 처하여 마음에 독한 생각을 품고, 입으로 독한 말을 하고, 몸으로 독한 행을 행하면서, 이러한 세 가지 일로 중생을 해롭게 하면 중생은 독해를 입고, 곧 원한을 맺고 보복하려 할 것이니, 혹은 현세에 원을 이루기도 하고, 혹은 죽은 뒤에 원을 이루기도 한다. 이러한 원결로 인하여 여섯 갈래로 다니면서 서로 보복하여 끝날 때가 없나니, 모두가 전세의 원결로 되는 것이요, 그냥 생기는 것이 아니다. 몸이 짓는 세 가지 업과, 입으로 짓는 네 가지 업이 진실로 모든 악의 근원인 줄을 알아야 하느니라.

세속에 사는 사람이 충효를 하지 않으면, 죽어 태산지옥泰山地獄에 들어가서 끓는 물과 타는 불의 참혹한 고통을 받고, 출가한 사람이 불법을 좋아하지 않으면 태어나는 곳마다 나쁜 일과 얽히게 되나니, 이런 원수는 다 三업 때문이요, 三업 중에도 구업이 가장 무거우며, 과보를 받을 적에는 여러 가지 혹독함을 당하거니와, 동이 트지 않는 밤이라 알지 못할 뿐이니라.

자비도량참법 제六권 354

오늘, 이 도량의 동업대중이여, 우리들이 六취에 윤회함은 모두 구업 때문이니, 경솔한 말을 함부로 하거나 말을 잘한다 해서 허망하게 꾸며대면 말과 행동이 서로 다르고, 나쁜 과보가 스스로 오게 되어 여러 겁을 지나도 면하기 어려우니, 어찌 사람마다 송구하여 그런 허물을 참회하지 아니하랴. 우리 서로 무시이래로 금일에 이르도록 구업이 좋지 못하여, 四생 六도와 부모와 사장과 모든 권속에게 온갖 나쁜 짓을 하면서, 말이 추악하고 포학하며, 여럿이 모여서는 이치에 어기는 말을 하되, 공한 것을 있다 하고, 있는 것을 공하다 하며, 본 것을 보지 않았다 하고, 보지 못한 것을 보았다 하며, 들은 것을 듣지 못했다 하고, 듣지 못한 것을 들었다 하며, 지은 것을 짓지 않았다 하고, 짓지 아니한 것을 지었다 하여, 이렇게 뒤바뀌게 말하며 천지를 번복하고 자기에게 이익케 하고 다른

355 자비도량참법 제六권

이를 해롭게 하여 서로 훼방하였느니라.

자기에게는 여러 가지 공덕을 말하고, 다른 이에게는 모든 악한 짓을 씌우며, 내지 성현을 욕하고 임금과 부모를 기만하며, 스승을 시비하고 선지식을 훼방하되, 도의도 없고 체면도 돌아보지 아니 하였나니, 세상의 뜻하지 않은 액난으로 목숨을 잃기도 하고, 미래의 고통을 오래오래 받게 되며, 웃고 희롱하는 동안에도 무량한 죄악을 저지르거든, 하물며 일부러 나쁜 말로 여러 사람을 욕되게 함이리요.

무시이래로 금일까지 나쁜 구업으로 천상이나 인간에 대하여 원결이 있는 이, 아수라와 지옥에 대하여 원결이 있는 이, 아귀와 축생에 대하여 원결이 있는 이, 부모와 사장과 모든 권속에 대하여 원결이 있는 이들을 위하여 저희들이 자비심으로 보살의 행과 같이 하고 보살의 원과 같이 하여 대자대비하신 부처님께 귀의하고 예경하나이다.

지심귀명례 미륵불彌勒佛

지심귀명례 석가모니불釋迦牟尼佛

지심귀명례 정단의불淨斷疑佛

지심귀명례 무량지불無量持佛

지심귀명례 묘략불妙樂佛

지심귀명례 불부불不負佛

지심귀명례 무주불無住佛

지심귀명례 득차가불得叉迦佛

지심귀명례 중수불衆首佛

지심귀명례 세광불世光佛

357 자비도량참법 제六권

지심귀명례 다덕불多德佛

지심귀명례 불사불弗沙佛

지심귀명례 무변위덕불無邊威德佛

지심귀명례 의의불義意佛

지심귀명례 약왕불藥王佛

지심귀명례 단악불斷惡佛

지심귀명례 무열불無熱佛

지심귀명례 선조불善調佛

지심귀명례 명덕불名德佛

지심귀명례 화덕불華德佛

지심귀명례 용덕불勇德佛

지심귀명례 금강군불金剛軍佛

자비도량참법 제六권 358

지심귀명례 대덕불大德佛

지심귀명례 적멸의불寂滅意佛

지심귀명례 향상불香象佛

지심귀명례 나라연불那羅延佛

지심귀명례 선주불善住佛

지심귀명례 불휴식보살不休息菩薩

지심귀명례 묘음보살妙音菩薩

지심귀명례 무변신보살無邊身菩薩

지심귀명례 관세음보살觀世音菩薩

또, 시방의 다함없는 모든 三보께 귀의하옵나니, 바라옵건대 부처님과 법보와 보살과 성현의 힘으로 四생 六도의 일체 중생이 모

두 깨닫고 도량에 오게 하되, 만일 몸이 장애되어 마음은 있으나

오지 못하는 이가 있거든 부처님과 법보와 보살과 성현의 힘으로

그의 정신을 섭수하여 모두 함께 와서, 저희들의 구업으로 지은 죄

의 참회를 받게 하소서. 무명주지(無明住持 : 무명의 근원)가 있은 후부터 금일에 이

르도록 나쁜 구업의 인연으로 六도 중에서 두루 원결을 일으켰사오

니, 三보의 위신력으로 참회하는 四생 六도의 三세 원결로 하여금

영원히 소멸하게 하옵소서.

저희들이 무시이래로 금일에 이르도록 혹은 성내고, 혹은 탐하

고, 혹은 어리석은 三독으로 열 가지 악행을 지을 적에, 입으로 짓

는 네 가지 업으로 무량한 죄를 일으키되, 악구로 부모와 사장과

권속과 모든 중생을 시끄럽게 하였으며, 혹은 부모에게 망어업妄語

業을 일으키고 혹은 사장에게 망어업을 일으키고, 혹은 권속에게

망어업을 일으키며, 혹은 일체 중생에게 망어업을 일으켰으며, 또
본 것을 보지 못했다 하고, 보지 못한 것을 보았다 하며, 들은 것
을 듣지 못했다 하고, 듣지 못한 것을 들었다 하며, 아는 것을 알
지 못한다 하고, 알지 못하는 것을 안다 하며, 혹은 교만하고, 혹
은 질투하여 망어업을 일으켰사오니, 이러한 죄가 무량무변한 것을
오늘 참회하여 제멸하기를 원하나이다.

또, 무시이래로 금일에 이르도록 양설업兩舌業을 일으키되, 남에
게 나쁜 말 들은 것을 덮어두지 못하고, 저 사람에게는 이 사람의
말을 하며 이 사람에게 저 사람의 말을 하며, 사람들이 헤어지거나
고통을 받게 하며, 혹은 희롱삼아 두 사람을 싸우게 하고, 남의 골
육을 이간하여 그의 권속을 헤어지게 하며, 군신간에 참소하여 일
체를 요란케 하였으니, 이런 죄악이 무량무변한 것을 오늘 참회하

여 제멸하기를 원하나이다.

또, 무시이래로 금일에 이르도록 기어綺語의 죄를 짓되, 의리에 닿지 않는 말과 이익이 없는 말을 하여 부모를 시끄럽게 하고, 사장을 시끄럽게 하고, 동학을 시끄럽게 하며, 내지 六도의 일체 중생을 시끄럽게 하였사오니, 이렇게 구업으로 일으킨 원결이 무량무변한 것을 오늘 참회하여 제멸하기를 원하옵나니, 부처님의 힘과 법보의 힘과 보살의 힘과 성현의 힘으로 저희들의 오늘 참회함을 받고, 四생 六도의 三세 원결을 필경에 해탈하고, 일체 죄업을 모두 끊어버리고, 필경 다시는 원결을 일으켜 三악도에 들어가지 않게 하며, 다시는 六도 중에서 독해를 입히지 않게 하며, 오늘부터 모든 것을 풀어버리고 원수라든가 친한 이라는 생각이 없고, 일체가 화합하기를 물에 젖을 탄 것 같이 하며, 일체가 환희하기를 초

지初地와 같이 하며, 영원히 법문의 친척과 자비의 권속이 되며, 이

제부터 보리에 이르도록 三계의 과보를 영원히 받지 않고, 三장障

의 업과 다섯 가지 두려움을 끊으며, 四무량심과 六바라밀을 더욱

깊이 수행하며, 대승의 도를 행하고 부처님의 지혜에 들어가 일체

원해願海를 모두 구족하며, 六통과 三달지達智(과거 현재 미래를 아는 지혜로 아라한과를 얻은 성자가 갖는다)를 모

두 분명히 알며, 부처님의 三밀密(부처님의 신구의 三업)을 얻고, 五분법신을 구족

하여 금강의 지혜에 올라서 모든 부처님 지혜를 이루어지이다.

오늘, 이 도량의 동업대중이여, 이미 몸과 입으로 짓는 죄를 참

회하였으니, 다음은 마땅히 의업意業을 청정케 할지니라. 일체 중

생이 생사에 윤회하면서 해탈하지 못하는 것은 의업이 굳게 얽힌

탓이니, 十악업과 五역죄가 모두 의업으로 짓는 까닭이니라. 그러

므로 부처님이 경계하시기를 「탐욕과 성내는 일과 어리석음과 삿된

소견을 내지 말지니, 후에 지옥에 들어가서 무궁한 고통을 받는다」

하시니라. 오늘, 마음이 모든 식識을 움직이는 것을 우리가 보나

니, 임금이 신하를 부리는 것과 같아서, 입으로 나쁜 말을 하고 몸

으로 나쁜 행동을 하므로 해서 여섯 갈래로 다니면서 혹독한 과보

를 받나니, 몸을 망치는 일은 마음으로 업을 짓는 것임을 알지니

라. 이제 뉘우치고 행동을 고치려거든, 먼저 마음을 꺾어버리고 다

음에 뜻을 억제해야 하나니, 무슨 이유인가. 경에 말씀하기를 「한

곳만 제어하면 모든 일을 잘 할 수 있다」 하였느니라. 그러므로 알

라. 마음을 깨끗이 함은 해탈할 근본이요, 뜻을 청정히 함은 좋은

데 나아가는 터전이다. 三도의 나쁜 과보가 오는 것도 아니고, 나

쁜 갈래의 고통이 가는 것도 아니다. 몸과 입은 업이 거칠어 없애

기 쉽거니와, 뜻은 미세하여서 제거하기 어려우니라. 여래와 일체

지一切智를 얻은 이는 신·구·의 三업을 두호하지 않아도 되거니

와, 우치한 범부야 어떻게 삼가지 아니하랴. 三업을 꺾어버리지 아

니하면 잘 할 수 없느니라. 그러므로 경에 일렀으되 「뜻을 방비하

기를 성을 지키듯이 하고 입을 조심하기를 병을 지키듯이 하라」하

였으니, 어찌 잘 보호하지 아니하리요.

우리가 무시이래로 이 몸에 이르도록 무명이 애욕을 일으켜 생사

를 증장하고, 또한 열두 가지 괴로운 일과 여덟 가지 삿된 길과 여

덟 가지 액난을 구족하고, 三악도와 六취로 윤회하면서 경험하지

않음이 없나니, 이렇게 여러 곳에서 무량한 고통을 받는 것은 모두

의업으로 원결을 맺고 염념에 반연하여 잠깐도 버리지 못하고, 六

근을 선동하며 五체를 시켜서 가볍고 무거운 악업을 구비하게 지었

으며, 또 몸과 입이 뜻대로 되지 않으면 마음에 분노를 더하여 서

로 살해하되 조금도 가엾은 생각이 없으며, 자신은 조그만 괴로움
도 참지 못하면서 남에게는 고통이 더 심하기를 바라며, 남의 허물
을 보고는 선전하여 퍼뜨리면서도, 자기의 허물은 다른 이가 들을
까 염려하나니, 이런 심사는 실로 참괴할 일이니라.

또 뜻으로 진심을 내는 것은 대개가 원수이니, 그러므로 경에 말
하기를 「공덕을 겁탈하는 도적은 진심이 가장 심하다」 하고, 화엄
경에 말하기를 「불자가 내는 한 번의 진심은 모든 악을 뛰어넘는
다. 왜냐하면, 한 번 진심을 내면 백천 가지 장애를 받게 되나니,
이른바 보리를 보지 못하는 장애, 법을 듣지 못하는 장애, 악도에
태어나는 장애, 병이 많은 장애, 비방을 받는 장애, 어두움이 생기
는 장애, 바른 생각을 잃는 장애, 지혜가 없는 장애, 악지식을 가
까이 하는 장애, 어진 이를 좋아하지 않는 장애, 바른 소견이 멀어

지는 장애, 내지는 부처님의 교법을 여의고 마군의 경계에 들어가며, 선지식을 등지고 몸의 여러 기관이 불구가 되며, 나쁜 직업에 종사하는 집에 태어나고, 변방에 살게 된다」 하였나니, 이러한 장애는 이루 말할 수 없이 많느니라.

무시이래로 금일에 이르도록 우리에게 성내는 마음이 무량무변하게 있었을 것이며, 내지 친족에게도 성 내었을 것인데, 여섯 갈래의 모든 중생들에게야 말할 것 없으리라. 번뇌가 혹독하였을 적에는 스스로도 알지 못하였을 것이며, 다만 일이 마음대로 되지 않으면 무슨 생각인들 하지 않았겠으며, 만일 마음대로 된다면 누군들 피곤해 하겠는가. 그러므로 천자天子가 한번 노하면 송장이 만 리에 덮인다 하나니, 그보다 낫다 한들 공연히 분주하게 채찍으로 갈기고 결박하고 때려 죄업이 많았을 것이며, 이러한 때에 어디서 말하기를 「나는 선한 말誡을 의지하였다」 하겠는가. 오직 고초가 더심하지 않기만을 바랐을 것이니라. 이 뜻으로 짓는 악은 여러 중생에게 통하는 것이니, 지혜있는 이나 어리석은 이가 다 면하지 못하며, 귀하고 천한 이가 모두 그런 것이어서, 하루도 부끄러워 뉘우친 적이 없으리라.

오늘, 이 도량의 동업대중이여, 진심瞋恚의 번뇌는 깊은 것이어서, 비록 버리고자 하나 경계를 대하여 이미 발하였고, 동하기만하면 악과 더불어 함께 하는 것이매, 어느 때에나 이 괴로움을 면할 수 있겠는가. 대중이여, 이미 그런 죄를 알았으니, 어찌 태연하게 참회하지 않을 수 있겠는가. 우리는 오늘 간절하게 정성을 다하여 이 죄를 참회해야 하리니, 마땅히 각각 다같이 간절하게 五체투지하고 세간의 대자대비하신 부처님께 귀의할지니라.

자비도량참법 제六권 368

지심귀명례 미륵불彌勒佛

지심귀명례 석가모니불釋迦牟尼佛

지심귀명례 무소부불無所負佛

지심귀명례 월상불月相佛

지심귀명례 전상불電相佛

지심귀명례 공경불恭敬佛

지심귀명례 위덕수불威德守佛

지심귀명례 지일불智日佛

지심귀명례 상리불上利佛

지심귀명례 수미정불須彌頂佛

지심귀명례 치원적불治怨賊佛

지심귀명례 연화불蓮華佛

지심귀명례 응찬불應讚佛

지심귀명례 지차불智次佛

지심귀명례 이교불離憍佛

지심귀명례 나라연불那羅延佛

지심귀명례 상락불常樂佛

지심귀명례 불소국불不少國佛

지심귀명례 천명불天名佛

지심귀명례 견유변불見有邊佛

지심귀명례 심량불甚良佛

지심귀명례 다공덕불多功德佛

지심귀명례 보월불寶月佛

지심귀명례 사자상불師子相佛

자비도량참법 제六권 370

지심귀명례 요선불樂禪佛

지심귀명례 무소소불無所少佛

지심귀명례 유희불遊戲佛

지심귀명례 사자유희보살師子遊戲菩薩

지심귀명례 사자분신보살師子奮迅菩薩

지심귀명례 무변신보살無邊身菩薩

지심귀명례 관세음보살觀世音菩薩

또, 시방의 다함없는 모든 三보께 귀의하옵나니, 바라옵건대 자비한 힘과 무량무변하고 자재하신 힘으로 저희들이 금일 四생 六도와 부모와 사장과 일체 권속을 대하여 뜻으로 맺은 모든 원결에서, 대상이 되거나 대상이 아니거나, 경하거나 중하거나 참회함을 받으소서. 이미 맺은 원결은 참회하여 제멸하오며, 아직 맺지 않은 원결은 다시 맺지 않겠나이다. 원컨대 三보의 힘으로 가피하여 섭수하시며, 어여비 여겨 두호하사 해탈케 하여지이다.

저희들이 무시이래로 금일에 이르도록 뜻으로 지은 악업의 인연으로 四생 六도와 부모와 사장과 모든 권속에게 맺은 원결에서, 경하거나 중하거나 간에 오늘 참괴하여 발로참회하오니, 일체의 원결을 모두 제멸하여 주소서.

또, 무시이래로 금일에 이르도록 三독을 인하여 탐심을 일으키고 탐욕과 번뇌를 인하여 탐업을 일으키되, 감추어져 있거나 드러났거나 간에, 다함없는 모든 법계에 있는 다른 이의 소유물에 대하여 나쁜 생각을 내어 내가 가지려 하였으며, 내지 부모의 물건, 사장의 물건, 권속의 물건, 일체 중생의 물건, 천인의 물건, 신선의 물건 등, 이런 물건들을 다 자기의 것으로 생각하려는 그런 죄악이 무량무변한 것을 오늘 참회하여 제멸하기를 원하나이다.

또, 무시이래로 금일에 이르도록 성내는 업을 지어 밤낮으로 불타면서 일시일각도 쉬지 아니하고, 조금만 뜻에 안 맞아도 크게 성을 내어 모든 중생에게 갖가지 피해를 입히되, 혹은 채찍으로 갈기고, 혹 물에 빠뜨리며, 내지 압박하여 굶주리게 하며, 매어달고 가두는 등, 진심으로 지은 무량한 원결을 오늘 참회하여 제멸하기를 원하나이다.

또, 무시이래로 금일에 이르도록 무명을 따라서 우치한 업을 일으켜 모든 악업을 두루 지었으며, 바른 지혜가 없고 삿된 말을 믿으며, 삿된 법을 받는 등, 이런 우치한 업으로 원결을 맺은 것이 무량무변한 것을 오늘 참회하여 제멸하기를 원하나이다.

또, 무시이래로 금일에 이르도록 열 가지 사도邪道를 행하여 모든 원결을 맺고, 모든 업을 지어 생각마다 반연하여 잠깐도 버리지 못하며, 六정情을 선동하여 원결의 업을 지었으되, 혹 몸과 입으로 그 일을 성취하지 못하면 마음이 혹독하여지고, 내지 희롱거리로 시비를 일으키며, 순직한 마음으로 사람을 대하지 않고, 항상 왜곡된 생각으로 참괴함이 없나니, 이러한 죄가 무량무변하여 六도 중생에게 큰 괴로움을 받게 한 것을 오늘 참회하여 제멸하기를 원하나이다.

저희들이 무시이래로 금일에 이르도록 신업이 선하지 못하며, 구업이 선하지 못하며, 의업이 선하지 못하여, 이러한 악업을 부처님께 일으킨 일체 죄업과, 법보에게 일으킨 일체 죄업과, 모든 보살과 성현에게 일으킨 일체 죄업이 무량무변한 것을 오늘 지성으로 참회하여 제멸하기를 원하나이다.

또, 무시이래로 금일에 이르도록 몸의 三업과 입의 四업과 뜻의 三업으로 五역죄와 四바라이의 죄를 지은 것을 오늘 참회하여 제멸하기를 원하오며, 또 무시이래로 금일에 이르도록 六근·六진·六식과 허망하게 뒤바뀐 생각으로 모든 경계를 반연하면서 지은 일체 죄악을 오늘 참회하여 제멸하기를 원하오며, 또 무시이래로 금일에 이르도록 섭율의계攝律儀戒와 섭선법계攝善法戒와 섭중생계攝衆生戒를 범한 죄가 많아 죽은 뒤에 三악도에 떨어지되, 지옥 중에서 받을 항하의 모래알과 같이 수없이 많은 죄와, 아귀도에 떨어져 아는 것은 없고 항상 받을 기갈이 심한 괴로움과, 축생에 떨어져 받을 무량한 고통과, 음식은 부정하고 굶주리고 추위에 떠는 고난과 괴로움과, 인간에 태어나되, 삿된 소견을 가진 집에 태어나 마음이 항상 아첨하고 왜곡되며, 삿된 말을 믿고 바른 도를 잃어버리며, 생사고해에 빠져나올 기약이 없을 것이니, 三세의 모든 원결이 이루 말할 수 없어 오직 부처님만이 모두 알고 보시리니, 부처님께서 알고 보시는 모든 죄보를 오늘 참회하여 제멸하기를 원하나이다.

바라옵건대, 부처님의 대자비력과 대신통력과 중생을 조복하는 힘으로써, 저희 제자들이 오늘 참회하는 모든 원결을 곧 제멸케 하시며, 六도 四생 중에서 오늘 원한의 대상이 되는 이와, 대상이 되지 않는 이들까지도, 부처님과 지위가 높은 보살과 일체 현성의 대자비력으로써 이런 원수들을 끝까지 해탈케 하며, 오늘부터 보리에 이를 때까지 모든 죄업이 필경 청정하며, 악도에 태어나지 않고 정토에 나게 하며, 원결의 생활을 버리고 지혜의 생활을 얻으며, 원결의 몸을 버리고 금강같은 몸을 얻으며, 악도의 괴로움을 버리고 열반의 낙을 얻으며, 악도의 괴로움을 생각하고 보리심을 발하며, 자비희사와 六바라밀이 항상 앞에 나타나고, 네 가지 변재와 여섯 가지 신통이 뜻과 같이 자재하며, 용맹정진하여 쉬지 아니하며, 내지 닦아 나아가 十지행을 만족하고, 도리어 무변한 일체 중생을 제도하여지이다.

오늘, 이 도량의 동업대중이여, 과거·현재의 四생 六도와 미래의 세계가 다하도록까지 일체 중생이 오늘의 참회로써 함께 청정하며, 함께 해탈하며, 지혜를 구족하고 신통력이 자재하며, 모든 중생이 금일부터 보리에 이르도록 항상 시방의 다함없는 부처님의 법신을 보며, 모든 부처님의 三十二상과 자마금신을 보며, 모든 부처님께서 八十종호의 형체를 나누어 시방에 가득하여 중생을 구제하는 몸을 보며, 모든 부처님이 미간 백호상의 광명을 놓아 지옥고를 구제함을 보도록 발원할지니라.

또 원컨대, 오늘 이 도량의 동업대중이 지금 참회하는 청정한 공

377 자비도량참법 제六권

덕의 인연으로 금일부터 몸을 버리거나 몸을 받되, 확탕지옥과 노탕지옥에서 형체를 볶는 고통을 경험하지 않으며, 아귀의 세계에서 목구멍은 바늘같고 배는 북과 같아서 기갈을 참는 고통을 경험하지 않으며, 축생의 세계에서 빚과 목숨을 갚느라고 몰려다니면서 가죽을 벗기는 고통을 경험하지 않으며, 인간 세계에서 四백 네 가지 병이 몸에 침노하는 고통과 더위와 추위를 참아야 하는 고통과, 칼과 짝대기와 독약으로 해롭게 하는 고통과, 굶주리고 목마른 궁핍한 고통을 경험하지 않게 하여지이다.

또 원컨대, 이 대중이 오늘부터 청정한 계행을 받들어 더럽히려는 마음이 없고, 항상 인의仁義를 수행하여 은혜 갚을 생각을 가지고 부모 공양하기를 세존을 받들듯이 하며, 스승 섬기기를 부처님을 대하듯 하며, 국왕을 공경하기를 부처님의 법신을 대하듯이 하

자비도량참법 제六권 378

며, 다른 일체에 대하여도 제 몸과 같이 하여지이다.

또 원컨대, 이 대중이 오늘부터 보리에 이르도록 깊은 법을 통달하여 두려움이 없는 지혜를 얻고, 대승을 밝게 해석하여 정법을 분명히 알되 스스로 알게 되고, 다른 이를 말미암아 깨닫지 아니하며, 한결같이 견고하여 불도를 구하며, 도리어 그지없는 일체 중생을 제도하여 여래와 함께 정각을 이루어지이다.

오늘의 이 도량에 있거나 없는 대중이 발하는 조그마한 소원을 증명하소서. 저희들의 소원은 성현의 계시는 곳에 나서 도량을 건립하고 공양을 이바지하며, 중생들을 위하여 큰 이익을 지으며, 항상 三보의 자비로 섭수함을 받으며, 세력이 있어서 교화를 행하며, 항상 정진하고 닦아서 세상의 낙에 집착하지 않고 일체 법이 공함을 알며, 원수와 친한 이를 다같이 잘 교화하며, 보리에 이르도록 마음이

자비도량참법 제六권

물러가지 않으며, 오늘부터는 조그만 선도 다 원력을 도와지이다.

또 원컨대, 인간에 태어나면 선행을 닦는 집에 나서 자비도량을 건립하여 三보께 공양하고, 조그만 선도 모두에게 베풀어 화상과 아사리를 항상 떠나지 않으며, 나물 밥을 먹고 애욕을 끊어 처자를 필요로 하지 않으며, 충성하고 정직하고 인자하고 화평하며, 나에게 해로와도 남을 구제하고 명리를 구하지 말아지이다.

또 원컨대, 만일 이 몸을 버리도록 해탈을 얻지 못하고 귀신 중에 나게 되면, 대력귀왕大力鬼王과 호법선신護法善神과 제고濟苦선신이 되어 옷과 밥을 도모하지 않아도 자연히 배부르고 따뜻하여지이다.

또 원컨대, 이 몸을 버리도록 해탈을 얻지 못하고 축생 중에 나게 되면, 항상 깊은 산에 살면서 풀을 먹고 물을 마시되 괴로움이 없으며, 나오게 되면 상서로운 짐승이 되어 속박을 받지 말아지이다.

또 원컨대, 이 몸을 버리도록 해탈을 얻지 못하고 아귀 중에 떨

어지면, 몸과 마음이 안락하여 모든 시끄러움이 없고, 같은 동족들

을 교화하여 모두 허물을 뉘우치고 보리심을 발하여지이다.

또 원컨대, 이 몸을 버리도록 해탈을 얻지 못하고 지옥에 떨어지

게 되면, 스스로 전세의 인연을 알고, 같은 동족들을 교화하여 모

두 허물을 뉘우치고 보리심을 발하여지이다.

저희들은 항상 보리심을 생각하고 보리심이 항상 계속하고 끊이

지 않고자 하옵나니, 시방의 일체 제불과 지위가 높은 보살과 일체

성인은 자비심으로 저희를 위하여 증명하시며, 또 모든 하늘과 신

선과 호세 四천왕과 선을 주장하고 악을 징벌하며 주문을 수호하는

五방 용왕과 용신 八부는 함께 증명하소서. 다시 지성으로 三보께

귀의하나이다.

찬불축원(讚佛祝願)

대성 세존께서 외외당당巍巍堂堂하사

三달達의 지혜로 환히 비치시니

여러 성인 중의 왕이시네.

몸을 나누어 제도하시며

도량에 앉으시니

인천人天이 귀의하여

법을 물음이 그지없고

여덟 가지 뛰어난 음성 멀리 퍼짐에

마군들이 놀라며

위엄이 대천세계에 떨치니

자비도량참법 제六권 382

자비로 교화하심 멀리 미치네.

자비하신 힘으로

시방을 섭수하사

여덟 가지 괴로움 영원히 하직하고

보리의 고향에 이르게 하시네.

그러므로 여래·응공·정변지·명행족·선서·세간해·무상사·조어장부·천인사·불 세존이라 하시나니, 한량없는 사람을 제도하여 생사의 괴로움에서 구제하시나이다.

이제 참회하고 부처님을 찬탄한 공덕 인연으로 四생 六도의 일체 중생이 오늘로부터 보리에 이르도록 부처님의 신통력으로 자유자재하여지이다.

찬(讚)

마음이 몸과 입을 시키며

서로 원인이 되어 짓고 변하면서

여섯 갈래로 다니며 허물을 일으켜

원결의 대상이 되고 얽혔으나

부처님의 자비를 의지하여

배를 옮겨 번뇌의 강을 건너네.

나무 현전지보살마하살現前地菩薩摩訶薩(세번)

출 참(出懺)

여래께서 옛날에 행하신 六념의

자비도량참법 제六권 *384*

대자비문은 말로 할 수 없나니

이렇게 수행하기 그지없으사

견고하여 파괴되지 않는 몸 얻으셨으며

자비는 광대하시고

지혜는 한량없으사

六시時로 정진을 더 힘써

六바라밀 더욱 밝으시었네.

바라건대 부처님 감응하사 이루어 주소서.

이제까지 참회하는 저희들

자비도량참법을 수행하여

제六권이 끝나니

공功과 과果가 원만하나이다.

훌륭한 향을 사르고

휘황하게 등을 켜며

일곱 가지 진수 차리고

아름다운 차를 받들어

이 법회의 성현과

단상을 살피시는 신장께 공양하오니

이 선한 공덕을 모아

여러 중생에게 입혀지이다.

참회하는 저희들

세세생생 이어 내려오는 업장 씻어버리고

六천天의 쾌락 증장하려 하오니

바라옵건대

六근根이 청정하여 아침해가 허공에 뜨듯

六식識이 원명하기 가을 달이 물에 비치듯

받아들이는 일 모두 반야의 인因이 되고

여섯 가지 애욕과 번뇌로 원명한 결과를 얻고

여섯 가지 수승한 일, 이 세계 저 세계에서 이루고

六바라밀은 천상과 인간에 원만하여

四생과 六도 함께 해탈을 얻고

九유有와 三도途 모두 괴로움을 벗어지이다.

깊은 사정 구비하지 못하고

무거운 허물 말할 수 없으매

거듭 여러 대중들

함께 참회하나이다.

찬(讚)

양황참 六권의 공덕으로 저희들과 망령이 六근으로 지은 죄 소멸되고, 보살의 현전지(現前地 : 보살 十지의 제六위。여기서는 연기의 모습이 눈앞에 나타난다)를 증득하며, 참문懺文 외우는 곳에 죄의 꽃이 스러지며, 원결을 풀고 복이 더하여 도리천에 왕생하였다가 용화회상에서 다시 만나 미륵 부처님의 수기를 받아지이다. 나무 용화회보살마하살龍華會菩薩摩訶薩(세번)

거 찬(擧讚)

양황참 제六권 모두 마치고

四은恩과 三유有에 회향하오니

참회하는 저희들

수복이 증장하고

망령들은 정토에 왕생하여지이다.

현전지보살 어여삐 여기사 거두어 주소서.

나무 등운로보살마하살登雲路菩薩摩訶薩(세번)

자비도량참법(慈悲道場懺法) 제七권

찬(讚)

천상의 진수

순타의 최후의 공양

주릴 때 삼麻과 보리로 배를 채우고

선인이 또 성찬을 보내고

목우녀牧牛女 죽을 올리니,

四천왕이 바루를 받들고

영산회상을 떠나네.

나무 보공양보살마하살普供養菩薩摩訶薩(세번)

듣사오니,

七불 세존은 참법을 증명하는 님이시고

일곱 비유의 경전은 해탈에 들어가는 문이시니

七보의 법재法財가 있고

七각지覺支를 구족하며

전단림旃檀林을 전단으로 둘러싸고

사자왕이 사자의 하품을 하시니

소원을 모두 이루어 주고

구하는 일 다 응하시네.

자비의 구름을 널리 펴시고

물속의 달처럼 함용含容하실세

머리 조아려 원하오니

참법을 증명하소서.

지금 참회하는 저희들

이제 제七권의 연기를 당하여

자비도량참법을 수행하오며

신도들은 더욱 은근하고

사문은 법다이 지녀 닦으오며

당번과 탱화로 장엄하고

향과 등과 꽃을 진열하여

정성으로 공양하오며

백번 절하고 공경하나이다.

생각컨대 저희들은

많은 부모에게서 태어나고 여러 겁을 원수와 친척 맺어

일곱 갈래에서 윤회하면서 모든 악을 두루 지었고

七정情의 망상으로 방종하여 못하는 짓이 없었으며,

일곱 가지 아만으로 성현을 기망欺罔하고

일곱 가지 샘漏으로 번뇌를 지어 깨달음을 등지니

일곱 가지 계율 모두 지키지 않고

일곱 가지 말리는 역적죄를 피할 수 없네.

생각컨대 많은 겁 동안 참회하지 못하더니

금생에 다행하게 불법을 만난지라

부처님 형상 앞에서 발로하고

대원경大圓鏡 속에서 죄를 씻으며

저희들 모든 대중으로 하여금

참회문을 읽게 하오니

연기緣起는 시작이 있으나

슬픈 마음 그지없어라.

부처님 가엾이 여겨

명훈가피冥熏加被하소서.

시방세계에 계시는

三세의 모든 부처님이시여,

청정한 신·구·의 三업으로

남김없이 두루 예경하나이다.

입 참(入懺)

자비도량참법을 수행하오며

三세의 부처님께 귀의하나이다.

지심귀명례 과거 비바시불過去毘婆尸佛

지심귀명례 시기불尸棄佛

지심귀명례 비사부불毘舍浮佛

지심귀명례 구류손불拘留孫佛

지심귀명례 구나함모니불拘那含牟尼佛

지심귀명례 가섭불迦葉佛

지심귀명례 본사 석가모니불本師釋迦牟尼佛

지심귀명례 당래 미륵존불當來彌勒尊佛

오늘, 이 도량의 동업대중이여, 지극한 덕은 매우 아득하여 본래 말도 없고 말할 수도 없느니라. 말은 덕을 이야기함이요, 도에 들어가는 가까운 길이며, 말하는 것은 이치에 이르는 계단이요, 성인의 자리로 인도함이니라. 그러므로 말을 빌려 이치를 나타내나니, 이치를 나타내는 것이므로 말은 아니요, 이치는 말을 의지하여 드러나는 것이므로 말은 이치를 초월하지 않느니라. 비록 말과 이치가 모두 어긋나고 선과 악이 현저하게 끊어졌지마는 그림자와 메아리처럼 부합하여 일찍이 어긋나지 않느니라. 초학初學은 말로 인하여 도리를 알게 되다가, 무학無學에 이르러서는 이내 이치에 합하고 말을 잊어버리느니라. 생각컨대 어리석은 범부는 번뇌의 업장이 두터워서 모든 법문에서 말을 버리지 못하거니와, 지금 인식이 부족하여 묘한 이치를 다하지 못하며, 소견이 천박하여 궁극에 이르지 못하는 것이니라. 그러므로 말하기는 쉬우나 실행하기는 어려우니 오직 성인들만이 구비하게 행하느니라.

이제 어떤 사람이 힐난하여 말하였다. 「자신도 바로 하지 못하면서 어떻게 남을 바르게 하며, 자기의 三업이 혼탁하거니 어떻게 다른 이를 청정케 하겠는가. 자기는 청정치 못하면서 남을 청정케 한다는 것은 될 수 없는 것이니, 자기가 견고치 못하고야 어떻게 남을 권하리요. 이제 부질없는 말과 행동을 하여 남을 괴롭게 하나니, 남이 이미 괴로워 하거늘 어찌하여 그치지 않는고. 이리저리 생각하건대 어찌 부끄럽지 아니하리요.」 내가 선지식이노라 하면서 이런 말을 하기에 의복을 단정히 하며 얼굴을 공손히 하고 대답을

하지 않았으나, 이제 와서 선지식의 이 말을 들으니 마음이 부끄럽

고 허물이 큰 줄을 알았으므로 감히 성인을 기망하고 허물을 감추

지 못하노라. 이제 훼방하려 하나 혹시 어떤 사람이 이를 인하여

복덕이 증가할는지도 모르며, 그냥 두려고 하나 혹시 어떤 사람이

이를 인하여 비방할는지도 모르는 터이라, 나아가지도 물러서지도

못하고 망설이면서 어찌할 바를 알지 못하여, 우선 참법을 말하노

니, 마음은 선한 것이며 선한 법은 장애가 없나니, 다만 노력할 것

이요 다른 일을 계획하지 말지니라.

이제 세간의 대자대비하신 부처님께서 두호하고 섭수하심을 믿을

것이니, 이미 그런 말씀이 계시었으니 훼방할 것이 아니요 오직 참

괴할지니라. 대중은 괴롭게 생각하지 말라. 조금이라도 이치에 맞

으면 이 참법을 의지하여, 지나간 허물을 고치고 장래의 선을 닦으

면 선지식이 될 것이요, 만일 대중의 마음을 모른다 하여도 보시

하고 환희하면 악지식은 되지 않을 것이며, 보리의 권속이 될 것

이니라.

一〇. 자 경(自慶)

오늘, 이 도량의 동업대중이여, 三보께 귀의한 이후부터 지극한

도덕을 믿을 줄을 알고 의심을 끊어 참회하였으니, 죄업과 번뇌가

모두 없어졌을 것이요, 계속하여 발심하고 실행할 것을 권장하였으

니, 원결이 이미 풀리어 소요자재하여 장애될 것이 없으리라. 어찌

사람마다 용약환희하여 스스로 기뻐하지 아니하리요. 이제 그 뜻을

말하리라.

경에 八난難을 말하였으니, 一은 지옥이요, 二는 아귀요, 三은 축생이요, 四는 변지邊地요, 五는 장수천長壽天이요, 六은 사람이 되었으나 난치의 병으로 불구가 됨이요, 七은 사견가邪見家에 태어남이요, 八은 부처님이 계시지 않을 때 나는 것이니라. 이러한 八난이 있으므로, 중생들이 생사에 윤회하면서 벗어나지 못하느니라. 우리들은 여래의 말법 중에 나서 부처님과 만나지는 못하였으나, 경사가 오히려 많으니라. 「난」이란 말은 마음에 죄가 있음이니, 마음으로 의심하면 난이 아닌 것도 난이 되고, 마음에 의심이 없으면 난이 되지 않느니라. 어떻게 그런 줄을 아는가. 여덟째의 난에 부처님이 계시지 않을 때 나는 것을 난이라 하였거니와, 성동노모城東老母는 부처님과 한 세상에 나서 부처님과 한 처소에 있었으나 부처님을 뵈옵지 못하였으니, 그러므로 마음으로 의심하면 난이 되고 다른 세상에 난다고 해서 난은 아니니라. 또 파순은 나쁜 생각을 가졌다가 살아서 지옥에 빠졌고, 용왕은 법문을 듣고 문득 도를 깨쳤으니, 반드시 천상이나 인간에 났다고 해서 난이 아니라고 할 수 없느니라. 마음이 진실로 선하지 못하면 태어남도 다를 것 없나니 천상의 귀한 몸으로도 지옥에 떨어지고, 축생의 천한 몸으로도 도량에 오르나니, 이것으로 미루어 보면 마음이 삿되면 가벼운 난도 무겁게 되고, 마음이 바르면 무거운 난도 장애가 되지 않느니라.

오늘, 이 도량의 동업대중이여, 마음이 장애되는 탓으로 간 곳마다 난難이 되거니와, 마음이 바르기만 하면 난도 난이 되지 않나니, 이 한 가지에 따라야 할 바가 있느니라. 그러므로 부처님 앞과 부처님 뒤도 정법 아닌 것이 없고, 변지와 축생도 모두 도를 얻는 곳이니라. 이제 만일 마음이 바르면 八난이 다시 없을 것이요, 만일의 혹하면 한량없는 난이 될 것인 즉, 이렇게 기쁘고 다행한 일이 적지 않건마는 대중이 날마다 만나면서도 알지 못할세, 이제 대강 소견을 말하여 스스로 기쁘고 다행한 일을 보이리니, 만일 기쁘고 다행한 줄을 알면 모름지기 출세할 마음을 닦을지니라.

어떤 것을 스스로 경행慶幸한 일이라 하는가. 부처님 말씀에, 지옥을 면하기 어렵다 하였으나 우리는 이미 이 고통을 면했으니 첫째 경행한 일이요, 아귀를 벗어나기 어렵다 했으나 우리는 이미 그 괴로움을 여의었으니 둘째 경행한 일이요, 축생을 버리기 어렵다 하였으나 우리가 그런 과보를 받지 아니 하였으니 셋째 경행한 일이요, 변지에 태어나면 인의仁義를 모를 것인데 이미 근역槿域에 함께 있으면서 도법이 유행하며 친히 미묘한 이치를 들으니 넷째 경행한 일이요, 장수천에 나면 복을 지을 줄을 모를 것이나 우리는 벌써 좋은 인을 심었으니 다섯째 경행한 일이요, 사람의 몸은 얻기 어렵고 한번 잃으면 다시 만나지 못하는데 우리는 각각 사람이 되었으니 여섯째 경행한 일이요, 六근이 불구면 선근에 참여키 어려운데 우리는 이미 청정하여 깊은 법문을 향하였으니 일곱째 경행한 일이요, 세상에 지혜있고 말 잘하고 총명한 이는 도리어 난이 되는데 우리는 일심으로 정법에 귀의하였으니 여덟째 경행한 일이요, 부처님 앞과 부처님 뒤에 나면 난이 되고, 혹은 부처님을 뵙지 못함이 더 큰 난이라 하는데 우리는 이미 좋은 원을 발하고 미래세에 중생을 구제하게 되었으니 여래를 뵙지 못한다고 난이 될 것이 아니며, 한번 형상을 뵙고 한번 정법을 들었으니 옛날 녹야원에서 설법함과 같으니라. 죄를 멸하고 사람으로 태어나면 그만이라. 부처님을 뵙지 못한다 해서 난이라 할 수 없으며, 부처님 말씀에 부처님 뵙는 것이 어렵다 하였으나 우리는 이미 불상을 대하였으니 아홉째 경행한 일이요, 부처님 말씀에 법문 듣기가 어렵다 하였는데 우리는 이미 감로수를 먹었으니 열째의 경행한 일이요, 부처님 말씀에 출가하기가 어렵다 하였으나 우리는 이미 부모의 애정을 끊고 불법에 귀의하였으니 열한째 경행한 일이요, 부처님 말씀에 자기를 이롭게 하기는 쉬우나 남을 이롭게 하기는 어렵다 하였는데 우리가 오늘 한번 뵙고 한번 예배한 것까지도 모두 시방의 일체 중생에게 회향하니 열두째 경행한 일이요, 부처님 말씀에 애써 노력하며 괴로움을 참는 일이 어렵다 하였는데 우리는 오늘 각각 부지런히 선한 일을 하였으니 열셋째 경행한 일이요, 부처님 말씀에 경을 독송함이 어렵다 하였으나 우리는 경전을 무시로 읽고 보나니 열넷째 경행한 일이요, 좌선이 어렵다 하였으나 지금

잡념을 쉬고 뜻을 정한 이가 있으니 열다섯째 경행한 일이니라.

오늘, 이 도량의 동업대중이여, 이와 같이 스스로 기쁘고 다행한 일이 진실로 한량이 없나니, 변변치 못한 말로는 이루 다 말할 수 없나니라. 사람이 세상을 사는데 괴로움은 많고 낙은 적으니, 한 가지 기쁨과 한 가지 즐거움도 오히려 얻기 어렵거늘, 우리가 이제 여러 가지 장애가 없음을 얻었으니 이것을 모두 시방 三보의 위신력이니라.

각각 지성으로 이 은혜를 생각하고 다같이 간절하게 五체투지하고 국왕과 국토와 인민과 부모와 사장과 상·중·하좌와 시주 단월과 선지식·악지식과 천인과 신선과 호세 四천왕과 총명하고 정직함과 천지 허공과 선한 이를 권장하고 악한 일을 벌 주는 이와 주문을 수호하는 이와 五방용왕과 용신八부와 모든 대마왕과 五제帝

대마大魔와 모든 마왕과 염라왕과 태산부군과 五도대신道大神과 十八옥주와 그 모든 권속들과 三계 六도의 무궁무진한 불성 있는 중생들을 위하여, 지성으로 시방의 다함없는 모든 三보께 귀의하옵나니, 바라옵건대 자비하신 마음으로 가피하여 섭수하시며, 부사의 한 신통으로 보호하고 구제하사 천인과 신선들과 일체 신중과 三계 六도의 일체 중생들로 하여금 오늘부터 생사의 바다를 건너서 열반의 저 언덕에 이르며, 행과 원이 만족하여 十지에 오르고 금강심에 들어가 등정각을 이루게 하여지이다.

一一、경연삼보(警緣三寶)

오늘, 이 도량의 동업대중이여, 다시 각각 三보를 생각해야 하나니, 무슨 까닭인가. 만일 三보를 알지 못하면 어떻게 인자한 마음으로 중생을 연민하며, 三보를 알지 못하고야 어떻게 어여삐 여기는 마음으로 일체를 섭수하며, 三보를 알지 못하고야 어떻게 평등한 마음으로 원수와 친한 이를 한결같이 관찰하며, 三보를 알지 못하고야 어떻게 미묘한 지혜를 얻어 무상보리를 증득하며, 三보를 알지 못하고야 어떻게 二공空과 진실상眞實相을 분명하게 알겠는가.

부처님이 말씀하시기를, 사람되기 어렵다 하였으나 이미 얻었고, 신심을 내기 어렵다 하였으나 이미 내었으니, 우리는 이제 三보께 귀의하여 눈으로는 지옥 아귀의 혀를 뽑고 불을 토하는 모양을 보지 말고, 귀로는 지옥 아귀의 고통받고 번민하는 소리를 듣지 말고, 코로는 지옥 아귀의 몸을 찢고 고름이 썩는 냄새를 맡지 말고, 혀로는 썩고 더러운 맛을 맛보지 말고, 몸으로는 확탕과 노탄과 한빙지옥의 괴로움 겪지 말고, 뜻으로는 부처님이 자비하신 아버지로서 큰 의사이신 줄 알며, 모든 교법은 중생의 병을 치료하는 약인 줄 알며, 여러 성현은 모든 중생의 병을 보살피는 어머니인 줄을 알아서, 항상 三보께서 세상을 구호하는 줄을 일깨워 반연할 것이며, 생각이 있는 곳에 알음알이識가 있어 내가 항상 알 수 있느니라. 우리가 오늘 비록 부처님을 뵈옵지 못하는 말법에 태어났으나, 신심이 있고 六근이 청정하여 시끄러움이 없으며, 마음대로 다니면서 장애가 없으니, 이런 과보는 모두 전세의 인연으로 三보의 은혜이며, 또 금세에 보리심을 발하게 되었으니 이러한 이익은 말로 다 할 수 없느니라. 어찌 저마다 은혜를 갚아 공양하지 아니하리요.

오늘, 이 도량의 동업대중이여, 모든 공덕 가운데 공양이 제일이니라. 그러므로 경에 말하기를 「생각컨대 지나간 세상에서 공양이

변변치 않았으되 그 과보로 여러 겁을 지냈고, 남은 복으로 세존을

만났다」 하고, 또 경에 말하기를 「은혜를 갚고자 하면 탑과 절과

등촉과 번개와 향화와 좌복 등, 가지가지로 공양하면, 오는 세상에

자연히 복을 받느니라」 하였다. 그러나 비록 아무리 공양하더라도

부처님 은혜를 갚지 못하나니, 부처님 은혜를 갚으려면 보리심을

발하고, 四홍서원을 세우며, 무량한 인연을 지어 몸을 장엄하고,

정토의 행을 닦을지니, 이것이 지혜있는 이의 은혜를 알고 은혜를

갚는 것이니라.

오늘, 이 도량의 동업대중이여, 부처님의 자비한 은혜를 갚아야

할 것인데, 보살 마하살이 몸을 부수어도 만분의 일도 갚지 못하거

늘, 하물며 우리 범부가 어떻게 갚으리요. 우리들은 마땅히 경의

말씀을 의지하여 사람을 이롭게 함이 으뜸이 되나니, 각각 지극한

409 자비도량참법 제七권

마음으로 五체투지하고 시방의 무궁무진한 四생의 중생을 위하여

세간의 대자대비하신 부처님께 귀의할지니라.

지심귀명례 미륵불彌勒佛

지심귀명례 석가모니불釋迦牟尼佛

지심귀명례 덕보불德寶佛

지심귀명례 응명칭불應名稱佛

지심귀명례 화신불華身佛

지심귀명례 대음성불大音聲佛

지심귀명례 변재찬불辯才讚佛

지심귀명례 금강주불金剛珠佛

지심귀명례 무량수불無量壽佛

자비도량참법 제七권 *410*

지심귀명례 주장엄불珠莊嚴佛

지심귀명례 대왕불大王佛

지심귀명례 덕고행불德高行佛

지심귀명례 고명불高名佛

지심귀명례 백광불百光佛

지심귀명례 희열불喜悅佛

지심귀명례 용보불龍步佛

지심귀명례 의원불意願佛

지심귀명례 보월불寶月佛

지심귀명례 멸기불滅己佛

지심귀명례 희왕불喜王佛

지심귀명례 조어불調御佛

지심귀명례 희자재불喜自在佛

지심귀명례 보계불寶髻佛

지심귀명례 이외불離畏佛

지심귀명례 보장불寶藏佛

지심귀명례 월면불月面佛

지심귀명례 정명불淨名佛

지심귀명례 무변신보살無邊身菩薩

지심귀명례 관세음보살觀世音菩薩

또, 시방의 다함없는 모든 三보께 귀의하옵나니, 원컨대 자비력

과 중생을 덮어 보호하는 힘과 큰 방편의 힘과 부사의한 힘으로 참

법을 수행하는 제자들과 법계의 일체 중생들이 세세생생 있는 곳마

다 항상 三보의 이름을 듣고, 항상 三보의 형상을 보고, 항상 三보
의 광명이 몸과 마음에 비추이고, 항상 三보의 자비로 몸과 마음을
덮어 두호하심을 입고, 항상 三보의 위신력으로 몸과 마음을 제도
하심을 얻고, 항상 三보의 지혜로 몸과 마음을 깨우쳐 주심을 얻어
무생법인無生法忍을 깨닫고 진실상을 증득케 하여지이다.

또 원컨대, 세세생생 있는 곳마다 항상 三보의 원인을 알고, 항
상 三보의 덕을 생각하며, 항상 三보를 칭찬하고, 항상 三보를 공
경하고, 항상 三보께 공양하고, 항상 三보를 건립建立하고, 항상 三
보를 호지護持하고, 항상 三보를 상속케 하여지이다. 이렇게 三보
를 경연警緣함으로써 은혜를 알고 은혜를 갚으며, 사람마다 각각
六근이 청정하며, 五안眼이 원명圓明하며, 四무량심과 四무애지無礙
智가 생각함을 따라 앞에 나타나며, 六신통과 六바라밀이 마음대로

자재하며, 미래의 세계가 끝나도록 중생을 이익케 하며 행과 원이
원만히 성취되어 함께 정각에 올라지이다.

一二, 참주사대중(懺主謝大衆)

오늘, 이 도량의 동업대중이여, 우리는 서로 견고한 신심을 내고
보리심을 발하여 서원코 물러가지 않으려 하나니, 이는 불가사의한
뜻이라, 이 마음과 이 뜻을 부처님들이 칭찬하시나니라.

오늘 남의 선행을 크게 기뻐하고 오는 세상에 다시 만나며, 이
몸을 버리고 다른 몸을 받아도 서로 여의지 말고, 보리에 이르도록
영원히 법의 친척과 자비권속이 될지니라.

지금 이 법회에 모임은 욕되고 부끄러운 일이니, 지혜로는 그러

자비도량참법 제七권 414

한 것을 알 수가 없고 몸은 실행과 어기는데, 경솔히 이런 뜻을 내었으니 진실로 보고 듣는 이가 놀랄만 하니라. 그러나 사람은 미약한데 일은 중대하고, 마음에는 서로 상극하는 생각이 얽히나니 만일 굳센 인연에 의지하지 않으면 좋은 과보를 얻을 수 없도다. 진실로 잘못 지은 줄을 알고 마음으로 선을 잊지 아니하고, 전념하는 힘을 입어 함께 자비의 친족이 될지니라. 대중들을 이 도량에 모이도록 하였으나 시운時運이 머물러 있지 아니하여 문득 기한이 박두하니, 연행緣行이 끄는 바에 좋은 법회를 기약하기 어려우니라. 마땅히 스스로 독려하며 다른 이까지 이롭게 하고, 우뚝하게 군중에 배열排列하여 후회하지 말라. 법음法音이 귀에 스치기만 하여도 공덕의 과보가 여러 겁에 이르며, 一념의 선도 오래오래 몸을 돕나니, 한결같이 뜻이 순일하면 원을 이루지 못할 것 없느니라. 사람마다 지극한 정성으로 五체투지하여 세간의 대자대비하신 부처님께 귀의할지니라.

지심귀명례 미륵불彌勒佛

지심귀명례 석가모니불釋迦牟尼佛

지심귀명례 위덕적멸불威德寂滅佛

지심귀명례 수상불受相佛

지심귀명례 다천불多天佛

지심귀명례 수염마불須燄摩佛

지심귀명례 천애불天愛佛

지심귀명례 보중불寶衆佛

지심귀명례 보보불寶步佛

자비도량참법 제七권　*416*

지심귀명례　사자분불師子分佛

지심귀명례　극고행불極高行佛

지심귀명례　인왕불人王佛

지심귀명례　선의불善意佛

지심귀명례　세명불世明佛

지심귀명례　보위덕불寶威德佛

지심귀명례　덕승불德乘佛

지심귀명례　각상불覺想佛

지심귀명례　희장엄불喜莊嚴佛

지심귀명례　향제불香濟佛

지심귀명례　향상불香像佛

지심귀명례　중염불眾燄佛

지심귀명례 자상불慈相佛

지심귀명례 묘향불妙香佛

지심귀명례 견개불堅鎧佛

지심귀명례 위덕맹불威德猛佛

지심귀명례 주개불珠鎧佛

지심귀명례 인현불仁賢佛

지심귀명례 무변신보살無邊身菩薩

지심귀명례 관세음보살觀世音菩薩

또, 시방의 다함없는 모든 三보께 귀의하옵나니, 원컨대 이 도량의 동업대중과 법계의 일체 중생이 동일한 보리심과 동일한 보리원으로 오늘부터 미래의 세계가 다하도록 세세생생에 항상 三보의 권

속이 되며, 함께 지혜와 법의 친척이 되며, 함께 자비의 골육이 되

며, 같은 곳에서 인행을 닦고, 같은 곳에서 과를 증득하되, 소리와

메아리 같이 서로 응하며, 형상에 그림자가 서로 따르듯이 정토를

장엄하고 부처님을 섬기되, 함께 행하며 함께 이르며, 세계를 구호

하며 중생을 접인하되, 힘을 함께 하여 함께 지어지이다. 법신은

본래 두 체體가 없고, 행과 원은 또한 한 가지이니 三신身과 四지智

를 함께 원만히 성취하고 八해탈과 六신통이 함께 자재하며 장래의

사람들을 이익케 하여 함께 정각에 올라지이다.

一三, 총발대원(總發大願)

오늘, 이 도량의 동업대중이여, 또 우리가 오늘 참회하고 발심한

공덕인연으로 원컨대 시방의 다함없는 모든 천왕과 모든 하늘과 각

각 권속들과, 또 선주仙主와 일체 진선眞仙과 각각 권속들과, 또 범

왕과 제석천과 호세四천왕과 신왕神王과 신장과 각각 권속들과, 또

총명하고 정직한 이와 천지 허공과 선을 권하고 악을 벌하는 이와

주문을 수호하는 이와 일체의 신왕神王과 신장과 각각 권속들과,

또 묘화妙化용왕과 두화제頭化提용왕과 五방용왕과 용신八부와 八부

신왕神王과 八부신장과 각각 권속들과, 또 아수라왕과 일체 신왕과

일체 신장과 각각 권속들과, 또 인간의 일체 인왕人王과 신민과 장

수와 각각 권속들과, 또 시방의 비구와 비구니와 식차마나와 사미

와 사미니와 각각 권속들과, 또 염라왕과 태산부군泰山府君과 五도

대신道大神과 十八옥왕獄王과 일체 신왕과 일체 신장과 각각 권속들

과, 또 지옥도의 일체 중생과 아귀도의 일체 중생과 축생도의 일체

중생과 각각 권속들과, 또 시방의 다함없는 법계와 미래의 세계가 끝나기까지의 크고 작은 일체 중생과 각각 권속들과, 또 뒤에 오는 중생과 다른 세계의 중생들까지 모두 대원해大願海에 들어가서 각각 공덕과 지혜를 구족하여지이다.

또 이러한 三계의 안과 三계 밖의 무궁무진無窮無盡한 일체 중생의 명색名色에 속해 있는 불성佛性이 있는 이들까지도 공덕과 지혜가 구족하여지이다.

오늘 저희들은 시방의 다함없는 모든 부처님의 대자비력과, 여러 대보살과 일체 성현의 근본 서원력과, 무량무진한 지혜력과 무량무진한 공덕력과 자재신통력과, 중생을 덮어 두호하는 힘과, 중생을 안위하는 힘과, 천인과 신선의 번뇌를 다하게 하는 힘과, 일체 선신善神을 교화하는 힘과, 지옥 중생을 구제하는 힘과, 모든 아귀를

제도하는 힘과, 일체 중생을 해탈케 하는 힘을 받자와, 여러 중생

들로 하여금 소원한 바와 같이 이루어지기를 바라나이다.

또 오늘, 저희들이 이어받은 자비도량의 힘과 三보에 귀의한 힘

과, 의심을 끊고 신심을 낸 힘과, 참회하고 발심한 힘과, 원결을

풀어 없앤 힘과, 스스로 기뻐한 힘과, 용약하고 지극한 마음의 힘

과, 발원하고 회향한 선근의 힘을 받자와, 모든 중생으로 하여금

소원이 여의케 하여지이다.

또 오늘, 저희들이 이어받은 七불의 인자한 힘과, 시방 제불의

대비하신 힘과, 三十五불의 번뇌를 멸하는 힘과, 五十三불의 마군

을 항복받는 힘과 一百七十불의 중생을 제도하는 힘과, 千불의 중

생을 섭수하시는 힘과, 十二보살의 중생을 보호하시는 힘과, 무변

신보살·관세음보살의 참법을 유통한 힘으로, 시방 三계 六도의 미

래가 끝날 때까지의 일체 중생으로서, 크거나 작거나, 오르거나 내

리거나, 명색에 소속된 불성 있는 모든 이로 하여금 지금 참회한 지혜

후부터 태어나는 곳에서 각각 부처님과 여러 대보살의 광대한 지혜

와 불가사의한 무량하고 자재한 신력의 몸을 얻되, 六도신度身으로

는 보리에 향하고, 四섭신攝身으로는 일체를 버리지 않고, 대비신大

悲身으로는 일체의 괴로움을 뽑아주고, 대자신大慈身으로는 일체의

낙을 주고, 공덕신으로는 일체를 이익케 하고, 지혜신으로는 설법

이 무궁하고, 금강신은 다른 물건이 파괴하지 못하고, 정법신으로

는 생사를 여의고, 방편신으로는 자재한 힘을 나타내고, 보리신으

로는 일체의 시간에 따라 三보리를 이루며, 원컨대 四생 六도의 일

체 중생이 모두 이런 몸들을 구족하여 여러 부처님의 무상한 대지

혜의 몸을 구족하게 성취하여지이다.

또 원컨대, 시방의 일체 중생들이 금일로부터 태어나는 곳에서 각각 부처님과 보살들의 불가사의한 공덕의 입을 얻되, 유연柔輭한 입으로는 일체를 안락케 하고, 헛되지 아니한 입으로는 진실한 법을 말하고, 진실하게 놀리는 입으로는, 내지 꿈에서라도 헛된 말이 없고, 존중한 입으로는 제석천왕·범천왕을 공경하고 존중하며, 깊고 깊은 입으로는 법성法性을 나타내어 보이고, 견고한 입으로는 불퇴전법不退轉法을 말하고, 정직한 입으로는 변재를 구족하고, 장엄한 입으로는 때와 업을 따라 널리 나타내고, 일체지一切智의 입으로는 응할 바를 따라 일체를 해탈케 하며, 원컨대 四생 六도의 일체 중생을 모두에게 모든 부처님과 보살의 청정한 구업이 구족하여지이다.

또 원컨대, 시방의 일체 중생이 오늘부터 태어나는 곳에서 각각

모든 부처님과 보살의 불가사의한 대지혜심을 얻되, 항상 번뇌를

여의려는 마음과 맹리猛利한 마음과 굳센 마음과 금강같은 마음과

불퇴하는 마음과 청정한 마음과 명료한 마음과 선을 구하는 마음과

장엄한 마음과 광대한 마음이 있으며, 큰 지혜의 힘이 있어 법을

들으면 스스로 알며, 자비한 마음으로 사람을 대하여 모든 원결을

끊으며, 수치한 마음이 있어 항상 참괴함을 품으며, 나와 남을 계

교치 아니하여 선지식과 같으며, 보시·지계·인욕·정진·선정·

지혜를 수행하는 사람을 보면 환희심을 내며, 원수와 친한 이를 한

결같이 관찰하여 교만한 마음이 없으며, 다른 이의 선악과 장단을

말하지 않으며, 누구든 사이가 좋고 나쁜 것을 전하지 아니하며,

부처님의 공덕을 찬탄하며, 경전 배우기를 좋아하며, 중생을 애호

하되 내 몸과 같이 하며, 복을 짓는 이를 보고는 비방하지 아니하

고, 자비한 마음으로 화합하되 성현들과 같이 하여 보살들과 함께 등정각을 이루어지이다.

一四, 봉위천도예불(奉爲天道禮佛)

오늘, 이 도량의 동업대중이여, 모든 하늘과 신선과 일체 선신은 중생들에게 무량하고 불가사의한 은덕을 입혔으며, 중생들과 함께 안락을 누리며, 은근하게 수호하여 선한 일만 따르나니, 그런 줄을 어떻게 아는가.

부처님이 제두뢰타 提頭賴陀 四천왕에게 명하여 자비심으로 경 읽는 이를 옹호하게 하되

자비한 이름만 들어도

천자를 법신法臣들이 보호하듯 하게 하며,

또 이발라伊鉢羅 용왕에게 명하여

자비심으로 경 읽는 이를 옹호하게 하되

눈을 아끼고 아들을 사랑하듯이

밤낮의 六시로 떠나지 아니하게 하며,

또 염파閻婆 나찰자羅刹子와

무수한 독룡과 용녀에게 명하여

자비심으로 경 읽는 이를 옹호하게 하되

정수리를 사랑하여 건드리지 못하게 하며,

또 비류륵가왕毗留勒迦王을 명하여

자비심으로 경 읽는 이를 옹호하게 하되

어미가 아들 사랑하듯, 싫은 맘 없이

밤낮으로 옹호하여 함께 있게 하며

또 난타용왕·발난타용왕과

사가라용왕·우바타용왕에게 명하여

자비심으로 경 읽는 이를 옹호하게 하되

공경하고 공양으로 발에 예경하게 하며

마치 천인들이 제석천왕 받들듯

또한 효자가 부모를 공경하듯

자비도량참법 제七권 428

자비도량에 안락을 베풀어

중생들로 하여금 법의 친척 되도록 하며

후생에 부처님 앞에서 삼매에 들어

필경에 불퇴전을 얻으며

부처님의 명호를 듣는 이와

무변신보살·관세음보살의 명호를 들은 이

三장을 소멸하고 악업이 없으며

五안을 구족하고 보리 이루어

모든 하늘과 신왕이 모든 이를 염려하고

항상 권장하며 위신을 도우게 하셨느니라.

오늘, 이 도량의 동업대중이여, 제천과 신왕이 이러한 은덕으로 중생을 보호하는데 중생들은 발심하여 그 은덕을 갚지 못하도다.

옛사람이 밥 한 그릇 신세를 지고도 목숨을 버리고 몸을 잊었거늘, 하물며 제천 선신과 八부신장이 우리 중생에게 이러한 은덕이 있음이리요. 이 은혜와 공덕이 그지없나니, 우리가 금일에 참회하고 발심하는 것도 모두 천왕이 신력을 가피하고, 수행자를 도와서 성취케 하는 것이니, 만일 천왕이 돕지 아니하면, 이런 마음이 벌써 물러갔을 것이다. 그러므로 보살마하살이 찬탄하기를 선지식은 큰 인연이라. 우리로 하여금 도량에 오르게 하나니, 만일 선지식이 아니었던들 우리가 어떻게 부처님을 뵙게 되겠는가. 몸을 던져도 큰 자비를 보답할 수 없고, 목숨을 끊어도 깊은 은덕을 갚지 못한다 하였으니, 보살마하살도 이런 말을 하였거늘, 하물며 그보다 못한 이가 보답할 수 없지 아니한가.

대중이여, 금일에 몸을 던지기도 목숨을 끊지도 못하였으나, 부지런히 수행하는 것이 역시 은혜를 갚는 점차가 될 것이며 우리는 각각 마음을 가다듬어 은혜를 갚을 것이요, 허송세월하면서 스스로 반성하지 아니하면 될 수 없느니라. 앞에 말한 경행을 다시 만나기 어려우며, 지금의 결과도 얻기 어렵나니, 장차 어찌하랴. 이 기회를 한번 잃으면 어떻게 될 것을 알지 못하나니, 다만 용맹하게 몸을 잊고, 다른 이를 위할지니라. 일을 이루려면 실패도 있는 것이, 마치 봄에도 겨울이 있는 것 같느니라. 시기가 사람을 기다리는 것이 아니어든 목숨인들 어찌 장구하리요. 우리가 한번 이별하면 다시 만나기를 기약할 수 없느니라. 각각 노력하여 다같이 간절하게 五체투지하고, 시방의 다함없는 모든 천왕과 일체의 여러 하늘과

각각 권속을 위하여 세간의 대자대비하신 부처님께 귀명하고 경례
할지니라.

지심귀명례 미륵불彌勒佛

지심귀명례 석가모니불釋迦牟尼佛

지심귀명례 선서월불善逝月佛

지심귀명례 범자재왕불梵自在王佛

지심귀명례 사자월불師子月佛

지심귀명례 복위덕불福威德佛

지심귀명례 정생불正生佛

지심귀명례 무승불無勝佛

지심귀명례 일관불日觀佛

지심귀명례 보명불寶名佛

지심귀명례 대정진불大精進佛

지심귀명례 산광왕불山光王佛

지심귀명례 시명불施明佛

지심귀명례 전덕불電德佛

지심귀명례 덕취왕불德聚王佛

지심귀명례 공양명불供養名佛

지심귀명례 법찬불法讚佛

지심귀명례 보어불寶語佛

지심귀명례 구명불救命佛

지심귀명례 선계불善戒佛

지심귀명례 선중불善衆佛

지심귀명례 정의불定意佛

지심귀명례 희승왕불喜勝王佛

지심귀명례 사자광불師子光佛

지심귀명례 파유암불破有闇佛

지심귀명례 조명불照明佛

지심귀명례 상명불上名佛

지심귀명례 무변신보살無邊身菩薩

지심귀명례 관세음보살觀世音菩薩

또, 시방의 다함없는 모든 三보께 귀의하옵나니, 원컨대 자비하신
힘으로 가피하고 섭수하소서. 시방의 다함없는 모든 천왕과 일체의
하늘과 각각 권속들 앞에 평등한 공혜空慧가 항상 나타나고, 지혜

와 방편으로 무루도無漏道를 열며, 십지의 행과 원이 각각 더욱 밝으

며, 六바라밀로 마음을 닦고, 자비희사로 널리 가피하여 보살도를

행하고, 부처님의 행처行處에 들어가며 四홍서원으로 중생을 버리지

아니하고, 변재가 끊어지지 아니하여 요설樂說이 무궁하며, 좋은 방

편으로 접수하고 교화하며, 四생을 이롭게 하여 법운지(法雲地 : 보살 十地의 가장 높은 자리. 지혜

의 구름이 감로의 법비를 온 세계에 내림)에 함께 올라 항상 머무는 과보를 증득케 하여지이다.

一五, 봉위제선예불(奉爲諸仙禮佛)

오늘, 이 도량의 동업대중이여, 사람마다 지극한 마음으로 다같

이 간절하게 五체투지하고, 시방의 다함없는 모든 선주仙主와 일체

선인과 각각 권속들을 위하여 세간의 대자대비하신 부처님께 귀의

하고 예경할지니라.

지심귀명례 미륵불彌勒佛

지심귀명례 석가모니불釋迦牟尼佛

지심귀명례 이혜왕불利慧王佛

지심귀명례 주월광불珠月光佛

지심귀명례 위광왕불威光王佛

지심귀명례 불파론불不破論佛

지심귀명례 광명왕불光明王佛

지심귀명례 주륜불珠輪佛

지심귀명례 세사불世師佛

지심귀명례 길수불吉手佛

지심귀명례 선월불善月佛

지심귀명례 보염불寶燄佛

지심귀명례 라후수불羅睺守佛

지심귀명례 요보리불樂菩提佛

지심귀명례 등광불等光佛

지심귀명례 지적멸불至寂滅佛

지심귀명례 세최묘불世最妙佛

지심귀명례 무우불無憂佛

지심귀명례 십세력불十勢力佛

지심귀명례 희력왕불喜力王佛

지심귀명례 덕세력불德勢力佛

지심귀명례 덕세불德勢佛

지심귀명례 대세력불大勢力佛

지심귀명례 공덕장불功德藏佛

지심귀명례 진행불眞行佛

지심귀명례 상안불上安佛

지심귀명례 제사불提沙佛

지심귀명례 무변신보살無邊身菩薩

지심귀명례 관세음보살觀世音菩薩

또, 시방의 다함없는 모든 三보께 귀의하옵나니, 원컨대 자비하신 힘으로 가피하고 섭수하소서. 바라건대 모든 선주仙主와 일체 신선과 각각 권속들이 객진번뇌(客塵 煩惱 : 밖에서 와서 청정한 마음을 더럽히는 번뇌. 客은 본래 없는 번뇌가 일시적으로 생긴 것. 塵은 수없이 많은 것)를 해탈하고, 인연의 장애를 청정케 하며, 묘색이 고요하여 부처님의 몸과 같으며, 四무량심과 六바라밀이 항상 앞에 나타나고, 네 가지 무애지無礙智와 여섯 가지 신통력이 뜻대로 자재하여, 보살의 경지에 출입하고 유희하며, 법운지와 같으며, 금강심에 들어가 부사의한 힘으로 六도중생을 섭수하여지이다.

一六, 봉위범왕등예불(奉爲梵王等禮佛)

오늘, 이 도량의 동업대중이여, 다시 지성으로 五체투지하고 범천왕·제석천왕과 호세 四천왕과 각각 권속들을 위하여 세간의 대자대비하신 부처님께 귀명하고 예경할지니라.

지심귀명례 미륵불彌勒佛

439 자비도량참법 제七권

지심귀명례 석가모니불 釋迦牟尼佛

지심귀명례 대광불 大光佛

지심귀명례 전명불 電明佛

지심귀명례 광덕불 廣德佛

지심귀명례 진보불 珍寶佛

지심귀명례 복덕명불 福德明佛

지심귀명례 조개불 造鎧佛

지심귀명례 성수불 成手佛

지심귀명례 선화불 善華佛

지심귀명례 집보불 集寶佛

지심귀명례 대해불 大海佛

지심귀명례 지지불 持地佛

자비도량참법 제七권 440

지심귀명례 의의불義意佛

지심귀명례 선사유불善思惟佛

지심귀명례 덕륜불德輪佛

지심귀명례 보광불寶光佛

지심귀명례 이익불利益佛

지심귀명례 세월불世月佛

지심귀명례 미음불美音佛

지심귀명례 범상불梵相佛

지심귀명례 중사수불衆師首佛

지심귀명례 사자행불師子行佛

지심귀명례 난시불難施佛

지심귀명례 응공불應供佛

지심귀명례 명위덕불明威德佛

지심귀명례 대광왕불大光王佛

지심귀명례 무변신보살無邊身菩薩

지심귀명례 관세음보살觀世音菩薩

또, 시방의 다함없는 모든 三보께 귀의하옵나니, 자비하신 힘으로 가피하고 섭수하소서. 범천왕·제석천왕·호세 四천왕과 각각 권속들의 六바라밀과 四무량심이 밤낮으로 증장하고, 네 가지 무애한 변재로 연설함이 그지없으며, 여덟 가지 자재함을 얻고, 六신통을 구족하며, 삼매로 총지總持함이 생각대로 앞에 나타나며, 시방의 四생을 자비로 널리 덮어서 백복百福으로 장엄하고 만 가지 선한 일이 원만하며, 三달지達智가 열리고 천안통을 구족하며, 법륜왕法輪王이 되어 六도중생을 포섭하여 교화하여지이다.

찬(讚)

소요하여 걸림이 없어

경행慶幸함을 진술하였으니

三보를 경연警緣함이 진실한 일이로다.

서로의 뜻이 순일하여

자존慈尊에게 널리 예배하와

상천上天의 은혜를 보답하나니

나무 원행지보살마하살遠行地菩薩摩訶薩(세번)

출 참(出懺)

七불이 자비하시니 귀의하는 이 十八지옥에 떨어지지 않으며

七취정계聚淨戒 수지하는 이 화락한 천궁에 나게 되리니,

원컨대 자비를 드리우사

정성을 증명하시며

七취의 중생을 구제하여

七보의 연화대에 앉게 하고

다함없는 대자비를 드리워

중생의 정성 살피시옵소서.

이제까지 참회하는 저희들

자비도량참법을 수행하여

자비도량참법 제七권 *444*

제七권이 끝나니

공功과 과果가 원만하도다.

저희들 대중이

입참하고 출참하는데

생각이 오직 여기 있을 뿐,

지혜의 등을 켜고

순타의 공양 올리오니,

향로에는 상서 구름이 자욱하고

촛대에는 서기가 서리었네.

종과 경쇠는 운치가 쟁쟁하고

꽃과 과실은 상품으로 이바지하여

좋은 공양 받들어 올리며,

담복화 올리어서

부처님께 공양하오니

게송을 선양하소서.

현묘한 법음 낙락落落하옵고

거룩한 공덕 높고 크오며

선정에 들어

묘한 수행 모으오며

부처님 보리에 회향하오니

十성聖 三현賢이 증명하시며

항하사 세계에 널리 퍼져

四은 三유를 적시오며

이로 인하여 생기는 공덕으로

참회하는 저희들

모든 업장 소멸하옵고

대길상大吉祥을 얻어지이다.

바라옵건대

일곱 번뇌 다하여 七각지覺支의 꽃 피고

성품의 하늘 청명하며

七취계聚戒 청정하여 일곱 가지 막는 일 원만하고

고통 바다의 물결 잔잔하나니

일곱 가지 아만의 산 꺾어버리고

七정情으로 생각하는 망상 끊으며

七재財의 법장法藏을 얻고

七취의 중생 제도하니

칼숲이 변하여 七보의 숲이 되고

업의 바탕 화하여 七진珍의 성역聖域되게 하소서。

남은 업과業果 피할 길 없기에

여러 사람 정성 다하여 참회하나이다。

찬(讚)

양황참 七권의 공덕으로 저희들과 망령의 일곱 가지 죄 소멸되고

보살의 원행지를 증득하며、 참문을 외우는 곳에 죄의 꽃이 스러지

며、 원결을 풀고 복이 더하여 도리천에 왕생하였다가 용화회상에서

다시 만나 미륵 부처님의 수기를 받아지이다。

나무 용화회보살마하살龍華會菩薩摩訶薩(세번)

거 찬(擧讚)

양황참 제七권 모두 마치고

四은과 三유에 회향하오니

참회하는 저희들

수복이 증장하며

망령들은 정토에 왕생하여지이다.

원행지보살遠行地菩薩 어여삐 여기사 거두어 주소서.

나무 등운로보살마하살登雲路菩薩摩訶薩(세번)

자비도량참법(慈悲道場懺法) 제八권

찬(讚)

세간의 보배를

여러 대로 내려오면서

예와 이제에 전하는 것

산호와 호박과 은실이며

자거와 마노와 진주 꾸러미며

급고독장자 희사한 기타숲 동산

금륜왕金輪王이 법을 말하여

나무 보공양보살마하살普供養菩薩摩訶薩(세번)

용궁에 유전하네.

八대보살이 항상 호위하며
八만 대사大士가 교화를 돕고
八부 용신이 모두 공경하네.
四생 七취가 천상에서 태어나고
비가 항하사 세계에 내린 듯하며,
여래께서 八정도正道로 교화하시니
달이 허공에 뜬 듯하며,
모든 부처님께서 여덟 가지 모습으로 성도하시니
들사오니,

八시時에 여덟 가지 길상을 얻고
八해탈에 八공덕을 갖추었네.
신기한 기밀과 묘한 작용으로
모든 이의 사정 따라 응하시니
바라건대 자비를 베풀어
이 불사를 증명하소서.
지금 참회하는 저희들
자비도량참법을 수행하오며
이제 제八권의 연기를 당하여
법대로 수지하나니
신도들은 더욱 정진하고
사문은 여법하게 훈수熏修하나이다.

자비도량참법 제八권 452

향로에는 五분향을 사루고

화병에는 만다라화를 공양하며

옥수玉樹에 등을 켜고

금쟁반에 과실을 담아

백번 절하며 부처님께 정성 드리고

한결같은 마음은 도량에 간절하며

다생多生의 죄업을 발로하고

여러 세상 허물을 소멸하려 하옵니다.

생각컨대 참회하는 저희 제자들

알음알이 있은 후부터

금생에 이르기까지

八정도를 등지고 여덟 가지 삿된 길 향하여

하늘에 서리는 가시덤불 생기었고

八탐貪을 따름에 八해탈을 몰라서

법계에 가득한 공화空華가 생겼으며

八식識으로 반연하는 바

八풍(八風:사람의 마음을 들뜨게 하는 것으로 利·衰·毁·譽·稱·譏·苦·樂)의 지배함이 되었고

여덟 가지 때에 물들었으니

八난을 피하기 어렵나이다.

이제 잘못을 뉘우칠 문이 없고

가슴을 어루만져 참괴하올세

一승교법에 조그만 선을 닦으며

부처님 앞에 정성 드리고

죄과를 발로하여

지성으로 참회하나이다.

생각이 이러하오니

정경을 해석해야 할지라

크신 자비 우러르나니

가피를 주시옵소서.

티끌같이 많은 마음 세어서 알고

큰 바다 물 모두 마시며

허공을 측량하고 바람 얽매어도

부처님 공덕 다 말 못하네.

입 참(入懺)

자비도량 참법을 수행하오며
三세 부처님께 귀의하나이다.

지심귀명례 과거 비바시불過去毘婆尸佛

지심귀명례 시기불尸棄佛

지심귀명례 비사부불毘舍浮佛

지심귀명례 구류손불拘留孫佛

지심귀명례 구나함모니불拘那含牟尼佛

지심귀명례 가섭불迦葉佛

지심귀명례 본사 석가모니불本師釋迦牟尼佛

지심귀명례 당래 미륵존불當來彌勒尊佛

一七、봉위아수라도일체선신예불(奉爲阿修羅道一切善神禮佛)

오늘, 이 도량의 동업대중이여, 다시 지성으로 五체투지하고 시방의 다함없는 모든 아수라왕과 일체 아수라와 그 권속들을 위하며, 또 시방의 다함없는 일체의 총명 정직하고 천지 허공에서 선을 권장하고 악을 형벌하는 이와 주문을 수호하는 이와 八부신왕과 八부신장과, 내지 안이거나 밖이거나, 가깝거나 멀거나, 동서남북·四유·상하의 다함없는 모든 법계에 있는 대신력·대위덕이 있는 시방의 八부신왕과 八부신장과 그 권속들을 위하여, 일체 세간의 대자대비하신 부처님께 귀명 경례할지니라.

자비도량참법 제八권

지심귀명례 미륵불彌勒佛

지심귀명례 석가모니불釋迦牟尼佛

지심귀명례 보명불寶明佛

지심귀명례 중청정불衆淸淨佛

지심귀명례 무변명불無邊名佛

지심귀명례 불허광불不虛光佛

지심귀명례 성천불聖天佛

지심귀명례 지왕불智王佛

지심귀명례 금강중불金剛衆佛

지심귀명례 선장불善障佛

지심귀명례 건자불建慈佛

지심귀명례 화국불華國佛

자비도량참법 제八권 458

지심귀명례 법의불法意佛

지심귀명례 풍행불風行佛

지심귀명례 선사명불善思名佛

지심귀명례 다명불多明佛

지심귀명례 밀중불密衆佛

지심귀명례 공덕수불功德守佛

지심귀명례 이의불利意佛

지심귀명례 무구불無懼佛

지심귀명례 견관불堅觀佛

지심귀명례 주법불住法佛

지심귀명례 주족불珠足佛

지심귀명례 해탈덕불解脫德佛

지심귀명례 묘신불妙身佛

지심귀명례 선의불善意佛

지심귀명례 보덕불普德佛

지심귀명례 광왕불光王佛

지심귀명례 무변신보살無邊身菩薩

지심귀명례 관세음보살觀世音菩薩

또, 시방의 다함없는 모든 三보께 귀의하옵나니, 원컨대 자비력으로 가피하고 보호하소서. 바라건대 아수라왕과 일체 아수라와 그 권속들과 총명 정직한 이와 천지 허공과 선을 권장하고 악을 벌 주는 이와 주문을 수호하는 이와 八부신왕과 八부신장과 그 권속들이 객진客塵 번뇌를 해탈하고 인연의 장애가 청정하며, 대승을 발기하여 장애가 없는 도를 닦아서, 四무량심과 六바라밀이 항상 앞에 나타나며, 四무애변재와 六신통이 뜻과 같이 자재하며, 항상 자비로 중생을 구호하며, 보살도를 행하여 부처님 지혜에 들어가며, 금강심을 얻어 등정각을 이루어지이다.

一八。 봉위용왕예불(奉爲龍王禮佛)

오늘, 이 도량의 동업대중이여, 다시 지성으로 五체투지하고, 시방의 다함없는 모든 부사의한 용왕인 묘화妙化용왕과 두화제頭化提용왕・五방용왕・천天용왕・지地용왕・산山용왕・해海용왕・일궁日宮용왕・월궁月宮용왕・성궁星宮용왕・세시歲時용왕・청해靑海용왕・호형명護形命용왕・호중생護衆生용왕과, 내지 시방의 안이거나 밖이거

나, 가깝거나 멀거나, 동서남북·四유·상하와, 다함없는 법계에서

대신족大神足과 대위덕의 힘이 있는 일체 용왕과 일체 용신과 그 권

속들을 위하여 세간의 대자대비한 부처님께 귀명 경례할지니라.

지심귀명례 미륵불彌勒佛

지심귀명례 석가모니불釋迦牟尼佛

지심귀명례 묘지불妙智佛

지심귀명례 범재불梵財佛

지심귀명례 실음불實音佛

지심귀명례 정지불正智佛

지심귀명례 역득불力得佛

지심귀명례 사자의불師子意佛

자비도량참법 제八권 462

지심귀명례 화상불華相佛

지심귀명례 지적불智積佛

지심귀명례 화치불華齒佛

지심귀명례 공덕장불功德藏佛

지심귀명례 명보불名寶佛

지심귀명례 희유명불希有名佛

지심귀명례 상계불上戒佛

지심귀명례 무외불無畏佛

지심귀명례 일명불日明佛

지심귀명례 범수불梵壽佛

지심귀명례 일체천불一切天佛

지심귀명례 요지불樂智佛

지심귀명례 보천불寶天佛

지심귀명례 주장불珠藏佛

지심귀명례 덕유포불德流布佛

지심귀명례 지왕불智王佛

지심귀명례 무박불無縛佛

지심귀명례 견법불堅法佛

지심귀명례 천덕불天德佛

지심귀명례 무변신보살無邊身菩薩

지심귀명례 관세음보살觀世音菩薩

또, 시방의 다함없는 모든 三보께 귀의하옵나니, 원컨대 자비력

으로 가피하고 섭수하소서. 모든 용왕과 각각 권속들이 광명이 더

욱 빛나고 신통이 자재하여, 상相이 없는 지해智解로 인연의 장애를 끊어버리며, 악취를 영원히 여의고 정토에 태어나며, 四무량심과 六바라밀이 항상 앞에 나타나며, 四무애변재와 六신통이 뜻대로 자재하고, 자비심으로 모든 이를 건져 묘한 행으로 장엄하고, 법운지를 지내며, 금강심에 들어가 등정각을 이루어지이다.

一九, 봉위마왕예불(奉爲魔王禮佛)

오늘, 이 도량의 동업대중이여, 다시 지성으로 五체투지하고, 대마왕과 五제대마帝大魔와, 내지 동서남북과 四유·상하와, 다함이 없는 모든 마왕과 그 권속들을 위하여 일체 세간의 대자대비하신 부처님께 귀명 경례할지니라.

465 자비도량참법 제八권

지심귀명례 미륵불彌勒佛

지심귀명례 석가모니불釋迦牟尼佛

지심귀명례 범모니불梵牟尼佛

지심귀명례 안상행불安詳行佛

지심귀명례 근정진불勤精進佛

지심귀명례 염견불燄肩佛

지심귀명례 대위덕불大威德佛

지심귀명례 담복화불蓄蔔華佛

지심귀명례 환희불歡喜佛

지심귀명례 선중불善衆佛

지심귀명례 제당불帝幢佛

지심귀명례 대애불大愛佛

자비도량참법 제八권 466

지심귀명례 수만색불須蔓色佛

지심귀명례 중묘불衆妙佛

지심귀명례 가락불可樂佛

지심귀명례 선정의불善定義佛

지심귀명례 우왕불牛王佛

지심귀명례 묘비불妙臂佛

지심귀명례 대거불大車佛

지심귀명례 만원불滿願佛

지심귀명례 덕광불德光佛

지심귀명례 보음불寶音佛

지심귀명례 금강군불金剛軍佛

지심귀명례 부귀불富貴佛

지심귀명례 세력행불 勢力行佛

지심귀명례 사자력불 師子力佛

지심귀명례 정목불 淨目佛

지심귀명례 무변신보살 無邊身菩薩

지심귀명례 관세음보살 觀世音菩薩

또, 시방의 다함없는 모든 三보께 귀의하옵나니, 원컨대 자비력으로 가피하고 보호하소서. 대마왕과 五제대마왕과 일체 마왕과 그 권속들이 무시이래로 금일에 이르도록 반연하는 모든 장애가 다 청정하고 일체 죄업이 모두 소멸하며, 모든 괴로움을 다 해탈하며, 四무량심과 六바라밀이 항상 앞에 나타나며, 四무애지와 六신통력이 뜻과 같이 자재하여 보살도를 행하기를 쉬지 아니하여, 먼저 중생을 제도하고 그런 후에 성불하여지이다.

二〇 봉위부모예불(奉爲父母禮佛)

오늘, 이 도량의 동업대중이여, 다음에는 모름지기 부모의 양육하신 은혜를 생각할지니, 품에 안고 젖먹이던 애정이 깊어서, 차라리 내 몸이 위태로울지언정 자식을 편안케 하고, 나이 장성하면 인(仁)과 예절을 가르치며, 손을 씻고 스승을 구하여 경전을 배우게 하며, 시각을 잊지 않고 사람되기를 바라며, 마땅히 공급해야 할 것은 재산을 아끼지 아니하며, 염려함이 깊어 있어도 병이 되고, 누어도 자리에 편안히 있지 못하고, 항상 아들을 생각하나니, 천하에 그 은혜 둘도 없느니라. 그러기에 부처님이 말씀하기를 「천하에 은혜가 부모보다 지낼 것이 없다」 하였으니, 집을 떠난 사람이 도를 얻지 못하더라도, 학업을 부지런히 닦아 선한 일을 폐하지 말고 덕을 쌓아 그치지 않으면, 능히 부모의 애쓰시던 은혜를 보답하리라. 서로 지극한 마음으로 다같이 간절하게 五체투지하고 식심識心이 있은 후부터 오늘에 이르도록 여러 생의 부모와 많은 겁의 친연親緣과 모든 권속들을 위하여 세간의 대자대비하신 부처님께 귀의할지니라.

지심귀명례 미륵불彌勒佛

지심귀명례 석가모니불釋迦牟尼佛

지심귀명례 지취불智聚佛

지심귀명례 조어불調御佛

지심귀명례 여왕불如王佛

지심귀명례 화상불華相佛

지심귀명례 라후라불羅睺羅佛

지심귀명례 대약불大藥佛

지심귀명례 수왕불宿王佛

지심귀명례 약왕불藥王佛

지심귀명례 덕수불德手佛

지심귀명례 득차가불得叉迦佛

지심귀명례 유포왕불流布王佛

지심귀명례 일광불日光佛

지심귀명례 법장불法藏佛

지심귀명례 묘의불妙意佛

지심귀명례 금강중불金剛衆佛

471 자비도량참법 제八권

지심귀명례 혜정불慧頂佛

지심귀명례 선주불善住佛

지심귀명례 의행불意行佛

지심귀명례 범음불梵音佛

지심귀명례 사자불師子佛

지심귀명례 뇌음불雷音佛

지심귀명례 통상불通相佛

지심귀명례 안은불安隱佛

지심귀명례 혜융불慧隆佛

지심귀명례 무변신보살無邊身菩薩

지심귀명례 관세음보살觀世音菩薩

또, 시방의 다함없는 모든 三보께 귀의하옵나니, 원컨대 자비하신 힘으로 가피하고 섭수하소서. 바라건대 부모와 친척과 그 권속들이 금일부터 보리에 이르도록 일체의 죄장이 모두 제멸하고, 일체의 고통을 필경 해탈하며, 맺힌 습기와 번뇌가 영원히 청정하여, 四취를 하직하고 자재하게 왕생하며, 모시던 부처님이 앞에 나타나수기하시며, 四무량심과 六바라밀이 항상 떠나지 아니하며, 四무애지와 六신통력이 뜻대로 자재하며, 부처님의 十력을 얻고 상호로 몸을 장엄하며, 함께 도량에 앉아서 등정각을 이루어지이다.

二一, 봉위과거부모예불(奉爲過去父母禮佛)

오늘, 이 도량의 동업대중이여, 이 중에 만일 어려서 부모를 여

원 이가 있으면 다시 만나기 어려우니, 헛된 생각만 유유할 뿐이

다. 신통이나 천안통을 얻지 못하였으니, 부모의 영혼이 어느 갈래

에 낳은지를 알지 못할지라, 마땅히 선근을 심어 추천보은追薦報恩

할 것이니, 선한 일 하기를 쉬지 아니하면 공이 이루어져 정성에

감동할 것이니라. 경에 말하기를 「망인을 위하여 명복을 비는 것은

먼 사람에게 이바지함과 같나니, 만일 인간에나 천상에 낳으면 공

덕이 증장할 것이요, 삼악도에 낳거나 八난에 있으면 영원히 모든

고통을 여읠 것이며, 태어나서 부처님을 만났으면 정교正敎를 받고

세상에서 뛰어나 깨달음을 얻었을 것이니, 七세의 선망부모와 여러

겁의 친척들이 근심을 제멸하고 해탈을 얻게 함이, 지혜로운 이가

지극한 효도로 은혜를 보답하는 최상의 일이니라」 하였다. 우리가

금일에 마땅히 슬피 울고 따라서 근심하며, 목메도록 통곡하며, 五

체투지하고 과거 부모와 누겁의 친연親緣을 위하여 세간의 대자대

비하신 부처님께 귀의할지니라.

지심귀명례 미륵불彌勒佛

지심귀명례 석가모니불釋迦牟尼佛

지심귀명례 범왕불梵王佛

지심귀명례 우왕불牛王佛

지심귀명례 이타목불利陀目佛

지심귀명례 용덕불龍德佛

지심귀명례 실상불實相佛

지심귀명례 장엄불莊嚴佛

지심귀명례 불몰음불不沒音佛

자비도량참법 제八권

지심귀명례 화덕불華德佛

지심귀명례 음덕불音德佛

지심귀명례 사자불師子佛

지심귀명례 장엄사불莊嚴辭佛

지심귀명례 용지불勇智佛

지심귀명례 화적불華積佛

지심귀명례 화개불華開佛

지심귀명례 역행불力行佛

지심귀명례 덕적불德積佛

지심귀명례 상형색불上形色佛

지심귀명례 명요불明曜佛

지심귀명례 월등불月燈佛

자비도량참법 제八권 476

지심귀명례 위덕왕불威德王佛

지심귀명례 보리왕불菩提王佛

지심귀명례 무진불無盡佛

지심귀명례 보리안불菩提眼佛

지심귀명례 신충만불身充滿佛

지심귀명례 혜국불慧國佛

지심귀명례 무변신보살無邊身菩薩

지심귀명례 관세음보살觀世音菩薩

또, 시방의 다함없는 모든 三보께 귀의하옵나니, 원컨대 자비하신 힘으로 구호하고 접인하여 주소서. 바라건대 과거의 부모와 여러 겁 동안의 권속들이 오늘부터 도량에 이르도록 모든 죄업이 다 소멸하고, 모든 괴로움이 영원히 제멸되고, 번뇌로 맺힌 업이 필경에 청정하여 三장障의 인연이 끊어지고, 다섯 가지 두려움이 없어지고, 보살도를 행하여 모든 것을 교화하며, 八해탈로 마음을 씻고, 四홍서원으로 중생을 건지어 자비하신 얼굴을 뵈오며, 미묘한 말씀을 듣잡고 제 자리에서 일어나지 않고도 모든 번뇌를 다하며, 마음대로 소요하여 여러 부처님 세계에 두루 다니며, 행과 원을 성취하여 빨리 정각에 올라지이다.

二二一, 봉위사장예불(奉爲師長禮佛)

오늘, 이 도량의 동업대중이여, 이미 부모와 친연親緣을 위하여 예불하였으니, 이제는 스승의 은덕을 생각해야 하리라. 왜냐하면 부모가 우리를 낳아 길렀지만, 능히 우리로 하여금 악취에서 벗어나게 하지는 못하였으나 스승은 우리에게 은덕이 무량하니라. 자비로 권장하여 선한 일을 수행케 하며 생사에서 벗어나 저 언덕에 이르게 하고, 매사에 이익케 하여 부처님을 보게 하며, 번뇌를 끊고 길이길이 무위無爲에 있게 하였으니, 이러한 은덕을 누가 능히 갚으리요. 설사 중신토록 도를 행하더라도 다만 스스로 이익할 뿐이요, 스승의 은덕을 갚는 것은 아니니라. 그러므로 부처님이 말씀하시기를 「천하의 선지식은 스승보다 지날 이가 없나니, 이미 스스로 제도하고 다시 남을 제도한다」 하였느니라. 우리가 이제 다행히 출가하여 구족계를 받았으니, 이런 은혜는 스승에게서 받은 것이다. 어찌 사람마다 이 은혜를 생각치 아니하랴. 서로 지극한 마음으로 다같이 간절하게 五체투지하고 화상 아사리와 같은 단壇의 종사宗師

들과 상·중·하좌와 각각 권속들을 위하여 세간의 대자대비하신 부처님께 귀의할지니라.

지심귀명례 미륵불彌勒佛

지심귀명례 석가모니불釋迦牟尼佛

지심귀명례 최상불最上佛

지심귀명례 청정조불淸淨照佛

지심귀명례 혜덕불慧德佛

지심귀명례 묘음성불妙音聲佛

지심귀명례 도사불導師佛

지심귀명례 무애장불無礙藏佛

지심귀명례 상시불上施佛

지심귀명례 대존불大尊佛

지심귀명례 지세불智勢佛

지심귀명례 대염불大燄佛

지심귀명례 제왕불帝王佛

지심귀명례 제력불制力佛

지심귀명례 위덕불威德佛

지심귀명례 선명불善明佛

지심귀명례 명문불名聞佛

지심귀명례 단엄불端嚴佛

지심귀명례 무진구불無塵垢佛

지심귀명례 위의불威儀佛

지심귀명례 사자군불師子軍佛

지심귀명례 천왕불天王佛

지심귀명례 명성불名聲佛

지심귀명례 수승불殊勝佛

지심귀명례 대장불大藏佛

지심귀명례 복덕광불福德光佛

지심귀명례 범문불梵聞佛

지심귀명례 무변신보살無邊身菩薩

지심귀명례 관세음보살觀世音菩薩

또, 시방의 다함없는 모든 三보께 귀의하옵나니, 원컨대 자비하신 힘으로 가피하고 섭수하소서. 바라건대 화상과 아사리와 같은 단의 증명법사와 상·중·하좌와 그 권속들이 금일부터 도량에 앉을 때까지 모든 죄장이 모두 청정하고, 모든 괴로움을 해탈하고, 일체 번뇌를 다 끊어버리고, 마음대로 모든 부처님의 정토에 왕생하여 보리행원을 모두 구족하고, 재물의 보시가 무진하며, 법의 보시가 무진하며, 복덕이 무진하며, 안락이 무진하며, 수명이 무진하며, 지혜가 무진하고, 四무량심과 六바라밀이 항상 앞에 나타나며, 四무애지와 六신통력이 뜻과 같이 자재하고, 수능엄삼매에 머물러서 금강신을 얻으며, 본래의 서원을 버리지 않고 중생을 제도하여지이다.

二三, 위시방비구비구니예불(爲十方比丘比丘尼禮佛)

오늘, 이 도량의 동업대중이여, 예배하는 차례에 더 첨가하여 五체투지하고, 시방의 다함없는 법계의 현재와 미래의 모든 비구와

비구니와 식차마나와 사미와 사미니와 각각 권속들을 위하고, 또

시방의 다함없는 모든 우바새와 우바이와 각각 권속들을 위하고,

또 그 동안의 시주 단월과 선지식·악지식과, 인연 있는 이와 인연

없는 이와, 각각 그 권속들과, 이와 같은 인간의 모든 인류와 각각

권속들을 위하며, 금일에 자비심으로 모두를 위하여 세간의 대자대

비하신 부처님께 귀의할지니라.

지심귀명례 미륵불彌勒佛

지심귀명례 석가모니불釋迦牟尼佛

지심귀명례 등왕불燈王佛

지심귀명례 지정불智頂佛

지심귀명례 상천불上天佛

지심귀명례 지왕불地王佛

지심귀명례 지해탈불至解脫佛

지심귀명례 금계불金髻佛

지심귀명례 라후일불羅睺日佛

지심귀명례 막능승불莫能勝佛

지심귀명례 모니정불牟尼淨佛

지심귀명례 선광불善光佛

지심귀명례 금제불金齊佛

지심귀명례 종덕천왕불種德天王佛

지심귀명례 법개불法蓋佛

지심귀명례 덕비불德臂佛

지심귀명례 앙가타불鴦伽陀佛

485 자비도량참법 제八권

지심귀명례 미묘혜불 美妙慧佛

지심귀명례 미의불 微意佛

지심귀명례 제위덕불 諸威德佛

지심귀명례 사자계불 師子髻佛

지심귀명례 해탈상불 解脫相佛

지심귀명례 위상불 威相佛

지심귀명례 단류불 斷流佛

지심귀명례 혜장불 慧藏佛

지심귀명례 지취불 智聚佛

지심귀명례 무애찬불 無礙讚佛

지심귀명례 무변신보살 無邊身菩薩

지심귀명례 관세음보살 觀世音菩薩

자비도량참법 제八권 486

또, 시방의 다함없는 모든 三보께 귀의하옵나니, 원컨대 자비하신 힘으로 가피하고 보호하소서. 바라건대 시방의 다함없는 모든 비구와 비구니와 식차마나와 사미와 사미니와 각각 권속들과, 또 시방의 일체 우바새와 우바이와 각각 권속들과, 또 지금까지의 시주 단월과 선지식·악지식과, 인연 있는 이와 인연 없는 이와 각각 권속들과, 내지 인도人道의 일체 인류들이 무시이래로 금일에 이르도록 지은 모든 번뇌는 다 끊어지고, 모든 업장이 다 청정하며, 모든 죄업이 다 소멸되고, 모든 고통을 다 해탈하여 三장의 업을 여의고, 다섯 가지 두려움을 제멸하며, 四무량심과 六바라밀이 항상 앞에 나타나며, 四무애지와 六신통력이 뜻대로 자재하여 보살행을 행하여 一승도에 들어가 그지없는 일체 중생을 제도하여지이다.

二四. 위시방과거비구비구니예불(爲十方過去比丘比丘尼禮佛)

오늘, 이 도량의 동업대중이여, 다시 지성으로 五체투지하고 시방의 다함없는 모든 과거의 비구와 비구니와 식차마나와 사미와 사미니와, 과거의 우바새와 우바이와, 널리 시방의 일체 인간세계의 인류로서 목숨이 지나간 이와 각각 권속들을 위하여, 오늘 자비심으로 모든 부처님의 마음과 같이, 모든 부처님의 서원과 같이, 모두를 위하여 세간의 대자대비하신 부처님께 귀의할지니라.

지심귀명례 미륵불彌勒佛

지심귀명례 석가모니불釋迦牟尼佛

지심귀명례 보취불 寶聚佛

지심귀명례 선음불 善音佛

지심귀명례 산왕상불 山王相佛

지심귀명례 법정불 法頂佛

지심귀명례 해탈덕불 解脫德佛

지심귀명례 선단엄불 善端嚴佛

지심귀명례 길신불 吉身佛

지심귀명례 애어불 愛語佛

지심귀명례 사자리불 師子利佛

지심귀명례 화루나불 和樓那佛

지심귀명례 사자법불 師子法佛

지심귀명례 법력불 法力佛

자비도량참법 제八권

지심귀명례 애락불 愛樂佛

지심귀명례 찬부동불 讚不動佛

지심귀명례 중명왕불 衆明王佛

지심귀명례 각오불 覺悟佛

지심귀명례 묘명불 妙明佛

지심귀명례 의주의불 意住義佛

지심귀명례 광조불 光照佛

지심귀명례 향덕불 香德佛

지심귀명례 영희불 令喜佛

지심귀명례 불허행불 不虛行佛

지심귀명례 멸에불 滅恚佛

지심귀명례 상색불 上色佛

지심귀명례 선보불善步佛

지심귀명례 무변신보살無邊身菩薩

지심귀명례 관세음보살觀世音菩薩

또, 시방의 다함없는 모든 三보께 귀의하옵나니, 원컨대 자비하신 힘으로 구호하시고 건져주소서. 바라건대 과거의 일체 비구·비구니·식차마나·사미·사미니와 각각 권속들과, 또 과거의 일체 우바새·우바이와 각각 권속들로서 만일 지옥의 괴로움을 받고 있는 이는 오늘 곧 해탈하고, 아귀의 괴로움을 받고 있는 이는 오늘 곧 해탈하고, 축생의 괴로움을 받고 있는 이는 오늘 곧 해탈하여 八난을 여의고 八복을 받으며, 악도를 버리고 정토에 나며, 재물의 보시가 무진하고, 법의 보시가 무진하고, 복덕이 무진하고, 안락이 무진하고, 수명이 무진하고, 지혜가 무진하며, 四무량심과 六바라밀이 항상 앞에 나타나며, 四무애지와 六신통력이 뜻대로 자재하여 항상 부처님을 뵈옵고 법문을 듣고 보살도를 행하며, 용맹정진하기를 쉬지 아니하며, 내지 닦아 나아가 아뇩다라삼먁삼보리를 이루고, 모든 중생들을 널리 제도하여지이다.

찬(讚)

하늘과 용과 인주人主와 호세 四천왕이 두루 온전하니
스승과 부모의 중대한 은혜
이보다 더할 것 없어
보답하려는 생각이 심전心田에 있으니
여럿의 뜻 정성 어리어

애써 三천배를 절하네.

나무 부동지보살마하살不動地菩薩摩訶薩(세번)

출 참(出懺)

八공덕 연못 중에 천 꽃의 모양 나타나고

八고苦의 세계에 만덕萬德이 존승하신 부처님께 귀의하오니

八음音과 八인忍의 묘한 법문 말씀하시고

八한寒과 八열熱의 엄한 형벌 구제하시네.

대자대비하신 지혜로 감찰하시며

중생들을 연민하시니

그 은혜 유루有漏의 인간과 천상에 흡족하고

그지없는 세계에 복을 내리시니

바라건대 애민하시고 가피하사

이 좋은 인연 살피소서.

이제까지 참회하는 저희들

자비도량참법을 수행하여

八권이 끝나니

외우는 일도 완성되었네.

수행하는 단상에

등 켜고 과일 공양하고

이름난 차를 받들고

순타의 공양 올리어

대각금선大覺金仙께 이바지하옵고

十주洲와 三도島에 미치옵나니

자비도량참법 제八권 494

옛날의 명왕제주明王帝主와

충신과 열사와 신선들과

三계 시방의 四생生과 九유有들

무차대회無遮大會의 법리法利를 입고

유루有漏의 범부를 벗어나오며

이러한 이익으로

참회하는 저희 제자들

죄업을 참회하여 없애고

대길상을 얻나이다.

원하옵건대

중생 세계의 여덟 가지 삿된 소견 버리고

무루無漏의 지위에서 八정도를 행하며,

八고와 八난의 재앙은

자비광명 의지하여 소멸되고

八시時 八종種의 복전을

훈수하는 법력 원만하니

티끌마다 자재하고

법문마다 융통하나니

큰 바다에 파도 고요하고

일천 강에 달빛 새롭네.

남은 五온이 공하지 못하여

함께 참회를 구하나이다.

찬(讚)

양황참 八권의 공덕으로 저희들과 망령의 여덟 가지 죄 소멸되고, 보살의 부동지를 증득하며, 참문을 외우는 곳에 죄의 꽃이 스러지며, 원결을 풀고 복이 더하여 도리천에 왕생하였다가 용화회상에서 다시 만나 미륵부처님의 수기를 받아지이다.

나무 용화회보살마하살龍華會菩薩摩訶薩(세번)

거 찬(擧讚)

양황참 제八권 모두 마치고
四은과 三유에 회향하오니
참회하는 저희 제자들

수복이 증장하며

망령들은 정토에 왕생하여지이다.

부동지보살, 어여삐 여기사 거두어 주소서.

나무 등운로보살마하살登雲路菩薩摩訶薩 (세번)

자비도량참법(慈悲道場懺法) 제九권

찬(讚)

一백八이여,

경을 수지하여 장도藏圖에 가득하니

재앙을 소멸하고 수명을 연장하는

약사유리광 부처님과

비로자나 여래의 마음 안에 있는

유가부瑜伽部와

대승경전과 아미타불께서

남방 용녀가
보리에 이르는 길을 증명하나니,
나무 보공양보살마하살普供養菩薩摩訶薩(세번)

듣사오니,
도가 九천의 범천왕보다 뛰어나고
이름이 세상의 대웅大雄이시며
공功은 九유有의 중생을 초월하니
명호를 조어사調御師라 하시네.
九유幽의 세계에서 고통을 멸하며
九품연대에 중생을 섭수하기도 하고
아홉 단계의 차례를 一념에 뛰어넘고

九계의 색신을 인연따라 보이시나니

광명은 법계를 포함하고

도력은 중생계를 초월하나니

만행의 장엄을 드리우사

九시時의 불사를 증명하소서.

지금 참회하는 저희 제자들

자비도량참법을 수행하오며

이제 제九권의 연기를 당하여

향·등·화·과香燈花果를 진열하며

다·미茶米의 진수를 받드옵고

한결같은 정성으로

三보전에 공양하오며

모든 생각 씻어버리고
지성으로 발로참회하오니
법신은 동요하지 않고
법성은 고요하여
법과 법이 두루하와
법안法眼이 원명圓明하소서.
자마금신紫磨金身을 나투시며
백옥명호白玉明毫를 빛내시옵기
예배하여 귀의하오니
애민하여 섭수하사
제멸하지 못한 죄를 제멸하시고
참회하지 못한 허물 참제케 하소서.

생각컨대 참회하는 저희들

수없이 많은 겁을 지내도록

혼미한 곳에서 돌이키지 못하여

九계界의 인과를 모르니

무명이 덮이었고

九천泉의 괴로운 과보 믿지 않으니

삿된 소견이 마구 생겼나이다.

九부의 경전을 경멸輕蔑하며

마음대로 죄를 지었고

九결結의 번뇌에 얽히어

멋대로 허망한 짓을 하고

스스로를 칭찬하고 남을 훼방하며

남에게는 해롭게, 자기는 이롭게 하나니

혹은 말과 저울을 속이고

혹은 술과 색으로 혼미하여

티끌 세상의 짧은 즐거움을 탐하여

지옥의 극심한 고통 면치 못하네.

이제 앎을 돌이켜 허물 뉘우치고

다행히 공경하는 마음을 내어

진정한 복전에 귀의하고

참문을 의지하여 참회하며

크신 자비를 빌어

가피를 청하나이다.

백련대白蓮臺 위에 황금 상호요

홍우화紅藕花 피니 자마금신이라,

어마어마한 상호 하늘 중의 하늘이요

훤출하여 이름할 수 없어 성인 중의 성인이시네.

입 참(入懺)

자비도량참법을 수행하오며

三세 부처님께 귀의하나이다.

지심귀명례 과거 비바시불過去毘婆尸佛

지심귀명례 시기불尸棄佛

지심귀명례 비사부불毘舍浮佛

지심귀명례 구류손불拘留孫佛

지심귀명례 구나함모니불拘那含牟尼佛

지심귀명례 가섭불迦葉佛

지심귀명례 본사 석가모니불本師釋迦牟尼佛

지심귀명례 당래 미륵존불當來彌勒尊佛

二五、위아비지옥예불(爲阿鼻地獄禮佛)

오늘, 이 도량의 동업대중이여, 三보께 귀의한 후부터 여기 이르도록 매양 만법이 차별하며 공용功用이 한결같지 아니 하다고 말하나, 밝고 어두움이 서로 대하는 데는 선과 악 뿐이니, 선한 것은 인간이나 천상의 좋은 갈래요, 악한 것은 三악도의 다른 갈래라,

인의仁義를 수행하면 좋은 데 나고, 잔해殘害를 일으키면 나쁜 곳에 나느니라. 좋은 데 사는 이는 업이 선한 까닭이니 경쟁해서 얻는 것 아니니라. 자연의 즐거움을 받아 위가 없이 자재할 것이요, 나쁜 곳에 떨어지는 이는 업이 나쁜 까닭이니 화성火城이나 철망鐵網 속에 있게 되나니, 먹는 것은 철환과 뜨거운 쇠요, 마시는 것은 끓는 돌과 구릿물이니라. 수명은 천지보다 오래고 겁수劫數는 무궁에 이르느니라.

또, 지옥 고통은 부모 자식도 대신 받을 수 없나니, 영원히 이 몸 떠나면 식심이 저 곳에 나게 되어, 칼바퀴가 신체에 더하고 불과 맷돌이 형상을 해롭게 하여 수명이 촉박하지 않아 오래오래 고통 받으며, 비록 지옥을 면하더라도 다시 아귀에 태어나 입으로 불을 토하며, 목숨을 온전히 사는 것 아니며, 거기서 죽어서는 축생에 떨어져서 모든 고통을 받으며, 살은 남의 잔치에 공급하느라고 목숨은 제 명대로 살지 못하며, 솥에 삶고 교자상에 올려 놓이며, 혹 무거운 짐을 싣고 멀리 달리며, 험난한 데로 몰려다니나니, 실로 三악도의 고통이며, 긴밤은 새기 어려우니라. 좋고 나쁜 것이 현저하건마는, 믿는 이가 없고 「나」라는 관념으로 의혹을 일으키며, 의혹 때문에 다분히 선한 일을 하지 못하느니라.

그러므로 부처님 말씀에 「세상에는 열 가지 일이 있는데 이로 인하여 죽어 나쁜 갈래에 들어가나니, 선한 일에 전심하지 못하여 공덕을 닦지 않으면, 음식을 탐내어 주린 호랑이 같으며, 주색에 빠져서 성내기를 좋아하며, 항상 우치하여 남의 충고를 듣지 않으며, 제 역량대로 나쁜 일을 함부로 하며, 살생하기를 좋아하고 연약한 이를 업신여기며, 악인과 당파를 지어 다른 이를 침해하며, 말하는

것이 진실하지 않으며 모든 이를 사랑하지 않고 악업을 일으키나니,

이런 사람은 오래 살지 못하고 죽어 악도에 들어가느니라」 하셨다.

오늘, 이 도량의 동업대중이여, 부처님의 말씀과 같으니 누가 능

히 벗어나리요, 기왕 벗어나지 못한다면 지옥에 들어갈 죄가 있나

니, 대중은 이 뜻을 각오하고 스스로 방일하지 말며, 시간을 다투

어 보살도를 행할지니라. 바른 법을 부지런히 구하여 중생을 이롭

게 하면, 一은 스스로 죄를 멸하고, 二는 다른 이의 복을 내게 하

리니, 이러하면 자기도 이롭게 하고 남도 이롭게 하나니, 피차가

다를 것 없느니라. 서로서로 오늘부터 용맹심을 내고 견고한 마음

을 내고 자비심을 내며, 모든 이를 제도하려는 마음과 중생을 구제

하려는 마음으로, 도량에 앉을 때까지 이 소원을 잊지 말지니라.

시방의 다함없는 모든 부처님과 대보살들의 대신통력과 대자비력

과 지옥을 해탈하는 힘과, 아귀를 제도하는 힘과, 축생을 구제하는

힘과, 대신주력大神呪力과 대위맹력을 받자와, 저희들로 하여금 하

는 일이 이익되고 소원을 성취하게 하리니, 다같이 간절하게 五체

투지하고 아비지옥에서 고통받는 중생과, 내지 흑암지옥과 十八한

寒지옥과 十八열熱지옥과 十八도륜刀輪지옥과 검림劍林지옥과 화거火

車지옥과 비시沸屎지옥과 확탕지옥과, 그에 딸린 八만四천의 지옥

중에서 고통받는 일체 중생들을 위하여 우리들은 보리심과 보리행

과 보리원으로써 그들을 대신하여 세간의 대자대비하신 부처님께

귀의할지니라.

지심귀명례 미륵불彌勒佛

지심귀명례 석가모니불釋迦牟尼佛

자비도량참법 제九권 510

지심귀명례 大音讚佛

지심귀명례 淨願佛

지심귀명례 日天佛

지심귀명례 樂慧佛

지심귀명례 攝身佛

지심귀명례 威德勢佛

지심귀명례 刹利佛

지심귀명례 德乘佛

지심귀명례 上金佛

지심귀명례 解脫髻佛

지심귀명례 樂法佛

지심귀명례 住行佛

지심귀명례 사교만불 捨憍慢佛

지심귀명례 지장불 智藏佛

지심귀명례 범행불 梵行佛

지심귀명례 전단불 栴檀佛

지심귀명례 무우명불 無憂名佛

지심귀명례 단엄신불 端嚴身佛

지심귀명례 상국불 相國佛

지심귀명례 연화불 蓮華佛

지심귀명례 무변덕불 無邊德佛

지심귀명례 천광불 天光佛

지심귀명례 혜화불 慧華佛

지심귀명례 빈두마불 頻頭摩佛

자비도량참법 제九권 512

지심귀명례 지부불智富佛

지심귀명례 사자유희보살師子遊戲菩薩

지심귀명례 사자분신보살師子奮迅菩薩

지심귀명례 지장보살地藏菩薩

지심귀명례 무변신보살無邊身菩薩

지심귀명례 관세음보살觀世音菩薩

또, 시방의 다함없는 모든 三보께 귀의하옵나니, 원컨대 자비력으로 구제하여 접인하소서. 바라건대 아비지옥과, 내지 흑암지옥·도륜지옥·화거火車지옥·비시沸屎지옥과, 그에 딸린 지옥에서 고통받는 중생이, 부처님의 힘과 법의 힘과 보살의 힘과 일체 성현의 힘으로 고통에서 곧 해탈하여 필경에 다시 지옥에 떨어지지 않고,

모든 죄장을 모두 소멸하고, 다시 지옥의 업을 짓지 않으며, 지옥에 나지 않고 정토에 왕생하며, 지옥의 명命을 버리고 지혜의 명을 얻으며, 지옥의 몸을 버리고 금강신을 얻으며, 지옥의 고苦를 버리고 열반의 즐거움을 얻으며, 지옥의 괴로움을 생각하고 보리심을 발하여 四무량심과 六바라밀이 항상 앞에 나타나며, 四무애지無礙智와 六신통력이 뜻과 같이 자재하며, 지혜를 구족하고 보살도를 행하며, 용맹정진하여 쉬지 아니하며, 내지 닦아 나아가 十지의 행을 만족하고 금강심에 들어가 등정각을 이루어지이다.

二六, 위회하철환등지옥예불(爲灰河鐵丸等地獄禮佛)

오늘, 이 도량의 동업대중이여, 다시 지성으로 五체투지하고 회

하灰河지옥과 검림劍林지옥과 자림剌林지옥과 동주銅柱지옥과 철기鐵

機지옥과 철망鐵網지옥과 철굴鐵窟지옥과 철환鐵丸지옥과 첨석尖石지

옥과, 시방의 다함없는 이같은 일체의 지옥에서 금일 고통받는 일

체 중생을 위하여 우리들은 보리심으로 세간의 대자대비하신 부처

님께 귀의할지니라.

지심귀명례 미륵불彌勒佛

지심귀명례 석가모니불釋迦牟尼佛

지심귀명례 범재불梵財佛

지심귀명례 보수불寶手佛

지심귀명례 정근불淨根佛

지심귀명례 구족론불具足論佛

515 자비도량참법 제九권

지심귀명례 상론불上論佛

지심귀명례 불사불弗沙佛

지심귀명례 제사불提沙佛

지심귀명례 유일불有日佛

지심귀명례 출니불出泥佛

지심귀명례 득지불得智佛

지심귀명례 모라불謨羅佛

지심귀명례 상길불上吉佛

지심귀명례 법락불法樂佛

지심귀명례 구승불求勝佛

지심귀명례 지혜불智慧佛

지심귀명례 선성불善聖佛

자비도량참법 제九권 516

지심귀명례 망광불網光佛

지심귀명례 유리장불琉璃藏佛

지심귀명례 명문불名聞佛

지심귀명례 이적불利寂佛

지심귀명례 교화불敎化佛

지심귀명례 일명불日明佛

지심귀명례 선명불善明佛

지심귀명례 중덕상명불衆德上明佛

지심귀명례 보덕불寶德佛

지심귀명례 사자번보살師子幡菩薩

지심귀명례 사자작보살師子作菩薩

지심귀명례 지장보살地藏菩薩

지심귀명례 무변신보살無邊身菩薩

지심귀명례 관세음보살觀世音菩薩

또, 시방의 다함없는 모든 三보께 귀의하옵나니, 원컨대 자비력으로 가피하고 구제하소서. 바라건대 오늘 현재 회하지옥 등에서 고통받는 일체 중생들이 모두 해탈을 얻어 모든 괴로움의 과보가 영원히 소멸하고, 지옥의 업보가 필경에 청정하여 지옥의 몸을 버리고 금강신을 얻으며, 지옥고를 버리고 열반의 즐거움을 얻으며, 지옥의 괴로움을 생각하고 보리심을 발하여 함께 화택火宅에서 벗어나 도량에 이르러서 여러 보살들과 함께 정각正覺을 이루어지이다.

二七, 위음동탄갱등지옥예불(爲飮銅炭坑等地獄禮佛)

오늘, 이 도량의 동업대중이여, 다시 지성으로 五체투지하고, 시방의 다함없는 음동飮銅지옥·중합衆合지옥·규환叫喚지옥·대규환지옥·열熱지옥·대열지옥·탄갱炭坑지옥·소림燒林지옥과, 그에 딸린 이렇게 무량무변한 지옥에서 지금 고통을 받고 있는 중생을 위하여, 우리들은 보리심으로 그들을 대신하여 세간의 대자대비하신 부처님께 귀의할지니라.

지심귀명례 석가모니불釋迦牟尼佛

지심귀명례 미륵불彌勒佛

519 자비도량참법 제九권

지심귀명례 인원불人月佛

지심귀명례 라후불羅睺佛

지심귀명례 감로명불甘露明佛

지심귀명례 묘의불妙意佛

지심귀명례 대명불大明佛

지심귀명례 일체주불一切主佛

지심귀명례 요지불樂智佛

지심귀명례 산왕불山王佛

지심귀명례 적멸불寂滅佛

지심귀명례 덕취불德聚佛

지심귀명례 천왕불天王佛

지심귀명례 묘음성불妙音聲佛

자비도량참법 제九권 520

지심귀명례 묘화불妙華佛

지심귀명례 주의불住義佛

지심귀명례 공덕위취불功德威聚佛

지심귀명례 지무등불智無等佛

지심귀명례 감로음불甘露音佛

지심귀명례 선수불善手佛

지심귀명례 이혜불利慧佛

지심귀명례 사해탈의불思解脫義佛

지심귀명례 승음불勝音佛

지심귀명례 이타행불梨陀行佛

지심귀명례 선의불善義佛

지심귀명례 무과불無過佛

지심귀명례 견용정진보살堅勇精進菩薩

지심귀명례 금강혜보살金剛慧菩薩

지심귀명례 지장보살地藏菩薩

지심귀명례 무변신보살無邊身菩薩

지심귀명례 관세음보살觀世音菩薩

또, 시방의 다함없는 모든 三보께 귀의하옵나니, 원컨대 자비력으로 가피하고 구제하소서. 바라건대 음동飮銅지옥 등에서 현재 고통받는 중생들의 일체 죄장이 모두 소멸하고, 일체의 고통을 모두 해탈하고, 금일부터 필경에 다시 지옥에 떨어지지 않으며, 지옥에 나지 않고 정토에 생을 얻으며, 지옥의 명命을 버리고 지혜의 명을 얻으며, 四무량심과 六바라밀이 항상 앞에 나타나며, 四무애변과 六신통력이 뜻과 같이 자재하며, 지옥도地獄道에서 벗어나 열반의 도를 얻어 여래와 같은 정각을 이루어지이다.

二八, 위도병동부등지옥예불(爲刀兵銅釜等地獄禮佛)

오늘, 이 도량의 동업대중이여, 다시 지성으로 시방의 다함없는 상상지옥·흑사黑砂지옥·정신釘身지옥·화정火井지옥·석구石臼지옥·비사沸砂지옥·도병刀兵지옥·기아飢餓지옥·동부銅釜지옥 등, 이같이 무량한 지옥에서 지금 현재 고통받는 중생들을 위하여 우리들은 금일 보리심의 힘으로 세간의 대자대비하신 부처님께 귀의할지니라.

523 자비도량참법 제九권

지심귀명례 미륵불彌勒佛

지심귀명례 석가모니불釋迦牟尼佛

지심귀명례 화장불華藏佛

지심귀명례 묘광불妙光佛

지심귀명례 요설불樂說佛

지심귀명례 선제불善濟佛

지심귀명례 중왕불衆王佛

지심귀명례 이외불離畏佛

지심귀명례 변재일불辯才日佛

지심귀명례 명문불名聞佛

지심귀명례 보월명불寶月明佛

지심귀명례 상의불上意佛

자비도량참법 제九권 524

지심귀명례 무외불無畏佛

지심귀명례 대견불大見佛

지심귀명례 범음불梵音佛

지심귀명례 선음불善音佛

지심귀명례 혜제불慧濟佛

지심귀명례 무등의불無等意佛

지심귀명례 금강군불金剛軍佛

지심귀명례 보리의불菩提意佛

지심귀명례 수왕불樹王佛

지심귀명례 반타음불槃陀音佛

지심귀명례 복덕력불福德力佛

지심귀명례 세덕불勢德佛

지심귀명례 성애불聖愛佛

지심귀명례 세행불勢行佛

지심귀명례 호박불琥珀佛

지심귀명례 요화불樂和佛

지심귀명례 기음개보살棄陰盖菩薩

지심귀명례 적근보살寂根菩薩

지심귀명례 지장보살地藏菩薩

지심귀명례 무변신보살無邊身菩薩

지심귀명례 관세음보살觀世音菩薩

또, 시방의 다함없는 모든 三보께 귀의하옵나니, 원컨대 자비력으로 가피하고 구호하소서. 바라건대 도병刀兵지옥 등, 일체 지옥

과 그에 딸린 지옥에서 고통받는 중생들이 금일 곧 해탈하여 모든
고통이 길이 끊어지고, 지옥의 연緣을 여의고 지혜가 나며, 지옥의
고통을 생각하고 보리심을 발하며, 보살행을 행하기를 쉬지 아니하
고, 一승도에 들어가 十지행이 원만하고, 신통력으로 일체 중생을
접인하여 함께 도량에 앉아서 정각에 올라지이다.

二九, 위화성도산등지옥예불(爲火城刀山等地獄禮佛)

오늘, 이 도량의 동업대중이여, 다시 지성으로 시방의 다함없는
화城지옥·석굴石窟지옥·탕요蕩澆지옥·도산刀山지옥·호랑虎狼
지옥·철상鐵床지옥·열풍熱風지옥·토화땨火지옥과, 이같이 무량무
변한 지옥에 딸린 지옥에서 지금 고통받는 중생들을 위하여, 우리

527 자비도량참법 제九권

들은 보리심으로 세간의 대자대비하신 부처님께 귀의할지니라.

지심귀명례 미륵불彌勒佛

지심귀명례 석가모니불釋迦牟尼佛

지심귀명례 뇌음운불雷音雲佛

지심귀명례 선애목불善愛目佛

지심귀명례 선지불善智佛

지심귀명례 구족불具足佛

지심귀명례 덕적불德積佛

지심귀명례 대음불大音佛

지심귀명례 법상불法相佛

지심귀명례 지음불智音佛

지심귀명례 허공불虛空佛

지심귀명례 사음불祠音佛

지심귀명례 혜음차별불慧音差別佛

지심귀명례 공덕광불功德光佛

지심귀명례 성왕불聖王佛

지심귀명례 중의불衆意佛

지심귀명례 변재륜불辯才輪佛

지심귀명례 선적불善寂佛

지심귀명례 월면불月面佛

지심귀명례 일명불日名佛

지심귀명례 무구불無垢佛

지심귀명례 공덕집불功德集佛

지심귀명례 화덕상불華德相佛

지심귀명례 변재국불辯才國佛

지심귀명례 보시불寶施佛

지심귀명례 애월불愛月佛

지심귀명례 불고불不高佛

지심귀명례 혜상보살慧上菩薩

지심귀명례 상불리세보살常不離世菩薩

지심귀명례 지장보살地藏菩薩

지심귀명례 무변신보살無邊身菩薩

지심귀명례 관세음보살觀世音菩薩

또, 시방의 다함없는 모든 三보께 귀의하옵나니, 원컨대 자비력

자비도량참법 제九권　530

으로 가피하고 섭수하소서. 바라건대 도산刀山 등의 지옥에서 현재 고통받는 중생들이 곧 해탈을 얻으며, 내지 시방의 말로 다할 수 없이 많은 모든 지옥에서 지금 고통을 받는 이와, 장차 고통받을 일체 중생이 부처님의 힘과 법의 힘과 보살의 힘과 성현의 힘으로 함께 해탈을 얻어, 영원히 시방의 여러 지옥의 업이 끊어지고, 오늘부터 도량에 이르도록 다시 三악도에 떨어지지 아니하며, 몸을 버리고 몸을 받을 적에도 항상 부처님을 만나 지혜를 구족하고, 청정하고 자재하며, 용맹하게 정진하여 쉬지 아니하고, 내지 닦아 나아가서 十지의 행을 만족하고 금강심金剛心에 오르며, 부처님의 지혜에 들어가 부처님의 위신력으로 마음대로 자재하여지이다.

三〇. 위아귀도예불(爲餓鬼道禮佛)

오늘, 이 도량의 동업대중이여, 다시 지성으로 五체투지하고, 시방의 다함없는 모든 아귀도餓鬼道의 아귀신 등과 일체 아귀와 그 권속들을 위하여 우리들은 오늘 보리심으로 세간의 대자대비하신 부처님께 귀의할지니라.

지심귀명례 미륵불彌勒佛

지심귀명례 석가모니불釋迦牟尼佛

지심귀명례 사자력불師子力佛

지심귀명례 자재왕불自在王佛

지심귀명례 무량정불無量淨佛

자비도량참법 제九권 532

지심귀명례 등정불等定佛

지심귀명례 불괴불不壞佛

지심귀명례 멸구불滅垢佛

지심귀명례 불실방편불不失方便佛

지심귀명례 무요불無嶢佛

지심귀명례 묘면불妙面佛

지심귀명례 지제주불智制住佛

지심귀명례 법사왕불法師王佛

지심귀명례 대천불大天佛

지심귀명례 심의불深意佛

지심귀명례 무량불無量佛

지심귀명례 법력불法力佛

533 자비도량참법 제九권

지심귀명례 세공양불世供養佛

지심귀명례 화광불華光佛

지심귀명례 삼세공불三世供佛

지심귀명례 응일장불應日藏佛

지심귀명례 천공양불天供養佛

지심귀명례 상지인불上智人佛

지심귀명례 진계불眞髻佛

지심귀명례 신감로불信甘露佛

지심귀명례 금강불金剛佛

지심귀명례 견고불堅固佛

지심귀명례 약왕보살藥王菩薩

지심귀명례 약상보살藥上菩薩

지심귀명례 지장보살地藏菩薩

지심귀명례 무변신보살無邊身菩薩

지심귀명례 관세음보살觀世音菩薩

또, 시방의 다함없는 모든 三보께 귀의하옵나니, 원컨대 자비력으로 가피하고 섭수하소서. 바라건대 동서남북·四유維·상하上下와 다함없는 시방十方 법계의 모든 아귀도의 일체 아귀신과 각각 권속들과 일체 아귀와 각각 권속들의 일체 죄장을 다 소멸하며, 모든 고통을 모두 해탈하며, 몸과 마음이 청정하며 다시 번뇌가 없고, 몸과 마음이 배불러서 다시 기갈이 없으며, 감로를 얻고 지혜의 눈이 열리며, 四무량심과 六바라밀이 항상 앞에 나타나며, 四무애지와 六신통력이 뜻과 같이 자재하여, 아귀도를 떠나서 열반에 들어가 모든 부처님과 함께 정각을 이루어지이다.

三一、 위축생도예불(爲畜生道禮佛)

오늘, 이 도량의 동업대중이여, 다시 지극한 마음으로 五체투지하고, 동서남북·四유·상하와 이같이 시방의 다함없는 모든 축생도의 四생生의 중생과, 크고 작은 수륙공계水陸空界의 일체 중생과, 그 권속들을 위하여 우리는 오늘 자비력으로 세간의 대자대비하신 부처님께 귀의할지니라.

지심귀명례 미륵불彌勒佛

지심귀명례 석가모니불釋迦牟尼佛

지심귀명례 보견명불寶肩明佛

자비도량참법 제九권 536

지심귀명례 이타보불梨陀步佛

지심귀명례 수일불隨日佛

지심귀명례 청정불淸淨佛

지심귀명례 명력불明力佛

지심귀명례 공덕취불功德聚佛

지심귀명례 구족덕불具足德佛

지심귀명례 사자행불師子行佛

지심귀명례 고출불高出佛

지심귀명례 화시불華施佛

지심귀명례 주명불珠明佛

지심귀명례 연화불蓮華佛

지심귀명례 애지불愛智佛

537 자비도량참법 제九권

지심귀명례 반타엄불槃陀嚴佛

지심귀명례 불허행불不虛行佛

지심귀명례 생법불生法佛

지심귀명례 상명불相明佛

지심귀명례 사유락불思惟樂佛

지심귀명례 요해탈불樂解脫佛

지심귀명례 지도리불知道理佛

지심귀명례 상정진보살常精進菩薩

지심귀명례 불휴식보살不休息菩薩

지심귀명례 지장보살地藏菩薩

지심귀명례 무변신보살無邊身菩薩

지심귀명례 관세음보살觀世音菩薩

또, 시방의 다함없는 모든 三보께 귀의하옵나니, 원컨대 자비력으로 가피하고 섭수하소서. 바라건대 동서남북·四유·상하 등, 다함없는 모든 축생도의 四생生의 중생과 그 권속들의 일체 죄장을 모두 소멸하고 모든 고통을 다 해탈하여, 함께 악취를 버리고 도과道果를 얻으며, 몸과 마음이 三선천禪天과 같이 안락하며, 四무량심과 六바라밀이 항상 앞에 나타나며, 四무애지와 六신통력이 뜻과 같이 자재하여 축생도를 여의고 열반도에 들어가며, 금강심에 올라서 등정각을 이루어지이다.

三二. 위六도발원(爲六道發願)

저희들은 지금, 천인과 신선과 용신八부를 위하여 예불한 공덕의

인연으로 시방의 다함없는 四생 六도의 미래 세계가 끝나기까지,

중생이 오늘부터 보리에 이르도록 다시는 형체를 잘못 받아 모든 고초를 받지 않으며, 다시는 十악과 五역죄를 지어 三악도에 들어 가지 말고 지금의 예불한 공덕 인연을 힘입어 각각 보살마하살의 몸과 입의 업이 깨끗함을 얻으며, 각각 보살마하살의 큰 마음을 얻되 대지大地와 같은 마음으로 모든 선근을 내고, 바다와 같은 마음으로 부처님들의 지혜의 법을 받아 지니고, 수미산같은 마음으로 모든 이들이 무상보리에 머물고, 마니보배같은 마음으로 번뇌를 멀리 여의고, 금강같은 마음으로 모든 법을 결정하고, 견고한 마음으로 마군과 외도들이 능히 파괴하지 못하고, 연꽃같은 마음으로 모든 법에 물들지 아니하고, 우담발화같은 마음으로 오랜 겁 동안 만나기 어렵고, 깨끗한 해같은 마음으로 모든 어리석은 장애를 제멸

하고, 허공같은 마음이어서 일체 중생들이 측량하지 못하기를 원합

니다.

또, 四생 六도의 모든 중생들이 오늘부터 인식하는 성품을 생각

하며, 결정코 신해하는 성품을 생각하여 희론戱論을 버리고 법문을

생각하며, 가진 것을 모두 보시하되 아끼는 마음이 없으며, 마음이

용맹하여 겁약한 생각이 없으며, 수행한 공덕을 여럿에게 보시하

며, 삿된 도에로 돌아가지 않고 일심으로 정도를 향하며, 선함을

보고는 보살의 화현化現같이 여기고, 악한 일을 보고는 꿈과 같이

여기며, 생사를 버리고 三계에서 벗어나, 깊고 묘한 법을 분명하게

관찰하며, 모든 부처님께 공양하되 모든 공양구가 다 만족하며, 모

든 법보에게 공양하되 모든 공양구가 다 만족하며, 모든 보살에게

공양하되 모든 공양구가 다 만족하며, 모든 성현에게 공양하되 모

든 공양구가 다 만족하며, 만약 뒤에 오는 일체 중생 가운데 저희들의 오늘의 소원과 다른 이가 있으면 그 모두로 하여금 대원해 중에 들어가 곧 공덕과 지혜를 성취하고 부처님의 신력으로 마음대로 자재하여 여래와 더불어 함께 정각을 이루어지이다.

三三三、 경념무상(警念無常)

오늘, 이 도량의 동업대중이여, 우리들이 이미 六도를 위하여 예참하고 발원하였으니, 이제는 모름지기 세상이 무상함을 각오할 것이니라. 三세의 죄와 복은 원인과 결과로 생기는 것이니, 측은한 마음이 있어 서로 막히지 아니하며, 항상 생각하기를 「그림자와 메아리같아 서로 부합하지마는, 북호北胡와 남월南越같이 현격하리라」

할 것이며, 선과 악의 관계는 어길 수 없느니라. 바라건대 대중들은 이 무상함을 각오하고 부지런히 행업을 닦아 스스로 몸을 도와야 하고, 노력하기를 게을리 하지 말아야 하느니라. 지혜있는 이는, 가령 천만억 년을 두고 五욕락을 받더라도, 필경에는 三악도의 고통을 면하지 못하는 것을 항상 탄식하느니라. 하물며 우리는 백년의 반도 못 사나니, 이렇게 촉박한 세월에 어떻게 너그러움을 얻겠는가. 또 세간은 환상이며 의혹이니, 마침내는 없어지는 것이어서 있는 것은 없어지고 높던 것은 떨어지며, 모이면 헤어지고, 나면 죽는 것이니라. 부모 형제와 처자 권속의 사랑이 뼈에 사무치나 목숨을 버릴 적에는 서로 대신할 수 없으며, 고관 대작과 부귀 영화와 돈과 보물도 사람의 수명을 연장할 수 없고, 또 말이나 음식으로 청탁하여 벗어날 수도 없는 것이니, 형상이 없는 상태를 누가

543 자비도량참법 제九권

능히 머물게 하겠는가.

경에 말씀하기를 「죽는 것은 없어지는 것이니, 숨이 끊어지고 정신이 떠나가면 몸뚱이는 쓸쓸하여져서, 사람이나 물건이 한 가지 계통이라. 나는 이로서 죽지 않는 이가 없으며, 목숨이 끊어질 적에는 무한한 고통을 받나니, 내외 六친은 둘러앉아 통곡하고, 죽는 이는 황황하여 의지할 데를 모르느니라. 신체가 허냉虛冷하며 기운이 끝나려 할 때 평생에 지은 선악의 업보가 눈에 가득한데 선한 일을 한 이는 천신이 보호하고, 악한 일을 한 이는 우두옥졸이 몰아가나니, 옥졸과 나찰은 조금도 용서가 없고, 부모와 효자도 서로 구원할 수 없으며, 남편과 아내 사이의 은혜와 사랑도 마주보면서 끊어지나니, 바람칼이 몸을 오려낼 적에 그 고통은 이루 말할 수 없느니라. 그때에 죽는 이는 간담이 마디마디 찢어지고, 한량없는

고통이 한꺼번에 모여들거든, 정신이 산란하여 취한 듯 미친 듯 할

때에, 그제서야 한 생각 선한 마음을 일으켜 털끝만한 복을 지으려

한들, 한탄이 마음속에 있으나 다시 어찌할 수 없나니, 이런 고통

을 누가 대신할 수 있으리요」하였다.

열반경에 일렀으되 「죽은 이는 험난한 곳에서 양식은 없고 갈길

은 먼데 동행자는 없으며, 밤낮으로 가지마는 끝이 없고 깊고 어두

워 광명이 없으며, 들어가도 막는 이가 없고, 도달하고도 벗어나지

못하나니, 살아서 복을 닦지 못하면 죽어서는 고통받는 곳으로 가

게 되어 괴롭고 신산함을 고칠 수 없나니, 이는 악(惡)이 사람을 두

렵게 하는 것이라」하였느니라.

오늘, 이 도량의 동업대중이여, 생사의 과보는 고리 같아서 끝이

없으며, 고혼이 혼자 가는데 보는 사람도 없으니, 찾을 사람도 없

고, 의지할 물건도 없느니라. 오직 노력하여 수고로움을 무릅쓰고 괴로움을 참으며, 四무량심과 六바라밀을 부지런히 닦아서, 여러 갈래로 혼자 다니는데 자량資糧을 삼을 것이요, 강건하다고 안심할 것이 아니니, 각각 지극한 마음으로 다같이 간절하게 五체투지하고, 세간의 대자대비하신 부처님께 귀의할지니라.

지심귀명례 미륵불彌勒佛

지심귀명례 석가모니불釋迦牟尼佛

지심귀명례 다문해불多聞海佛

지심귀명례 지화불持華佛

지심귀명례 불수세불不隋世佛

지심귀명례 희중불喜衆佛

자비도량참법 제九권 546

지심귀명례 공작음불孔雀音佛

지심귀명례 불퇴몰불不退沒佛

지심귀명례 단유애구불斷有愛垢佛

지심귀명례 위의제불威儀濟佛

지심귀명례 무동불無動佛

지심귀명례 제천유포불諸天流布佛

지심귀명례 보보불寶步佛

지심귀명례 화수불華手佛

지심귀명례 위덕불威德佛

지심귀명례 파원적불破怨賊佛

지심귀명례 부다문불富多聞佛

지심귀명례 묘국불妙國佛

지심귀명례 화명불華明佛

지심귀명례 사자지불師子智佛

지심귀명례 월출불月出佛

지심귀명례 멸암불滅闇佛

지심귀명례 사자유희보살師子遊戲菩薩

지심귀명례 사자분신보살師子奮迅菩薩

지심귀명례 무변신보살無邊身菩薩

지심귀명례 관세음보살觀世音菩薩

또, 시방의 다함없는 모든 三보께 귀의하옵나니, 원컨대 자비력으로 가피하고 두호하소서. 바라건대 오늘 이 도량에서 함께 참회하는 이들이 금일부터 보리에 이르도록 모든 죄의 원인과 무량한

괴로운 과보가 모두 제멸하고, 번뇌의 맺힌 업이 필경까지 청정하

여 여러 부처님의 법회에 항상 참여하며, 보살도를 행하여 자재하

게 태어나되, 자비희사와 六바라밀을 말씀한대로 수행하며, 四무

애변과 六신통이 모두 만족하며, 백천 삼매가 한 생각에 앞에 나타

나서, 모든 총지문總持門에 들어가지 못함이 없으며, 빨리 도량에

올라가서 등정각을 이루어지이다.

三四, 위집로운력예불(爲執勞運力禮佛)

오늘, 이 도량의 동업대중이여, 다시 지성으로 자비심을 일으키

고 원수라든가 친하다는 생각이 없으며, 오늘 설익은 모든 것을

돌이켜 익게 하고, 노동하기를 기뻐하며, 애를 쓰고 운력하여 복업

닦음을 도와주는 이와, 각각 권속들을 위하며, 또 이 세상의 감옥에 갇혀 근심하고 곤액困厄을 당하는 이와, 모든 형벌을 집행하는 이들을 위하여, 그 살아가는 것을 생각하면, 비록 사람이 되었으나 낙이 적고 고가 많으며, 칼을 씌우고 수갑을 채우는 것이 몸에서 떠날 때가 없으며, 혹 이 세상에서 악업을 지었거나, 혹 과거의 허물을 면할 듯 하지마는 스스로 발명할 것이 없으며, 중죄로 죽게 될 것을 구원할 이가 없는, 이러한 중생과 그 권속들을 위하여, 우리들이 금일에 자비한 마음으로 그들을 위하여 일체 세간의 대자대비하신 부처님께 귀의할지니라.

지심귀명례 미륵불彌勒佛

지심귀명례 석가모니불釋迦牟尼佛

지심귀명례 차제행불次第行佛

지심귀명례 복덕등불福德燈佛

지심귀명례 음성치불音聲治佛

지심귀명례 교담불憍曇佛

지심귀명례 세력불勢力佛

지심귀명례 신심주불身心住佛

지심귀명례 선월불善月佛

지심귀명례 각의화불覺意華佛

지심귀명례 상길불上吉佛

지심귀명례 선위덕불善威德佛

지심귀명례 지력덕불智力德佛

지심귀명례 선등불善燈佛

지심귀명례 견행불 堅行佛

지심귀명례 천음불 天音佛

지심귀명례 안락불 安樂佛

지심귀명례 일면불 日面佛

지심귀명례 요해탈불 樂解脫佛

지심귀명례 계명불 戒明佛

지심귀명례 주계불 住戒佛

지심귀명례 무구불 無垢佛

지심귀명례 사자번보살 師子幡菩薩

지심귀명례 사자작보살 師子作菩薩

지심귀명례 무변신보살 無邊身菩薩

지심귀명례 관세음보살 觀世音菩薩

또, 시방의 다함없는 모든 三보께 귀의하옵나니, 원컨대 자비하신 힘으로 가피하고 두호하소서. 바라건대 금일에 노동하며 따라 기뻐하는 이와 그 권속들이 오늘부터 보리에 이르도록 모든 죄와 업장이 소멸하고, 모든 고통을 필경까지 해탈하며, 수명이 연장하고 몸과 마음이 안락하며, 영원히 재액을 여의고 다시 번뇌가 없으며, 대승심을 발하고 보살행을 닦으며, 六바라밀과 자비희사가 모두 구족하고, 생사의 괴로움을 버리고 열반의 즐거움을 얻으며, 또 천하의 감옥과 여러 가지 형벌과 죄수들을 가두는 일과, 근심과 곤액과, 모든 질병이 있어 자재하지 못하는 이와 그 권속들이, 지금 그를 위하여 예불한 공덕과 위력으로 모든 괴로움을 다 해탈하고, 악업의 대상들을 필경에 끊어버리고, 감옥에서 벗어나 선한 법문에 들어가서 수명이 무궁하고 지혜가 무진하며, 몸과 마음이 三선천禪天과 같이 즐겁고, 감옥의 고통을 생각하고 부처님의 은혜를 염念하며, 나쁜 행을 고치고 선한 일을 닦아서, 대승심을 발하고 보살도를 행하며, 금강의 세계에 들어가 도리어 일체 중생을 제도하며 함께 정각에 올라서 신력이 자재하여지이다.

三五、 발회향(發廻向)

오늘, 이 도량의 동업대중이여, 이미 발심하여 할 일을 다 하였으니, 이제는 모름지기 이전의 공덕으로 회향심을 발하리라. 무슨 까닭인가. 모든 중생이 능히 해탈하지 못함은 다 과보에 집착하여 버리지 못하는 까닭이니, 만일 조그만 복이나 털끝만한 선이라도 능히 회향하는 이가 있으면, 과보에 대하여 다시 집착을 내지 않고

자비도량참법 제九권 554

문득 해탈하여 우유자재優遊自在하리라. 그러므로 경에서는 「수행하여 회향함이 큰 이익이 된다」 하였느니라. 그러므로 오늘 마땅히 회향할 것을 발하고, 겸하여 여럿에게 권하여 과보에 집착하지 말게 할지니라. 우리들은 서로서로 지극한 마음으로 五체투지하고 세간의 대자대비하신 부처님께 귀명하고 예경할지니라.

지심귀명례 미륵불彌勒佛

지심귀명례 석가모니불釋迦牟尼佛

지심귀명례 견출불堅出佛

지심귀명례 안사나불安闍那佛

지심귀명례 증익불增益佛

지심귀명례 향명불香明佛

지심귀명례 위람명불違藍明佛

지심귀명례 염왕불念王佛

지심귀명례 밀발불蜜鉢佛

지심귀명례 무애상불無礙相佛

지심귀명례 신계불信戒佛

지심귀명례 지묘도불至妙道佛

지심귀명례 요실불樂實佛

지심귀명례 명법불明法佛

지심귀명례 구위덕불具威德佛

지심귀명례 지적멸불至寂滅佛

지심귀명례 상자불上慈佛

지심귀명례 대자불大慈佛

지심귀명례 감로왕불甘露王佛

지심귀명례 미루명불彌樓明佛

지심귀명례 성찬불聖讚佛

지심귀명례 광조불廣照佛

지심귀명례 문수사리보살文殊師利菩薩

지심귀명례 보현보살普賢菩薩

지심귀명례 무변신보살無邊身菩薩

지심귀명례 관세음보살觀世音菩薩

또, 시방의 다함없는 모든 三보께 귀의하옵나니, 원컨대 자비하신 힘으로 가피하고 두호하사, 일체의 행과 원을 모두 원만케 하여지이다.

오늘, 이 도량의 동업대중이여, 금일부터 보리에 이르도록 보살도를 닦되 물러가지 말고, 먼저 중생을 제도한 뒤에 성불할지니라.

만일 도를 얻지 못하고 중간에 생사에 걸리는 이는 이 원력으로 이 대중들이 태어나는 곳마다, 몸과 입과 뜻으로 짓는 업이 항상 청정하며, 유연한 마음과 조화된 마음과 방일하지 아니한 마음과 적멸한 마음과 참된 마음과 잡란하지 않은 마음과 간탐이 없는 마음과 크게 수승한 마음과 대자비심과 평안히 머무는 마음과 환희한 마음과 모든 중생을 먼저 제도하려는 마음과 일체를 수호하는 마음과 보리를 수호하는 마음과 부처님과 같으려는 마음과, 이같이 광대하고 오묘한 마음을 발하고 다문多聞을 구하여 탐욕을 여의는 정定을 닦으며, 일체 중생을 요익하고 안락케 하며, 보리원을 버리지 말고 함께 정각을 이룰지니라.

자비도량참법 제九권 558

대발회향법(大發廻向法)

오늘, 이 도량의 동업대중이여, 서로 호궤하고 합장하고 마음으
로 생각하며 입으로 말하되, 내가 하는대로 따라 할지니라.

시방의 천인과 신선들이

가지고 있는 공덕의 업을

내가 지금 그를 위해 회향하여

함께 정각의 도에 돌아가며

시방의 용과 귀신들이

가지고 있는 훌륭한 선업을

내가 지금 그를 위해 회향하여
함께 一승의 도에 돌아가며

시방의 모든 인간 세계의 왕이
닦은 바 보리의 업을
내가 지금 그를 위해 회향하여
함께 무상도에 돌아가며

六도의 중생들이
가지고 있는 조그만 선업도
내가 지금 그를 위해 회향하여
함께 무상도에 돌아가며

시방의 불제자와

선래비구善來比丘의 무리와

집착함이 없는 네 무리의 사문과

연각을 구하는 이들이

드러나거나 은밀하게 중생을 교화하며

인연법을 분명히 밝히고 아는

이러한 모든 것을

다 불도로 회향하며

시방의 모든 보살들이

경을 독송하고 수지하며

선정에 들고 선정에서 나오는
모든 선善을 권하며 행하던

이러한 三승들의
모든 공덕의 근본을
모두 중생에게 회향하여
함께 무상도에 돌아가며

하늘에서나 인간에서나
성인의 도를 닦은 모든 선업을
내가 모두 권하여 회향하여
함께 무상도에 돌아가며

발심하고 참회하여

스스로 행하고, 남에게도 권하여 행한

그러한 털끝만한 복이라도

모두 회향하여 중생에게 돌리며

부처되지 못한 중생이 있으면

보리원을 버리지 않고

모든 이가 다 성불한 연후에

정각에 오르려 하오니

원컨대 부처님과 보살과

무루無漏의 여러 성인들은

이 세상에서나 후생에서나

섭수하여 주시옵소서.

오늘, 이 도량의 동업대중이여, 서로 지극한 마음으로 五체투지하고 부모 친척을 위하여 회향하고, 스승과 동학을 위하여 회향하고, 시주와 단월과 선지식·악지식을 위하여 회향하고, 호세 四천왕을 위하여 회향하고, 시방의 마왕을 위하여 회향하고, 또 총명정직한 사람과 천지허공과 선을 권장하고 악을 벌하는 이와 주문을 수호하는 이와 五방용왕과 용신八부를 위하여 회향하며, 또 감추어졌거나 나타난 일체 영기靈祇를 위하여 회향하며, 또 시방의 다함없는 모든 중생을 위하여 회향할지니라.

오직 원하오니, 시방의 제천과 신선들과 용신八부와 일체 중생이 금일부터 보리에 이르도록 항상 무상無相을 알고 다시 집착하지 않게 하여지이다.

찬(讚)

三악도의 혹심한 과보

괴로움 감당키 어렵나니

한 생각으로 말미암아 재앙을 부른 것,

세상의 무상함을 경책하고

대의왕大醫王에게 기원하여

자비한 교화가 길이 유전할지어다.

나무 선혜지보살마하살善慧地菩薩摩訶薩(세번)

출 참(出懺)

九品도사를 九극極 六천天이 받들어 모시고

九계界의 인자한 이들, 九종의 아라한이 따라 모시나니

원컨대 부처님은 九중궁궐에 향복享福하고

중생을 제도하여 九품연대에 오르소서.

공이 九유有에 뛰어나고

도가 九천天을 초월하시니

바라옵건대 대각이시여,

이 참회를 증명하소서.

이제까지 참회하는 저희들

양황참법을 수행하려고

자비도량참법 제九권 566

용궁해장의 글을 외우면서
제九권을 당하였으니
들고 나는 二시에
공행功行이 끝나나이다.
부처님을 대하여
머리 조아려 귀의하오며
전단향을 사루고
좋은 과실을 이바지하며
차를 달여 혼침한 맛을 깨우고
등을 켜서 캄캄한 밤을 깨트리나니
신기한 꽃은 천기天機를 다투고
범패는 신성의 풍악을 전하며

지성으로 六념念하고

선관禪觀하는 일심으로

사량하고 계교하여

모두 회향하옵나니,

대승 보살과 성문과 아라한과

여러 천인들이

경천 위지經天緯地하여

음양陰陽을 맡으시었나니

천기를 저울질 하는 조화신과

八부용사들은

이 마음을 감찰하고

참된 즐거움을 돌보시어

참회하는 저희들

업장을 참제케 하고

길상을 얻게 하며,

九品연대에 오르려 하오니

얽어맺힌 죄업은 이제부터 풀리고

어두운 악취에서 헤매는 일 초월하여

九지地의 견혹見惑에 걸리지 말고

九품의 연화세계에 빨리 이르러

아홉 가지 공로 초월하고

아홉 가지 덕을 장엄하여지이다.

두번 세번 정성 드리오나

망정妄情이 어긋날까 두려워

다시 대중에 청하여
거듭 거듭 참회하나이다.

찬(贊)

양황참 九권의 공덕으로 저희들 망령의 아홉 번 맺힌 죄 소멸되
고, 보살의 선혜지善慧地 증득하며, 참문을 외우는 곳에 죄의 꽃이
스러지며, 원결을 풀고 복이 더하여 도리천에 왕생하였다가 용화회
상에서 다시 만나 미륵부처님의 수기를 받아지이다.
나무 용화회보살마하살龍華會菩薩摩訶薩(세번)

거 찬(擧讚)

양황참 제九권 모두 마치고

四은과 三유에 회향하오니

참회하는 저희들

수복이 증장하며

망령들은 정토에 왕생하여지이다.

선혜지보살, 어여삐 여기사 거두어 주소서.

나무 등운로보살마하살等雲路菩薩摩訶薩(세번)

자비도량참법(慈悲道場懺法) 제一〇권

찬(讚)

옷을 공양하오니
명주와 비단과 항라와 갑사
소금쾌자銷金掛子 그리기 어려워
용녀는 금실로 수건을 짜고
바사익왕은 가사를 희사하고
마명보살이 신통을 서원했네。

나무 보공양보살마하살普供養菩薩摩訶薩 (세번)

듣사오니,

열 가지 명호를 구족하신 석가 세존

연꽃 위에서 정각 이루시고

열 가지 몸 갖추신 조어사調御師

티끌 속에서 법륜 굴리시니

광명이 시방에 두루하고

방편은 十지地를 초월하시네.

十바라밀을 구족하여

十대원왕大願王이라 일컬으나니

바라건대 크신 자비로

통촉하옵소서.

지금 참회하는 저희 제자들

자비도량참법을 수행하오며

이제 제十권의 연기를 당하여

일편 단심으로 열 가지 공양 차리어

시방 三보께 받들어 올리고

十권의 참문을 수련하오며

十과科의 참법을 따라

十전纏의 죄를 풀려 하나이다.

생각컨대 저희 제자들이

과거에 지은 원인으로

금생의 과보 받으매

자비도량참법 제一○권 574

十선善의 정인正因을 모르고

十악惡의 업을 지었사오니

十전纏에 얽힌 것

쇠사슬의 이은 고리요

열 가지 습기로 익혀온 일

불에 덤비는 나비와 같아

점점 백천 가지 형상이 되고

다시 무량한 죄업을 이루니

애견愛見을 잊지 못하고

탐심은 만족하기 어려워

불같은 진심은 보리의 종자를 태우고

죄업의 바람에 공덕의 숲이 쇠잔하며

자비도량참법 제一○권

세월이 오래 되고서야
비로소 허물을 알았으나
광음光陰이 빨라
옛날의 잘못을 이제야 깨달으니
이제 참회의 문을 얻어
수련하는 차례를 알고
스님네를 의지하여
참문을 읽으며
엄숙히 불사를 닦고
무궁한 법리法利를 지으며
거듭거듭 생각을 가다듬고
한결같이 정성을 다하오니

부처님께 자비를 드리우사
명훈가피하소서.

한 생각에 무량한 겁을 두루 살피니

가도 오도 않고 머물지도 않아

이와 같이 三세의 일을 알기만 하면

방편을 뛰어넘어 十력力을 이루리.

입 참(入懺)

자비도량참법을 수행하오며

三세 부처님께 귀의하나이다.

지심귀명례 과거 비바시불過去毘婆尸佛

지심귀명례 시기불尸棄佛

지심귀명례 비사부불毘舍浮佛

지심귀명례 구류손불拘留孫佛

지심귀명례 구나함모니불拘那含牟尼佛

지심귀명례 가섭불迦葉佛

지심귀명례 본사 석가모니불本師釋迦牟尼佛

지심귀명례 당래 미륵존불當來彌勒尊佛

三六、 보살회향법(菩薩廻向法)

오늘, 이 도량의 동업대중이여, 우리들이 피로함을 견디고 고통을 참으며, 이같이 무량한 선근을 닦았으니, 다시 사람마다 생각하기를 「내가 닦은 선근으로 일체 중생을 이익케 하여 여러 중생을 끝까지 청정케 하며, 내가 참회한 선근으로 모든 중생들이 다 지옥과 아귀와 축생과 염라왕들의 한량없는 괴로움을 멸제하며, 이 참법이 모든 중생들의 큰 저택邸宅이 되어 괴로움을 멸하며, 큰 구호자가 되어 번뇌를 해탈케 하며, 귀의할 곳이 되어 공포를 여의게 하며, 크게 머물러 있을 갈래가 되어 지혜에 이르게 하며, 안락한 곳이 되어 구경의 안락을 얻게 하며, 밝게 비치는 빛이 되어 캄캄함을 멸하게 하며, 큰 등불이 되어 끝까지 밝고 깨끗한 곳에 머물게 하며, 큰 도사가 되어 방편문에 들어가서 깨끗한 지혜를 얻게 하여지이다」 할지니라.

오늘, 이 도량의 동업대중이여, 이같은 모든 법으로 보살 마하살은 원수와 친한 이를 위하여 여러 가지 선근으로 함께 회향하여, 모든 중생에게 평등하여 차별이 없고, 평등하게 관찰하는 데 들어가서 원수라든가 친한 이라는 생각이 없으며, 항상 사랑하는 눈으로 모든 중생을 보느니라. 만일 중생이 원한을 품고, 보살에 대하여 악하고 거역하는 마음을 가지거든, 보살은 참으로 선지식이 되어 마음을 잘 조복하고서 깊은 법을 연설하나니, 마치 큰 바다를 온갖 독으로도 능히 파괴할 수 없는 것과 같느니라. 보살도 그와 같아서, 가령 우치하고 지혜가 없어 은혜를 갚을 줄 모르는 중생이 한량없이 악한 마음을 가지더라도, 능히 보살의 도심道心을 동요할 수 없느니라. 마치 아침 해가 모든 중생에게 두루 비치는데, 눈이 없는 사람에게 광명을 숨기지 않는 것 같이, 보살의 도심도 그와 같아서, 나쁜 사람이라고 해서 물러가는 것이 아니며, 중생을 조복하기가 어렵다고 해서 선근을 버리지 않느니라.

보살 마하살이 여러 가지 선근으로 신심이 청정하여 자비를 기르고 모든 선근으로써 중생을 위하여 깊은 마음으로 회향하나니, 입으로 말만 하는 것이 아니라, 모든 중생에게 대하여 환희심과 밝고 깨끗한 마음과 부드러운 마음과 자비한 마음과 사랑하는 마음과 거두어 주는 마음과 이익케 하려는 마음과 안락케 하려는 마음과 가장 훌륭한 마음을 내고, 모든 선근으로 회향하느니라. 보살 마하살이 이러한 선근을 발하여 회향하나니, 우리들도 금일에 이같이 회향함을 배워서 마음으로 생각하고 입으로 말하기를, 「내가 가진 회향의 공덕으로 모든 중생이 청정한 갈래를 얻고 청정한 생명을 얻어, 만족한 그 공덕을 일체 세간에서 능히 파괴할 이가 없고, 공덕과 지혜가 그지 없으며, 신구의 身口意 三업이 구족하게 장엄하여 항상 여러 부처님을 뵈옵고, 깨트릴 수 없는 신심으로 정법을 듣고 모든 의심을 여의며, 기억해 지니고 잊어버리지 아니하여 신구의 三념念이 청정하며, 마음이 항상 승묘한 선근에 머물고, 영원히 가난을 여의어 일곱 가지 재물이 충만하며, 모든 보살이 배우던 것을 배워 여러 가지 선근을 얻으며, 평등을 성취하여 묘한 해탈과 일체종지一切種智를 얻으며, 여러 중생이 자비한 눈을 얻으며, 몸이 청정하고 변재가 그지없고, 선근을 발기하여 물드는 마음이 없으며, 깊은 법에 들어가 온 중생 거두어 머무름 없는 곳에 부처님과 같이 머물며, 회향하는 모든 일이 시방의 보살 마하살의 회향하는 바와 같아서, 광대하기 법성法性과 같으며, 구경에 허공과 같아지이다」 할지니라.

원컨대 저희들도 이러한 소원을 성취하여 보리원을 만족하며, 四생 六도도 모두 소원이 뜻과 같기를 원하오며, 거듭 정성을 더하여

자비도량참법 제一○권 582

五체투지하고 세간의 대자대비하신 부처님께 귀의하나이다.

지심귀명례 미륵불彌勒佛

지심귀명례 석가모니불釋迦牟尼佛

지심귀명례 위덕불威德佛

지심귀명례 견명불見明佛

지심귀명례 선행보불善行報佛

지심귀명례 선희불善喜佛

지심귀명례 무우불無憂佛

지심귀명례 보명불寶明佛

지심귀명례 위의불威儀佛

지심귀명례 요복덕불樂福德佛

지심귀명례 공덕해불功德海佛

지심귀명례 진상불盡相佛

지심귀명례 단마불斷魔佛

지심귀명례 진마불盡魔佛

지심귀명례 과쇠도불過衰道佛

지심귀명례 불괴의불不壞意佛

지심귀명례 수왕불水王佛

지심귀명례 정마불淨魔佛

지심귀명례 중상왕불衆上王佛

지심귀명례 애명불愛明佛

지심귀명례 복등불福燈佛

지심귀명례 보리상불菩提相佛

지심귀명례 지음불智音佛

지심귀명례 상정진보살常精進菩薩

지심귀명례 불휴식보살不休息菩薩

지심귀명례 무변신보살無邊身菩薩

지심귀명례 관세음보살觀世音菩薩

또, 시방의 다함없는 모든 三보께 귀의하옵나니, 원컨대 자비하신 힘으로 가피하시고 섭수하사 회향하는 마음으로 하여금 구족히 성취케 하소서. 저희들이 만일 한량없는 대죄업을 갖추어서 무량무변한 고초를 받으며, 악도 중에서 능히 벗어나지 못하며, 금일의 보리심 발한 것을 어기고 보리행을 어기며 보리원을 어기게 되거든, 시방의 지위가 높은 보살과 일체 성인이 자비심으로 본래의 서원을 어기지 마시고 저희들을 도우사 三악도 중에서 중생들을 구제하여 해탈을 얻게 하되, 서원코 괴롭다고 해서 중생을 여의지 말게하며, 나를 위하여 무거운 짐을 짊어지고, 평등한 원을 만족하고, 일체 중생의 생로병사와 근심과 괴로움과 무량한 액난을 제도하여 중생들이 모두 청정케 하며, 선근을 구족하고 끝내는 해탈케 하며, 모든 악마의 무리를 여의고 악지식을 멀리 하게 하며, 선지식과 참된 권속을 친근하여 정법을 성취하며, 모든 고통을 멸하고 보살의 무량한 행원을 구족하며, 부처님을 뵈옵고 환희하여 일체지一切智를 얻고는 다시 일체 중생을 제도케 하여지이다.

三七, 발 원(發願)

오늘, 이 도량의 동업대중이여, 이미 회향을 발하였으니, 다음은 마땅히 이러한 원을 발할지니라. 대개 모든 악의 일어남이 다 六근으로 말미암느니라. 六근은 모든 화禍의 근본이지만, 또한 무량한 복업福業을 일으키나니, 그러므로 승만경에 말하기를 「六근을 수호하여 몸과 입과 뜻을 깨끗이 하면, 이런 뜻으로 선근을 생기게 하는 근본이 된다」 하였으니, 그러므로 六근에 대하여 큰 서원을 발할 것이니라.

1. 안근(眼根)의 원을 발함

원컨대, 오늘 이 도량의 동업대중과 시방의 四생 六도의 일체 중생들이 오늘부터 보리에 이르도록, 눈으로는 만족할 줄을 모르는 탐욕의 삿되고 헛된 대상을 항상 보지 않으며, 아첨하고 왜곡하고 망령된 세계를 보지 않으며, 검고 누르고 붉고 연두색 등, 사람을 의혹케 하는 빛을 보지 않으며, 성내어 싸우는 추잡한 것을 보지 않으며, 때리고 성가시고 남을 해롭게 하는 것을 보지 않으며, 중생을 도살하고 상해하는 것을 보지 않으며, 우치하고 신용없고 의혹케 하는 것을 보지 않으며, 겸손하지 않고 조심성 없는 교만한 것을 보지 않으며, 九十六종의 삿된 소견을 보지 않고, 오직 일체 중생이 오늘부터 항상 十방에 상주하는 법신의 담연淡然한 빛을 눈으로 보며, 三十二상의 자금색신을 보며, 八十종호의 빛을 보며, 모든 하늘과 신선이 보배를 받들고 와서 꽃처럼 뿌리는 것을 보며, 입으로 五색의 광명을 내어 설법하여 제도하는 것을 보며, 분신을 나투어 시방에 가득 차는 것을 보며, 모든 부처님이 육계肉髻의 광명을 놓아 인연있는 이들이 와서 모이는 것을 보며, 시방의 보살·벽지불·아라한 등, 여러 성현을 보며, 모든 중생과 권속들이 함께 부처님을 관하는 것을 보며, 거짓이 없는 모든 선한 일을 보며, 七각지覺支의 깨끗한 경계를 보며, 묘한 해탈의 경계를 보며, 금일 이 도량의 대중이 환희하여 법을 찬탄하고 정대頂戴하는 광경을 보며, 四부 대중이 둘러앉아 법문 듣고 우러러 보는 광경을 보며, 보시·지계· 인욕·정진의 모든 경계를 보며, 고요하고 생각하고 지혜를 닦는 모든 것을 보며, 일체 중생이 무생법인을 얻어 수기를 받고 환희하는

것을 보며, 모든 중생이 금강혜金剛慧에 올라서 무명을 끊고 보처補

處에 이르는 것을 보며, 모든 이들이 법의 흐름에 목욕하고 물러나

지 않는 것을 보아지이다. 이미 안근의 원을 발하였으니, 함께 지

성으로 五체투지하고 세간의 대자대비하신 부처님께 귀의하나이다.

지심귀명례 미륵불彌勒佛

지심귀명례 석가모니불釋迦牟尼佛

지심귀명례 선멸불善滅佛

지심귀명례 범상불梵相佛

지심귀명례 지희불智喜佛

지심귀명례 신상불神相佛

지심귀명례 여중왕불如衆王佛

지심귀명례 지지불持地佛

지심귀명례 애일불愛日佛

지심귀명례 라후월불羅睺月佛

지심귀명례 화명불華明佛

지심귀명례 약사상불藥師上佛

지심귀명례 지세력불持勢力佛

지심귀명례 복덕명불福德明佛

지심귀명례 희명불喜明佛

지심귀명례 호음불好音佛

지심귀명례 법자재불法自在佛

지심귀명례 범음불梵音佛

지심귀명례 묘음보살妙音菩薩

지심귀명례 대세지보살大勢至菩薩

지심귀명례 무변신보살無邊身菩薩

지심귀명례 관세음보살觀世音菩薩

또, 시방의 다함없는 모든 三보께 귀의하옵나니, 원컨대 자비하신 힘으로 가피하고 두호하사 저희들로 하여금 소원과 같이 되어 보리원을 원만히 이루게 하여지이다.

2. 이근(耳根)의 원을 발함

원컨대, 오늘 이 도량의 동업대중과 시방의 四생六도의 일체 중생이 오늘부터 보리에 이르도록 항상 통곡하고 수심하여 슬프게 우는 소리를 귀로 듣지 않으며, 무간지옥에서 고통받는 소리를 듣지 않으며, 확탕지옥·뇌비雷沸지옥의 신음하는 소리를 듣지 않으며, 도산지옥·검수지옥에서 칼로 찢고 베는 소리를 듣지 않으며, 十八 지옥의 간격마다 한량없이 괴로워하는 소리를 듣지 않으며, 아귀들이 굶주리고 답답하여 먹을 것을 찾아도 얻지 못하는 소리를 듣지 않으며, 아귀들이 행동할 때 뼈마디 마다 불이 타올라 五백 수레가 굴러가듯 하는 소리를 듣지 않으며, 五백 유순의 축생들의 몸을 수없는 벌레들이 빨아먹어 고통하는 소리를 듣지 않으며, 빚을 지고 갚지 못하여 약대·나귀·말·소로 태어나서 무거운 짐을 지고 채찍을 맞으면서 고통받는 소리를 듣지 않으며, 사랑하는 것을 떠나게 되고 미운 것을 만나게 되는 따위의 여덟 가지 고통받는 소리를 듣지 않으며, 四백四병으로 앓는 소리를 듣지 않으며, 여러 가지 나쁘고 착하지 못한 소리를 듣지 않으며, 사람을 현혹시키는 종·

방울·소라·북·거문고·비파와 공후 따위의 소리를 듣지 않고, 오직 모든 중생이 오늘부터 항상 부처님이 설법하는 여덟 가지 음성만을 귀로 들으며, 무상하고 괴롭고 공空하고 내가 없다는 소리만 들으며, 八만四천의 바라밀 소리만 들으며, 모든 법은 이름만 있을 뿐 거짓이어서 성품이 없다는 소리만 들으며, 부처님이 一음으로 설법하면 각각 깨닫는 소리만 들으며, 일체 중생이 다 불성이 있어 법신이 항상 머물러 멸하지 않는 소리만 들으며, 十지보살이 인욕하고 정진하는 소리만 들으며, 무생無生의 깨달음을 얻고 부처님 지혜에 들어가 三계를 뛰어넘는 소리만 들으며, 법신보살들이 법의 흐름에 들어가 진眞과 속俗을 함께 관하여 생각마다 만행을 구족하는 소리만 들으며, 시방의 벽지불과 아라한의 四과果의 소리만 들으며, 제석천이 여러 천인들을 위하여 반야경을 설하는 소리만 들으며, 十지의 보처補處에 있는 보살이 도솔천궁에서 물러나지 않는 지위의 법과 행을 설하는 소리만 들으며, 모든 선이 함께 돌아가 부처가 된다는 소리만 들으며, 일체 중생이 능히 十선을 행함을 찬탄하고 따라 기뻐하는 부처님들의 소리만 들으며, 모든 중생들로 하여금 「착하도다. 이 사람이 멀지 않아 성불하리라」고 찬탄하시는 부처님의 소리만 듣게 하소서.

이미 이근의 원을 발하였으니 서로 지극한 마음으로 五체투지하고 다시 세간의 대자대비하신 부처님께 귀의하나이다.

지심귀명례 미륵불彌勒佛

지심귀명례 석가모니불釋迦牟尼佛

지심귀명례 선업불善業佛

595 자비도량참법 제一○권

지심귀명례 의무류불意無謬佛

지심귀명례 대시불大施佛

지심귀명례 명찬불明讚佛

지심귀명례 중상불衆相佛

지심귀명례 덕유포불德流布佛

지심귀명례 세자재불世自在佛

지심귀명례 덕수불德樹佛

지심귀명례 단의불斷疑佛

지심귀명례 무량불無量佛

지심귀명례 선월불善月佛

지심귀명례 무변변상불無邊辯相佛

지심귀명례 보월보살寶月菩薩

지심귀명례 월광보살月光菩薩

지심귀명례 무변신보살無邊身菩薩

지심귀명례 관세음보살觀世音菩薩

또, 시방의 다함없는 모든 三보께 귀의하옵나니, 자비하신 힘으로 가피하고 섭수하사 저희 제자들의 이러한 원을 이루며 보리원이 만족케 하여지이다.

3. 비근(鼻根)의 원을 발함

또 원컨대, 오늘 이 도량의 동업대중과 시방의 四생六도의 일체 중생이 오늘부터 보리에 이르도록 코로는 항상 살생하여 만든 맛나는 음식의 냄새를 맡지 아니하며, 사냥하거나 불을 놓아 중생을 살해하는 냄새를 맡지 아니하며, 중생을 삶거나 굽거나 찌거나 볶는 냄새를 맡지 아니하며, 사람의 몸속에 있는 서른여섯 가지 더러운 것의 냄새를 맡지 아니하며, 명주·비단·항라·갑사 등, 사람을 현혹케 하는 냄새를 맡지 아니하며, 지옥에서 가죽을 벗기고 찢고 볶고 찌는 냄새를 맡지 아니하며, 아귀가 굶주리고 목말라 똥·오줌·고름·피를 먹는 냄새를 맡지 아니하며, 축생의 비리고 누리고 부정한 냄새를 맡지 아니하며, 병들어 자리에 누웠으나 간호하는 사람은 없고 등창이 터져서 나는, 가까이 갈 수 없는 냄새를 맡지 아니하며, 똥과 오줌의 더러운 냄새를 맡지 아니하며, 송장이 붓고 썩어서 구더기가 생기고 시체에서 흐르는 물의 냄새를 맡지 아니하며, 원컨대 대중과 六취 중생이 오늘부터 코로는 항상 시방세계의 우두전단牛頭栴檀의 향기를 맡으며, 우담발라의 五색 꽃향기를 맡으

며、 환희원歡喜園에 있는 여러 꽃나무의 향기를 맡으며、 도솔천궁에

서 설법하는 때의 향기를 맡으며、 묘법당상妙法堂上에서 유희할 때

의 향기를 맡으며、 시방 중생들이 五계戒와 十선과 六념을 행하는

향기를 맡으며、 일곱 가지 방편의 사람(七方便人:도를 깨닫기 전의 세 가지 어진 이의 지위와 네 가지 선근을 가진 이의 지위 등 일곱)

이 행하는 모든 十六행行의 향기를 맡고、 사향사과四向四果의 사람이 무루를 얻는 향

모든 덕의 향기를 맡고、 시방의 벽지불・아라한의

기를 맡고、 무량한 보살의 환희지歡喜地・이구지離垢地・발광지發光

地・염혜지燄慧地・난승지難勝地・현전지現前地・원행지遠行地・부동지

不動地・선혜지善慧地・법운지法雲地의 향기를 맡으며、 여러 성인의

계향・정향・혜향・해탈향・해탈지견향 등 五분법신의 향기를 맡으

며、 모든 부처님의 보리의 향기를 맡으며、 三十七도품과 十二인연

과 六바라밀의 향기를 맡으며、 대비・三념・十력・四무소외無所畏・

十八불공법의 향기를 맡고, 八만四천 바라밀의 향기를 맡고, 시방의

무량하고 지극히 오묘한 법신이 상주하는 향기를 맡게 하여지이다.

이미 비근의 원을 발하였으니 서로 지성으로 五체투지하고 세간

의 대자대비하신 부처님께 귀의하나이다.

지심귀명례 미륵불彌勒佛

지심귀명례 석가모니불釋迦牟尼佛

지심귀명례 이타법불梨陀法佛

지심귀명례 응공양불應供養佛

지심귀명례 도우불度憂佛

지심귀명례 요안불樂安佛

지심귀명례 세의불世意佛

지심귀명례 애신불 愛身佛

지심귀명례 묘족불 妙足佛

지심귀명례 우발라불 優鉢羅佛

지심귀명례 화영불 華纓佛

지심귀명례 무변변광불 無邊辯光佛

지심귀명례 신성불 信聖佛

지심귀명례 덕정진불 德精進佛

지심귀명례 묘덕보살 妙德菩薩

지심귀명례 금강장보살 金剛藏菩薩

지심귀명례 무변신보살 無邊身菩薩

지심귀명례 관세음보살 觀世音菩薩

또, 시방의 다함없는 모든 三보께 귀의하옵나니, 원컨대 자비하
신 힘으로 가피하고 섭수하사 저희들로 하여금 소원을 이루며 보리
원을 만족케 하여지이다.

4. 설근(舌根)의 원을 발함

또 원컨대, 오늘 이 도량의 동업대중과 시방의 四생 六도의 일체
중생이 이제부터 보리에 이르도록 혀로는 항상 모든 중생의 몸을
살상殺傷한 맛을 맛보지 않으며, 스스로 죽은 모든 것의 맛을 맛보
지 않으며, 중생들의 골수와 피의 맛을 맛보지 않으며, 원수가 상
대자에게 독약을 섞은 것의 맛을 맛보지 않으며, 탐애貪愛와 번뇌
를 생기게 하는 맛을 맛보지 않고, 항상 감로로 된 백 가지 아름다
운 맛을 맛보며, 여러 하늘에 자연히 피는 음식을 맛보며, 향적세

계의 향기로운 밥을 맛보며, 부처님들이 잡수시는 맛을 맛보며, 법신의 계戒와 정定과 혜慧로 훈수한 음식을 맛보며, 법희法喜와 선열禪悅의 맛을 맛보며, 무량한 공덕으로 혜명慧命을 자양하는 화평한 맛을 맛보며, 해탈의 일미一味의 맛을 맛보며, 여러 부처님의 열반의 낙樂인 최상의 맛을 맛보게 하소서.

이미 설근의 원을 발하였으니, 서로 지극한 정성으로 五체투지하고 세간의 대자대비하신 부처님께 귀의하나이다.

지심귀명례 미륵불彌勒佛

지심귀명례 석가모니불釋迦牟尼佛

지심귀명례 진실불眞實佛

지심귀명례 천주불天主佛

지심귀명례 요고음불樂高音佛

지심귀명례 신정불信淨佛

지심귀명례 바기라타불婆耆羅陀佛

지심귀명례 복덕의불福德意佛

지심귀명례 염치불㷊燴佛

지심귀명례 무변덕불無邊德佛

지심귀명례 취성불聚成佛

지심귀명례 사자유불師子遊佛

지심귀명례 부동불不動佛

지심귀명례 신청정불信淸淨佛

지심귀명례 허공장보살虛空藏菩薩

지심귀명례 살타파륜보살薩陀波崙菩薩

지심귀명례 무변신보살無邊身菩薩

지심귀명례 관세음보살觀世音菩薩

또, 시방의 다함없는 모든 三보께 귀의하옵나니, 원컨대 자비하신 힘으로 애민하여 두호하사 저희들의 소원을 이루어 보리원을 만족케 하여지이다.

5. 신근(身根)의 원을 발함

또 원컨대, 오늘 이 도량의 동업대중과 시방의 四생 六도의 일체 중생이 오늘부터 보리에 이르도록, 몸으로는 항상 五욕으로 삿되게 아첨하는 감촉을 느끼지 않으며, 확탕지옥·노탄지옥·한빙지옥의 감촉을 느끼지 않으며, 아귀들의 머리에 불이 타고, 구릿물을 입에 부어서 볶고 타는 감촉을 느끼지 않으며, 축생들의 가죽을 벗기고 살을 찢어 고통받는 감촉을 느끼지 않으며, 四백四 가지 병의 모든 괴로운 감촉을 느끼지 않으며, 매우 뜨겁고 매우 차가워 견디기 어려운 감촉을 느끼지 않으며, 모기·등에·벼룩·이 따위의 감촉을 느끼지 않으며, 칼·작대기·독약 등으로 해롭게 하는 감촉을 느끼지 않으며, 목마르고 배고픈 괴로움의 모든 감촉을 느끼지 아니하고, 원컨대 항상 제천의 좋은 의복의 감촉을 느끼며, 자연으로 되는 감로의 감촉을 느끼며, 청량하여 차지도 덥지도 않는 감촉을 느끼며, 굶주리지도 목마르지도 않고 병도 없고 괴로움도 없어 강건한 감촉을 느끼며, 칼과 채찍 등의 고초가 없는 감촉을 느끼며, 누어도 편안하고 깨어도 편안하여 근심 걱정이 없는 감촉을 느끼며, 시방의 부처님 정토의 서늘한 바람이 몸에 부는 감촉을 느끼며, 시

자비도량참법 제一○권 606

방의 부처님 정토의 七보 못에서 몸과 마음을 씻는 감촉을 느끼며, 생로병사의 괴로움이 없는 감촉을 느끼며, 비행자재하여 보살들과 함께 법문을 듣는 감촉을 느끼며, 부처님 열반의 여덟 가지 자재한 감촉을 느끼게 하소서.

이미 신근의 원을 발하였으니, 서로 지극한 마음으로 五체투지하고 세간의 대자대비하신 부처님께 귀의하나이다.

지심귀명례 미륵불彌勒佛

지심귀명례 석가모니불釋迦牟尼佛

지심귀명례 행명불行明佛

지심귀명례 용음불龍音佛

지심귀명례 지륜불持輪佛

자비도량참법 제一○권

지심귀명례 재성불財成佛

지심귀명례 세애불世愛佛

지심귀명례 법명불法名佛

지심귀명례 무량보명불無量寶明佛

지심귀명례 운상불雲相佛

지심귀명례 혜도불慧道佛

지심귀명례 묘향불妙香佛

지심귀명례 허공음불虛空音佛

지심귀명례 허공불虛空佛

지심귀명례 월삼계보살越三界菩薩

지심귀명례 발타바라보살跋陀婆羅菩薩

지심귀명례 무변신보살無邊身菩薩

지심귀명례 관세음보살觀世音菩薩

또, 시방의 다함없는 모든 三보께 귀의하옵나니, 원컨대 자비하신 힘으로 두호하고 섭수하사 저희들의 소원을 이루고 보리원을 만족케 하여지이다.

6. 의근(意根)의 원을 발함

또 원컨대, 오늘 이 도량의 동업대중과 시방의 四생 六도의 일체 중생이 오늘부터 보리에 이르도록 뜻으로는 항상 탐욕과 진심과 우치가 근심거리가 됨을 알며, 살생·투도·음행·망어·기어·양설·악구가 근심거리가 됨을 알며, 아버지와 어머니와 아라한을 죽인 것과 부처님 몸에서 피를 흘리게 한 것과 승단僧團의 화합을 깨뜨린 것과 三보를 비방함과 인과를 믿지 않음이 무간지옥의 죄임을 알며, 사람이 죽으면 다시 나는 보응報應의 법을 알며, 악지식을 멀리하고 선지식을 친근할 줄을 알며, 九十六종의 삿된 법이 그른 줄을 알며, 三루漏와 五개蓋와 十전纏의 법이 장애가 되는 줄을 알며, 三악도가 무서운 줄을 알고 생사를 혹독한 고통으로 갚는 곳인 줄을 알고, 원컨대 항상 일체 중생이 모두 불성이 있음을 알며, 모든 부처님이 대자비한 아버지이며 위가 없는 의사이며, 일체 존법尊法이 중생의 병에 대한 좋은 약이며, 일체 성현이 여러 중생의 병을 간호하는 어머니임을 알며, 三보에 귀의하고 五계를 받고 十선을 행함이 천상 인간의 수승한 과보임을 알며, 생사를 면하지 못하였거든 일곱 가지 방편과 난위(煖位:네 가지 선근 중의 제一, 즉 有漏의 선근을 낳는 지위) · 정위(頂位:네 가지 선근중 제二, 즉 불안정한 선근 중 최고로서 지옥에 떨어져도 선근이 끊이지 않는 지위) 등의 법을 닦아야 할 줄을 알며, 무루無漏의 고인苦

忍·十六성심聖心을 행하되 먼저 十六행관行觀을 닦고 四진제眞諦를 관함을 알며, 四제가 평등무상無相하므로 四과를 이루는 줄 알며, 총상總相과 별상別相이 일체종지의 법임을 알며, 十二인연이 三세의 인과로서 바퀴 돌 듯 쉬지 아니함을 알며, 六바라밀과 八만의 모든 행을 수행할 줄을 알며, 八만四천의 번뇌를 끊을 줄을 알며, 무생을 체달하여 생사를 끊어야 할 줄을 알며, 十주住의 계품階品을 차례로 구족할 줄을 알며, 금강심으로 무명을 끊고, 무상과 無上果를 증득할 줄을 알며, 체體가 궁극에 이르면 한번 비침으로 만덕이 원만히 갖추어지고, 모든 누累가 다 없어져서 대열반을 이룸을 알며, 불지佛地의 十력과 四무소외無所畏와 十八불공법不共法과 무량한 공 덕과 무량한 지혜와 무량한 선법을 알게 하소서。

이미 의근의 원을 발하였으니, 지극한 마음으로 五체투지하고 세간의 대자대비하신 부처님께 귀의하나이다.

지심귀명례 미륵불彌勒佛

지심귀명례 석가모니불釋迦牟尼佛

지심귀명례 천왕불天王佛

지심귀명례 주정불珠淨佛

지심귀명례 선재불善財佛

지심귀명례 등염불燈焰佛

지심귀명례 보음성불寶音聲佛

지심귀명례 인주왕불人主王佛

지심귀명례 라후수불羅睺守佛

지심귀명례 안은불安隱佛

자비도량참법 제一○권 *612*

지심귀명례 사자의불師子意佛

지심귀명례 보명문불寶名聞佛

지심귀명례 득리불得利佛

지심귀명례 변견불偏見佛

지심귀명례 마명보살馬鳴菩薩

지심귀명례 용수보살龍樹菩薩

지심귀명례 무변신보살無邊身菩薩

지심귀명례 관세음보살觀世音菩薩

또, 시방의 다함없는 모든 三보께 귀의하옵나니, 원컨대 자비하

신 마음으로 애민히 여기시고 두호하여 섭수하사 저희들의 소원을

이루고 보리원이 만족케 하여지이다.

7. 구원(口願)을 발함

또 원컨대, 오늘 이 도량의 동업대중과 시방의 四생 六도의 일체 중생이 오늘부터 보리에 이르도록 입으로 항상 三보를 훼방하지 말며, 법을 널리 펴는 사람을 비방하여 그 허물을 말하지 말며, 선한 일을 하여도 즐거운 과보를 받지 못하고 나쁜 일을 하여도 괴로운 과보를 받지 않는다고 말하지 말며, 사람이 죽으면 단멸斷滅하여 다시 태어나지 않는다고 말하지 말며, 남을 해롭게 하는 이익이 없는 일을 말하지 말며, 삿된 소견을 가진 외도가 지은 경전을 말하지 말며, 사람으로 十악업을 짓게 하지 말며, 사람으로 하여금 五역죄를 짓게 하지 말며, 남의 악을 드러내지 말며, 세속에 서 부질없이 희롱하고 우스개하는 일을 말하지 말며, 사람으로 하여금 삿된 스승이나 귀신을 편벽되이 믿게 하지 말며, 인물의 좋고 나쁜 것을 평론하지 말며, 부모와 스승과 선지식을 꾸짖지 말며, 사람에게 악을 지으라 권하지 말며, 사람의 복 짓는 일을 끊지 말고, 입으로 항상 三보를 찬탄하며, 법을 널리 펴는 사람을 찬탄하고, 그 공덕을 말하여 사람들에게 선과 악의 과보를 보이며, 깨달은 사람은 몸이 죽어도 신명神明은 멸하지 않음을 말하며, 선한 말을 하여 사람을 이익케 하며, 여래의 十二부경部經을 말하며, 일체 중생이 불성이 있으므로 상常·낙樂·아我·정淨을 얻는다 말하며, 사람들로 하여금 부모에게 효도하고 스승과 어른을 공경하게 하며, 사람에게 三보에 귀의하도록 권하여 五계와 六념을 받아 지니게 하며, 경전을 독송함을 찬탄하여 선한 일을 말하며, 사람들로 하여금 선지식을 가까이 하고 악지식을 멀리 하게 하며, 十주住와

불지佛地의 무량한 공덕을 말하며, 사람들로 하여금 정토의 행을 닦아

서 위없는 과를 장엄케 하며, 사람들로 하여금 三보를 예경케 하며,

사람들로 하여금 불상을 건립하고 공양을 받들게 하며, 사람들로 하

여금 선한 일 하기를 머리에 붙은 불을 끄듯 하게 하며, 사람들로

하여금 궁핍하고 괴로워하는 이를 구제하되 쉬지 않게 하여지이다.

이미 구원을 발하였으니, 서로 지극한 마음으로 五체투지하고,

세간의 대자대비하신 부처님께 귀의하나이다.

지심귀명례 고정불高頂佛

지심귀명례 세화불世華佛

지심귀명례 석가모니불釋迦牟尼佛

지심귀명례 미륵불彌勒佛

지심귀명례 무변변재성불無邊辯才成佛

지심귀명례 차별지견불差別知見佛

지심귀명례 사자아불師子牙佛

지심귀명례 리타보불梨陀步佛

지심귀명례 복덕불福德佛

지심귀명례 법등개불法燈蓋佛

지심귀명례 목건련불目犍連佛

지심귀명례 무우국불無憂國佛

지심귀명례 의사불意思佛

지심귀명례 요보리불樂菩提佛

지심귀명례 사자유희보살師子遊戲菩薩

지심귀명례 사자분신보살師子奮迅菩薩

지심귀명례 무변신보살無邊身菩薩

지심귀명례 관세음보살觀世音菩薩

또, 시방의 다함없는 모든 三보께 귀의하옵나니, 원컨대 자비하신 힘으로 두호하고 섭수하사 저희들로 하여금 소원을 이루고 보리원을 만족케 하여지이다.

8. 제행법문(諸行法門)

또, 원컨대, 시방의 다함없는 법계의 四생 六도의 중생들이 지금 발원한 후부터 각각 모든 행의 법문을 구족하되, 三보를 굳게 믿고 공경하는 법문과, 의혹을 품지 않은 견고한 법문과, 나쁜 짓을 끊으려는 참회의 법문과, 청정하려고 뉘우치는 법문과, 三업을 훼방

자비도량참법 제一〇권 618

하지 않는 호신護身의 법문과, 네 가지 일을 깨끗이 하려는 호구護

모의 법문과, 마음을 쉬고 청정하려는 호의護意의 법문과, 소원을

구족하는 보리의 법문과, 일체를 상해하지 않는 비심悲心의 법문

과, 교화하여 덕을 세우는 자심慈心의 법문과, 다른 이를 헐뜯지 않

는 환희의 법문과, 남을 속이지 않는 지성至誠의 법문과, 三악도를

없애려는 三보의 법문과, 마침내 허망하지 않는 진실의 법문과, 나

와 남이 교만하지 않고 해害를 버리는 법문과, 미루지 않고 끊고

맺는 법문과, 투쟁할 뜻을 끊는 무쟁無諍의 법문과, 받들어 행하기

를 평등히 하는 응정應正의 법문을 구족케 하여지이다.

또 원컨대, 중생이 이같이 무량한 법문을 구족할진댄, 심취心趣

의 법문으로 마음이 환술과 같음을 관하며, 의단意斷의 법문으로

선하지 않은 근본을 버리며, 신족神足의 법문으로 몸과 마음이 가

법고 편하며, 신근信根의 법문으로 물러가는 바퀴를 원치 않으며,

진근進根의 법문으로 선한 수레를 버리지 않으며, 염근念根의 법문으로 도업道業을 지으며, 정근定根의 법문으로 정도正道에 마음을 두며, 혜근慧根의 법문으로 무상하고 공함을 관하며, 신력信力의 법문으로 마군의 위세를 초월하며, 진력進力의 법문으로 한번 가고는 돌아오지 않으며, 염력念力의 법문으로 조금도 잊어버리지 않으며, 정력定力의 법문으로 모든 망상을 멸하며, 혜력慧力의 법문으로 주선하고 왕래하며, 진각進覺의 법문으로 불도를 행하며, 정정正定의 법문으로 삼매를 얻으며, 정성淨性의 법문으로 다른 승乘을 즐기지 않으며, 모든 중생이 모두 보살 마하살의 이러한 백八의 법문을 구족하여 불토를 청정케 하며, 간탐한 이를 권하여 여러 가지 악한 八난에 있는 이를 제도케 하며, 다투고 성내는 사람을 섭수하여 선

한 일을 부지런히 행하게 하며, 게으른 이를 거두어 선정의 뜻과

신통으로 생각이 산란함을 섭수하소서.

이미 발원하였으니, 서로 지성으로 五체투지하고 세간의 대자대

비하신 부처님께 귀의하나이다.

지심귀명례 미륵불彌勒佛

지심귀명례 석가모니불釋迦牟尼佛

지심귀명례 법천경불法天敬佛

지심귀명례 단세력불斷勢力佛

지심귀명례 극세력불極勢力佛

지심귀명례 혜화불慧華佛

지심귀명례 견음불堅音佛

지심귀명례 안락불安樂佛

지심귀명례 묘의불妙義佛

지심귀명례 애정불愛淨佛

지심귀명례 참괴안불慚愧顏佛

지심귀명례 묘계불妙髻佛

지심귀명례 욕락불欲樂佛

지심귀명례 누지불樓至佛

지심귀명례 약왕보살藥王菩薩

지심귀명례 약상보살藥上菩薩

지심귀명례 무변신보살無邊身菩薩

지심귀명례 관세음보살觀世音菩薩

또, 시방의 다함없는 모든 三보께 귀의하옵나니, 원컨대 자비하신 힘으로 구호하고 섭수하사 三계의 四생 六도 중생으로 하여금 지금 자비도량참법에서 발심하고 발원한 공덕의 인연으로 각각 공덕과 지혜를 구족하고 신통력으로 마음을 따라 자재케 하여지이다.

三八、촉 루(囑累)

오늘, 이 도량의 동업대중이여, 이미 六도 四생의 중생들을 위하여 서원을 발하였으니, 다음은 중생들을 모든 대보살에게 부촉할지니라.

원컨대 자비심으로 가피하고 섭수하소서. 지금 참회하고 발원한 공덕 인연과, 또 자비의 염력念力으로 일체 중생이 모두 가장 높은 복전을 구하여 깊은 신심으로 부처님께 보시하고 무량한 과보를 얻으며, 일체 중생이 일심으로 부처님께 향하여 무량하고 청정한 과보를 얻으며, 원컨대 일체 중생이 부처님 처소에 있게 하고, 간탐하는 마음이 없고, 보시를 구족하여 아끼는 것이 없으며, 또 원컨대 일체 중생이 부처님 계신 곳에서 가장 높은 복전을 닦아 二승의 원을 여의고 보살도를 행하여 여래의 걸림없는 해탈과 일체 종지를 얻으며, 또 일체 중생이 부처님 계신 곳에서 무진한 선근을 심고, 부처님의 무량한 공덕과 지혜를 얻으며, 또 일체 중생이 깊은 지혜를 섭취하여 청정하고 위가 없는 지혜를 구족하며, 또 일체 중생이 다니는 곳마다 자재하여 여래의 일체처에 이르시는 무애한 위신력을 얻으며, 또 일체 중생이 대승을 섭취하여 무량한 종지種智를 얻고, 평안히 머물러 동하지 않으며, 또 일체 중생이 제일의 복전을

자비도량참법 제一○권 624

구족히 성취하여 모두가 일체지지(一切智地∷모든 것을 다 아는 지혜. 또 그러한 지위. 부처님 지혜의 異名)를 낳고, 또 일체 중생이 모든 부처님에게 원망하는 마음이 없고, 선근을 심어 부처님 지혜를 구하며, 또 일체 중생이 묘한 방편으로 장엄된 모든 부처님 세계의 가서, 일념 중에 법계에 깊이 들어가되 고달픔이 없으며, 또 일체 중생이 무변한 몸을 얻고 시방세계에 두루 다니되 고달픔이 없으며, 또 일체 중생이 광대한 몸을 성취하여 마음대로 다님을 얻으며, 모든 부처님의 신력으로 장엄함을 얻고 필경에 저 언덕에 이르며, 일념 중에 여래의 자재하신 신력을 나투어 허공계에 변만하게 하소서. 이미 이러한 큰 원을 발하였으니, 광대하기 법성과 같고, 구경에 허공과 같아지이다. 원컨대 일체 중생이 소원을 이루고 보리원을 만족케 하소서.

서로 지극한 마음으로 五체투지하오니, 만일 저희들이 괴로운 과보를 받아서 중생을 구제할 수 없거든, 이 모든 중생들을 헤아릴 수 없고 다함이 없는 법계의 무생법신보살과, 헤아릴 수 없고 다함 이 없는 법계의 발심보살과, 정법을 일으킨 마명대사보살과, 상법 像法을 일으킨 용수대사보살과, 시방의 다함없는 법계의 무변신보 살과, 시방의 다함없는 법계의 관세음보살·문수사리보살·보현보 살·사자유희보살·사자분신보살·사자번보살·사자작보살·견용정 진보살·금강혜보살·기음개보살·적근보살·혜상보살·허공장보 살·금강장보살·상정진보살·불휴식보살·묘음보살·묘덕보살·보 월보살·월광보살·살타파륜보살·월삼계보살에게 부탁하나이다.

또, 이와 같은 시방의 다함없는 모든 보살에게 부탁하옵나니, 원 컨대 여러 보살 마하살은 본원의 힘과 중생을 제도하려는 힘으로 시방의 무궁무진한 일체 중생을 섭수하시며, 모든 보살 마하살은 일체 중생을 버리지 마시고, 선지식과 같이 분별하는 생각이 없으며, 일체 중생이 보살의 은혜를 알고 친근하고 공양하게 하며, 모든 보살은 자민慈愍하고 섭수하여 중생들로 하여금 정직한 마음으로 보살을 따르고 멀리 떠나지 말게 하며, 일체 중생이 보살의 가르침을 따라 위반하지 말게 하고, 견고한 마음을 얻으며, 선지식을 버리지 말고, 모든 때를 여의어 마음을 파괴하지 말며, 모든 중생들로 하여금 선지식을 위하여 신명을 아끼지 말고, 모든 것을 버려서 그 교화를 어기지 말게 하며, 모든 중생으로 하여금 대자대비를 수습하여 나쁜 것을 여의고 부처님의 정법을 듣고 모두 받아 지니게 하며, 모든 중생들로 하여금 보살들의 선근업보와 같게 하고, 보살의 행과 원과 같게 하여 구경에 청정케 하며, 신통을 구족하여 뜻대로 자재하며, 대승을 의지하여, 내지 일체종지를 구족하되 그 중간에 게으름이 없으며, 지혜의 법을 의지하여 평안한 곳에 이르며, 무애한 법을 얻어 구경에 자재케 하소서.

三보에 귀의하므로부터 의심을 끊고 신심을 내며, 참회하고 발심하여 과보를 나타내고, 지옥에서 나오며, 원결을 풀고 스스로 기뻐하며, 발원하고 회향하며, 부탁하기에 이르기까지 지은 공덕을 모두 시방의 다함없는 모든 중생에게 보시하옵니다. 원컨대 미륵 세존이시여, 저희를 위하여 증명하시며, 시방의 모든 부처님께서는 애민하고 두호하여 참회하고 발원한 바를 다 성취케 하시며, 모든 중생은 자비하신 부처님과 함께 이 국토에 나서 첫 회에 참여하여 법문 듣고 도를 깨달으며, 공덕과 지혜를 모두 구족하고, 보살들과 같이 차별이 없이 금강심에 들어가 등정각을 이루게 하여지이다.

찬불축원(讚佛祝願)

다타아가도 아라하 삼먁삼불타시니, 十호를 구족하시고 무량한 사람을 제도하사 생사고에서 빼어나시나이다. 지금 참회하고 예불한 공덕 인연으로 모든 중생이 각각 구족하게 소원을 이루고, 보리원을 만족케 하소서. 저희들이 오늘 발한 서원이 시방의 다함없는 모든 부처님과 대보살의 세우신 서원과 같사옵니다. 모든 부처님과 보살의 세우신 서원이 끝날 수 없삽기에 저희 소원도 그와 같아서 광대하기 법성과 같으며, 구경에 허공과 같으며, 미래제를 다하고 일체 겁이 끝나도록 중생이 다할 수 없으므로 저희 원도 다할 수 없으며, 세계를 다할 수 없으므로 저희 원도 다할 수 없으며, 허공을 다할 수 없으므로 저희 원도 다할 수 없으며, 법성을 다할 수 없으므로 저희 원도 다할 수 없으며, 열반을 다할 수 없으므로 저희 원도 다할 수 없으며, 부처님 출세를 다할 수 없으므로 저희 원도 다할 수 없으며, 모든 부처님의 지혜를 다할 수 없으므로 저희 원도 다할 수 없으며, 마음의 반연을 다할 수 없으므로 저희 원도 다할 수 없으며, 일어나는 지혜를 다할 수 없으므로 저희 원도 다할 수 없으며, 세간의 도종(道種: 도의 종자)과 법의 도종道種과 지혜의 도종道種을 다할 수 없으므로 저희 원도 다할 수 없나니, 만일 이 열 가지를 다할 수 있다면 저희 원도 다할 수 있으리다.

三승의 거룩한 이들에게 일체의 예경을 올리나이다.

자비도량참법 제一○권   630

찬(讚)

피로를 무릅쓰고 참례하여

부처님의 자비를 바라옵나니

六근의 원만한 서원이 여기 있어

모든 행을 굳게 지니며

보리에 회향하여

사람을 제도하는 스승에게 부탁하나이다.

나무 법운지보살마하살法雲地菩薩摩訶薩(세번)

출 참(出懺)

十신의 상호 우뚝하고 뛰어나

움직이지 않는 자금산紫金山이시고

十호의 능인能仁 현출하여

원만한 벽옥碧玉의 모습이시니

신비한 기회 널리 응하고

미묘한 교화 방소方所가 없네.

장애없는 광명을 펴서

뒷날의 불사를 증명하소서.

시방의 부처님께 정례하오며

十악의 허물을 뉘우쳐 없애고자 하나이다.

이제까지 뉘우쳐 없애고자 하는 저희들

자비도량참법을 수행하여

제十권을 당하였으니

선한 과보 뚜렷하나이다.

참회하는 단상에

등을 켜서 찬란하고

꽃을 흩어 장엄하며

차 드리고 과실 올려

공양하며 정성 드리오니

갖가지 공훈功勳을 펴며

간 곳마다 불사에 예경하나이다.

크고 정중한 마음으로

정성껏 회향하오니

시방의 부처님과

三장藏의 경전과

五안眼의 벽지불과
六신통의 아라한과
천상의 진인眞人과
지하地下의 성현과
수중水中의 현철과
양계陽界의 성인
四부를 모두 통하나니
무변한 심령이시어,
법부의 정성 살피시와
선한 인연 증명하소서.
참회하는 저희들
미세한 허물까지 씻어버리고

무변한 복리를 성취하려 하오니

바라옵건대

十사使의 번뇌를 없애고

十전纏의 얽힘을 벗어나며

十심心을 발하니 十원願이 만족하여

허공에 달이 명랑하듯,

十지를 수행하니 十장障이 끊어지고

보리 동산에 꽃이 핀 듯,

티끌마다 해탈의 문이 열리고

곳곳마다 진여의 작용이 드러나며

원수와 친한 이를 두루 요익하고

범부와 성인이 함께 의지하니

참회하는 좋은 인연 함께 받고

참되고 항상한 도를 같이 증득하나니

비록 미세한 글로 참회하나

가느다란 번뇌 다 없어지지 않을 듯

다시 여러분께 청하여

함께 참회를 구하나이다.

찬(讚)

양황참 十권의 공덕으로 저희들과 망령의 十전纏의 죄가 소멸되고 보살의 법운지를 증득하며, 참문을 외우는 곳에 죄의 꽃이 스러지며, 원결을 풀고 복이 더하여 도리천에 왕생하였다가 용화회상에서 다시 만나 미륵부처님의 수기를 받아지이다.

나무 용화회보살마하살龍華會菩薩摩訶薩(세번)

거 찬(擧讚)

양황참 제十권 모두 마치고

四은과 三유에 회향하오니

참회하는 저희들은

수복이 증장하고

망령들은 정토에 왕생하여지이다.

법운지보살、 어여삐 여기사 거두어 주소서.

나무 등운로보살마하살登雲路菩薩摩訶薩(세번)

부처님께 귀의할 때

바라오니 모든 중생

큰 도리를 이해하고

위없는 맘 내어지이다.

법보에게 귀의할 때

바라오니 모든 중생

三장 속에 깊이 들어

큰 지혜를 얻어지이다.

스님에게 귀의할 때

바라오니 모든 중생

많은 대중 통솔하여

자비도량참법 제一○권 638

온갖 장애 없어지이다.
모든 거룩한 이에게 예경하나이다.

慈悲道場懺法

譯者・耘虛
發行人・慈雲
發行處・大覺會出版部

값 20,000원